高校健美操文化与训练实践研究

王操惠　著

北京出版集团
北京出版社

图书在版编目（CIP）数据

高校健美操文化与训练实践研究 / 王操惠著 . -- 北京：北京出版社 , 2021.10
　　ISBN 978-7-200-16588-3

Ⅰ . ①高… Ⅱ . ①王… Ⅲ . ①健美操 - 教学研究 - 高等学校 Ⅳ . ① G831.32

中国版本图书馆 CIP 数据核字 (2021) 第 163926 号

高校健美操文化与训练实践研究
GAOXIAO JIANMEICAO WENHUA YU XUNLIAN SHIJIAN YANJIU

王操惠　著

*

北 京 出 版 集 团
北 京 出 版 社　出版
（北京北三环中路 6 号）
邮政编码：100120

网　址：www . bph . com . cn
北 京 出 版 集 团 总 发 行
定 州 启 航 印 刷 有 限 公 司 印 刷

*

170 毫米×240 毫米　15.5 印张　255 千字
2021 年 10 月第 1 版　2023 年 1 月第 1 次印刷
ISBN 978- 7- 200- 16588- 3
定价：53.00 元
如有印装质量问题，由本社负责调换
质量监督电话：010-58572293　58572393

前　言

随着我国高校体育教育改革的不断深化，高校体育及其文化越来越受到重视。健美操作为一种新兴的体育运动项目，是融健与美于一体的运动。健美操运动风靡全球的同时，在我国也得到了普及，尤其受到高校学生的喜爱，其健身价值在高校体育中发挥着重要作用。《"健康中国2030"规划纲要》指出："发展群众健身休闲活动，丰富和完善全民健身体系。大力发展群众喜闻乐见的运动项目，鼓励开发适合不同人群、不同地域特点的特色运动项目。"健美操运动因其自身独特的体育功能、艺术功能和教育功能，深受大学生喜爱，在优化育人环境、实现高等教育培养目标中发挥着重要作用。健美操作为高校体育专业的一门课程、大学生业余生活的一部分及学校大中型活动的一个表演项目，成为高校校园文化建设不可或缺的文化艺术，已成为建设高校校园体育文化的重要内容。校园体育文化是校园内呈现的一种特定的体育文化氛围，它对广大青少年学生的健身意识和健身习惯具有潜移默化的影响。笔者正是在上述背景下撰写了《高校健美操文化与训练实践研究》一书。

本书从健美操文化和健美操训练实践两个部分阐述了高校健美操这一主题。在高校健美操文化这一部分，分别从健美操文化探源、高校校园体育文化、高校健美操文化及高校健美操文化建设四个方面对高校健美操文化进行了梳理，希望为高校健美操在校园体育文化建设方面提供科学合理的参考；在高校健美操训练实践部分，从高校健美操发展情况和训练的基本理论入手，接着从高校健身健美操和高校竞技健美操两个方面对高校健美操编创和训练进行了详细分析，希望能为高校健美操训练者提供科学的帮助。本书论述严谨、条理清晰，内容丰富，集知识性、针对性、实用性和指导性为一体，值得学习和研究。

本书在编写过程中参考了大量国内外专家学者的研究成果，在此向相关作者致谢。笔者在本书编写过程中得到了许多同事和朋友的帮助与支持，在此谨向他们表达衷心的感谢。由于笔者水平有限，写作时间仓促，难免会有不足之处，敬请各位专家、同行提出修改意见，以便进一步订正，以臻完善。

编者
2022年1月

目 录

第一部分 高校健美操文化

第一章 健美操文化探源 / 003

第一节 健美操的相关理论 / 003
第二节 从不同社会文化角度看健美操 / 012
第三节 健美操文化的发展方向 / 016

第二章 高校校园体育文化概述 / 035

第一节 校园体育文化基本理论 / 035
第二节 高校校园体育文化简述 / 042
第三节 高校校园体育文化建设的路径 / 054

第三章 高校健美操文化概述 / 066

第一节 高校健美操文化的内涵 / 066
第二节 高校健美操文化的传播方式 / 067
第三节 高校健美操文化的功能 / 073
第四节 高校健美操的社会文化价值 / 079

第四章 高校健美操文化建设 / 083

第一节 健美操与高校体育文化的融合 / 083
第二节 健美操对高校体育文化建设的影响 / 087
第三节 高校健美操文化建设的路径 / 088

第二部分　高校健美操训练实践

第五章　高校健美操训练的基本理论　/　093

　　第一节　高校健美操训练的基本原则　/　093
　　第二节　高校健美操科学训练的方法　/　099
　　第三节　高校健美操训练计划的制定　/　101
　　第四节　高校健美操训练的注意事项　/　102

第六章　高校健身健美操训练实践　/　105

　　第一节　高校健身健美操创编概述　/　105
　　第二节　高校健身健美操基础训练　/　117
　　第三节　高校轻器械健美操训练实践　/　128
　　第四节　高校特色健身健美操训练实践　/　150

第七章　高校竞技健美操创新训练与实践　/　185

　　第一节　高校竞技健美操创编概述　/　185
　　第二节　高校竞技健美操基本动作训练与手段　/　198
　　第三节　高校竞技健美操难度动作训练与创新　/　221
　　第四节　高校竞技健美操实践创新　/　232

参考文献　/　239

第一部分　高校健美操文化

第一章 健美操文化探源

第一节 健美操的相关理论

一、健美操的概念

健美操英文原名是"Aerobics",意思为"有氧操"或"有氧运动"。"健美操"这个名称是其在刚传入我国时,人们根据它的运动特征所起的中文名称。

健美操是一项新兴的体育运动项目,人们对它的认识理解各不相同,关于健美操的概念也说法不一。我国一些健美操专家对健美操的定义主要有以下几种:

健美操主要是以舞蹈和体操相结合,与流行的节奏音乐相适配,达到有氧训练目的的体操。

健美操是一项以人体自身为对象,以健美为目标,以身体练习为内容,以艺术创造为手段,融体操、舞蹈、音乐于一体的新兴体育运动项目。

健美操是根据人体的特点,为了追求人体美,在音乐伴奏下所进行的体操与舞蹈动作结合的边沿性综合运动项目。

健美操是融体操、舞蹈、音乐为一体,以有氧练习为基础,以健、力、美为主要特征,以健身美体、陶冶情操为目的的一种追求人体健与美的锻炼手段。

健美操是在音乐伴奏下,以身体锻炼为基本手段,以有氧运动为基础,达到增进健康、塑造形体和娱乐目的的一项体育运动。

健美操是集音乐、舞蹈、体操、美学于一体,通过徒手、手持轻器械和专门器械的操作练习,达到健身、健美的目的,具有竞技性、娱乐性和观赏性的新兴体育运动项目。

健美操是有氧运动的一种，在国外被称为"有氧体操"。它是以有氧系统提供能量的一种运动形式，其运动特点是持续一定时间的、中低强度的有氧运动。健美操主要发展身体的协调性和柔韧性，锻炼练习者的心肺功能，是进行有氧耐力训练的一种有效方式。并且它还是以健身美体为主要特点的运动项目，其内容丰富，简单易学，变化繁多，不受年龄、性别、场地、器械的限制，可使全身关节都得到充分的活动，各部位的肌肉得到均衡的发展，塑造良好的体态。

通过健美操以上的特点，并结合健美专家的定义，本书把健美操定义为：融体操、音乐、舞蹈、美于一体，通过徒手、手持轻器械和用专门器械的操化练习，达到健身、健美和健心的一种新兴娱乐、观赏型体育运动项目。健美操具有竞技性、健身性、娱乐性和观赏性，是人们现代文明生活的重要组成部分。

二、健美操的类型

目前健美操运动的种类繁多，根据其目的和任务可以分成三类：健身健美操、竞技健美操和表演性健美操。健身健美操的宗旨是"健康第一"；竞技健美操的目的是获得佳绩、夺得冠军；表演性健美操的目的是娱乐、观赏，追求形体美和愉悦性。

（一）健身健美操

健身健美操也称为大众健美操，具有音乐节奏鲜明、旋律轻松愉快、音乐速度较慢、动作简单、运动强度较低、动作形式多、以对称的方式出现、重复次数多、场地要求低、随意性大等特点。健身健美操以健身、健美、健心为目的，集健身、娱乐、防病于一体的群众性、普及性健身运动。健美操的练习形式分为热身、有氧练习、形体练习和放松等部分，成套动作一般是按头颈、四肢、全身、跳跃、放松等顺序来练习。活动的顺序是从身体的远端开始，逐渐过渡到躯干部位。健身健美操适合人群广泛，是一项很好的体育休闲、娱乐健身运动。健身健美操根据不同的分类标准可分为不同的种类。

1. 按年龄划分

根据人在不同年龄阶段的不同生理、心理、体态、体能等特征和锻炼需要，将健身健美操分为老年健美操、中年健美操、青年健美操、少儿健美操和幼儿健美操等。

2. 按性别划分

健身健美操按照性别分为男子健美操和女子健美操。男子健美操的动作设计突出"阳刚",动作幅度大而有力;女子健美操的动作设计突出"柔美",强调的是艺术性。

3. 按人数划分

健身健美操按照人数主要划分为单人、双人、三人、六人和集体健美操。集体健美操在练习时,除了包括平时锻炼的动作外,往往增加一些动作组合和队列、队形的变化。

4. 按练习形式划分

健身健美操按练习形式分为徒手健美操、持轻器械健美操、专门器械健美操等。其中徒手健美操最为常见。持轻器械健美操中常用的器械有哑铃、球、橡皮带、彩带、棍等。专门器械健美操中常用的器械有踏板、健身球、圆盘、体操垫、健身器等。

5. 按动作风格划分

健身健美操按动作风格分为拳击健美操、搏击健美操、拉丁健美操、迪斯科健美操、武术健美操、舞蹈健美操、仿生健美操等。不同动作风格的健美操就是在健美操的基础上结合了其他不同运动项目的元素。例如,拉丁健美操中就是结合了恰恰、斗牛、伦巴、桑巴等各种拉丁舞的元素,再结合现代健美操的基本步伐,使其动作丰富、时尚。

6. 按人体解剖部位划分

健身健美操按人体解剖部位分为颈部健美操、肩部健美操、手臂健美操、胸部健美操、腰腹部健美操、髋部健美操、腿部健美操等,主要是针对人体某个部位进行针对性的健身锻炼。例如,腿部健美操主要锻炼腿部肌肉功能及关节的灵活性。

7. 按目的和任务划分

健身健美操按目的和任务分为形体健美操、康复健美操、热身健美操、韵律健美操、姿态健美操、保健健美操、减肥健美操和产后健美操等。

8. 按人名划分

按人名划分的健美操如简·方达健美操，这主要是为了纪念简·方达对健美操发展所做出的杰出贡献。

(二) 竞技健美操

竞技健美操是根据竞赛规则与技术规程的要求创编出的具有较高艺术性、展示运动员高水平专项技术能力的成套动作，以取得比赛优异成绩为主要目的的竞技运动。竞技健美操只进行自编动作比赛，自编动作必须符合要求。每套动作都有一定的时间限制，成套的动作要根据其基本步伐、特色、难度、完成情况、时间、体型等各种因素来评分。

目前，国际体操联合会举办的健美操世界锦标赛所设的正式比赛的项目有女单、男单、混双、三人和集体六人五个项目。并且为了保证比赛的规范性和公正性，对各项参赛人数、比赛场地、参赛服装和成套动作的时间等都做了严格的规定。

国际上较大规模的竞技性比赛有国际体操联合会（FIG）组织的健美操世界锦标赛，国际健美操冠军联合会（ANAC）组织的世界健美操冠军赛，国际健美操联合会（IAF）组织的健美操世界杯赛等。

我国正式的大型竞技健美操比赛有全国健美操锦标赛、全国健美操冠军赛、全国青少年健美操锦标赛等。

(三) 表演性健美操

表演性健美操是指根据不同目的、场合、要求、表演者等情况进行编排，在各种节日庆典和宣传活动中表演的健美操。表演性健美操的主要目的就是"表演"。在表演性健美操中，竞赛规则、比赛人数、形式、规模及动作的设计和选择限制性较小，自由度较大，目的是使比赛更具观赏性。通过表演来展示健美操的魅力、价值和活力，使观众在观赏中陶冶情操、愉悦身心、净化心灵，同时起到宣传和推广健美操的作用。

表演性健美操的比赛时间一般为 2～5 分钟，内容可以根据需要和表演者的特点选择。为了取得较好的表演效果，一般动作重复较少，音乐速度可快可慢，强调动作的新颖性。表演者可以利用轻器械或一些风格化的舞蹈动作来烘托气氛、感染观众、增加表演效果。表演性健美操常用的形式包括有氧拉丁操、有氧搏击操、健身街舞、踏板操等。由于表演性健美操的动作比健身性健美操的动作复杂多变，因此要求表演者具备较好的协调性及一定的表演和集体配合的意识。表演性健美操主要分为以下三种。

1. 健身表演类健美操

健身表演类健美操主要有健身健美操、踏板操和搏击操。在这类表演性健美操的创编中，要有意识地强调有该类健美操本身特点的动作，尽可能地展示动作本身给身体带来的作用，集中展示其精华部分。

2. 艺术表演类健美操

艺术表演类健美操突出的是其外在的艺术性，主要用于大型比赛和活动的开幕式或中场休息，以及新产品展示或活动现场，主要是为了吸引观众眼球，丰富群众体育文化生活，从外在展示上来说，突出的是动感美、活力美和韵律美。

3. 技巧表演类健美操

技巧表演类健美操强调以高难度动作等技术作为支撑，并融合技巧的成分。动作难度大是展示技巧类健美操的主要特征。

三、健美操的特征

（一）强烈的节奏感和韵律感

健美操是在节奏鲜明、欢快奔放的乐曲伴奏下进行的身体练习，所以最主要的特点就是节奏感和韵律感强。几种主要的健美操节奏有音乐节奏（包括音乐节拍等）、运动节奏（包括力度、步幅、步频等）、生理节奏（包括呼吸节奏、心率节奏等）、时空节奏（包括空间节奏、时间节奏等）、色彩节奏（服装、灯光等）。

节奏感来源于音乐，它是健美操运动不可缺少的重要组成部分。健美操的音乐取材主要有迪斯科、爵士、摇滚等现代音乐和一些民族乐曲。音乐中的高低、长短、强弱、快慢等节奏性的变化，使运动更富有一种鲜明的时代气息，而且音乐有烘托氛围、激发人们情绪的作用。

（二）广泛的群众性

健美操是一项富有趣味性的运动，是时代进步的产物。它给人们带来了热情奔放的情感体验，符合现代人追求健康与健美、自娱自乐的需要，因而深受广大群众的喜爱。健美操内容丰富，运动量可以灵活调控，它多以徒手形式进行，对场地、环境、气候等条件的要求不高，不同年龄段、不同体质、不同阶层和技术水平的人都能根据运动负荷和难度以及爱好选择参加各种锻炼，各种人群都能找到适合自己的练习方式。例如，中老年人一般会选择音乐节奏较弱、强度低的练习，达到锻炼身体、娱乐身心、增进健康的目的；而精力旺盛的年轻人可选择节奏感较强、难度较高、运动量较多大竞技健美操练习，以达到增强体质和提高技术水平的目的。此外，健美操运动可以徒手或依靠自控力进行练习，可以利用各种简单的轻重器械进行练习，还可以采用一些自制的器械乃至简单的家具进行锻炼。因此，健美操具有广泛的群众性。

（三）健身的安全性

健美操在多个方面都充分考虑了由于运动而产生的一系列刺激结果的可行性。它的运动负荷中等、运动强度处于中下水平、练习时间一般为30～60分钟，属于有氧负荷范围内，因此，适合不同体质的人群进行锻炼。同时，人们在平坦的地面上，在节奏欢快的音乐声中进行运动，十分安全，并具极佳的锻炼效果。

（四）艺术性

健美操融舞蹈、音乐、体操于一体，追求人体高强度运动能力和动作完美完成，是体育与艺术高度结合的运动项目，表现出高度的艺术性。

健美操是以力量性为主，以徒手动作为基础，它所表现出来的力是力量、力度、弹力、活力的综合。在追求人体健康与美丽的过程中，它将人体语言艺术和体育美学融为一体，使健美操成为极具观赏性的运动项目。健美操具有"健、力、美"的项目特征。"健康、力量、美丽"是人类有史以来追求的身体状况的最高境界。在健美操运动中，不论是竞技健美操，还是健身健美操、表演健美操，无处不体现着"健、力、美"的特征。它所形成的动作力量风格可以充分地表现出人体健康的风采、美的神韵和力的坚韧。

（五）力度性

力是健美操的一个重要特点。"力"即力度，是练习者在完成动作时，肌肉用力及动作变化的速度和动作熟练程度的外在表现。健美操动作要求的力度和力量性很强，无论是短促的力量（刚性的）、延续的力量（柔性的），还是瞬间的控制力量（寸劲的），都展现出练习者的个性风格和较高的力度感。健美操动作中力的表现，与体操相比较，少一些呆板、机械，而趋于自由、自然；与舞蹈相比较，少些抒情、柔软，而趋于欢快、有力。健美操动作表现出的力刚劲有力，积极快速，充满着生命的活力，给人以一种既流畅又强健敏捷的美感。健美操的力还表现在音乐的强劲有力、旋律优美上，它能在短暂的时间里烘托气氛和调动人们的激情，与刚劲有力的动作结合，能充分展现健美操的力与美，让人激情洋溢、活力无穷。所以，健美操表现出的力量也是较高层次上的美感形式。

（六）创新性

健美操要求成套动作必须展示创造性，即不论是操作化动作、多度连接、队形变换还是动力性配合等环节，必须有一个是原创的，否则就不能成为优秀的成套动作。所以教练员和运动员必须创造设计出符合运动员自身特点的典型动作成套，否则健美操将会失去生命力。健美操运动的创新性主要表现在完成动作的技术风格和质量、动作的组合形式、成套动作的编排、集体动作的配合、队形的变化、音乐的选配、健美操器械以及教学方法、手段等不断推陈出新。健美操运动的不断创新是其长盛不衰的根基。

（七）编创的科学性和针对性

健美操不同于其他项目的一个显著特点是：以自然人体为对象，运用自己的力量把自己作为对象，实现自我塑造。健美操的编创是以对象的性别、年龄、职业、身体状况等具体情况为依据，以人体生理学、人体解剖学、营养学、心理学、人体造型学、体育美学等多学科科学理论为指导进行的。每套健美操的动作结构、数量、顺序、时间、身体各关节的作用、形体、心率、有氧代谢等诸多因素，都经过科学的测定和分析，因而具有明确的针对性和严谨的科学性。

健美操的科学性还表现在动作的整体性上。健美操的动作来源于体操中的徒手动作和队列队形以及舞蹈中的现代舞、古典芭蕾和民族民间舞的基本动作等。但这些动作已不再是单纯的体操和舞蹈动作，而是按照健美操的特点，经过再创造所形成的健美操的特有动作，具有讲求实效、简单易行、造型美观、活泼多变、富有弹性、小关节和对称活动多等特点。这些动作通过科学有序的排列组合和重复，成为具有特定功能的动作整体。

四、健美操的作用

健美操运动是具有实用锻炼价值的运动项目，对人们身体、心理、社会适应等方面的作用显著，健美操的作用主要有以下几个方面。

（一）强身健体，提升健康

健美操锻炼最首要的作用是增强体质，增进健康。从某种意义上说，健康是人体美最基础、最本质的表现，也可以说健康就是美。健美操通过它特有的内容和练习方法，来达到增强体质，提高身体素质，促进人体健康的目的。

众所周知，健美操运动是人体各大小肌肉群、各关节相互配合协调的活动。首先，由于肌肉活动的加强，可使肌纤维变粗并且坚韧有力，可以有效地增强肌腱、韧带等结缔组织的弹性，并提高关节的柔韧性和灵活性。由于肌肉力量的增强，原来已经软化迟钝、缺乏活力的肌肉也可以重新变得充满活力和具有弹性。其次，经常进行健美操锻炼，对于心血管系统、呼吸系统、消化系统以及内脏器官都有良好的影响。它可以使心肌纤维逐渐变粗，心肌增厚，收缩力增强，心血输出量增加，提高供血能力，进而提高心脏的功能；它可使人的呼吸变得有力，呼吸加深，呼吸频率减少，吸氧量增大，从而大大提高肌体的有氧代谢能力。最后，通过健美操的腰部、腹部、髋部等全方位的运动，促进了肠胃蠕动及消化液的分泌，从而增强了消化机能，促进了人体新陈代谢，有助于营养物质的吸收和利用，增进健康。因此，健美操运动能使练习者具有良好的肌肉力量、心肺功能及柔韧性、灵敏性等身体素质，有利于发展和塑造强健的体魄。可以说，健美操是目前促进人体全面发展的较为理想的健身运动。

（二）塑造形体

塑造形体主要包括两个方面：体态和体型。体态主要是指身体各部位所表现出来的外部形态；体型主要是指整个身体的形状，即整个身体从头到脚各部位之间的比例及各肌肉群曲线的大小。

在塑造体态方面，健身性健美操对站立姿态、坐姿、走姿都有着严格的要求。例如，在站立姿态中，要求头正直、两眼平视、下颌微收、两肩下沉、挺胸、收腹、立腰等。通过这样的要求，就能很好地改善人们在日常生活和工作中造成的脊柱弯曲、驼背含胸等不良的形态，从而表现出一种良好的气质与修养，给人以朝气蓬勃、健康向上的感觉。

在塑造体型方面，健身性健美操既可以塑造肌肉的围度，还可以雕琢人体的曲线。健身性健美操通过增粗肌纤维，增大肌肉体积，使肌肉围度发生变化，给人以"力"的美。此外，健美操练习能够消耗人体内多余的脂肪，维持人体吸收与消耗的平衡，有益于肌肉、骨骼、关节的匀称、和谐地发展，从而达到改善不良身体形态、形成完美体态的目的。例如，腰腹部健美操、髋部健美操等可以减少这些部位堆积的脂肪，使人体变得匀称健美。

（三）调节身心

随着时代的发展和社会的进步，人们在享受科学技术所带来的舒适生活和各种便利的同时，受到的社会竞争所带来的精神压力也随之加强。研究表明，长期的精神压力不仅会引起各种心理疾病，还会使躯体产生许多疾病，如高血压、心脏病、癌症等。健美操运动动作优美协调、全面锻炼身体，同时有节奏强烈的音乐伴奏，可缓解精神压力，预防各种疾病的产生。人们在轻松优美的健美操锻炼中，排除心理上的紧张与烦恼，尽情享受健美操运动所带来的欢乐，得到内心的安宁，从而缓解精神压力。

另外，健美操锻炼是集体运动，经常与其他健美操爱好者共同练习增强了人们的社会交往。目前，无论是国外还是国内，人们参加健美操锻炼的方式多是去健身房，在健美操教练的带领和指导下集体练习。而参与健美操锻炼的人来自社会的各个阶层，因此，这种形式扩大了人们的社会交际面，把人们从工作和家庭的单一环境中解脱出来，可以接触和认识更多的人，开阔眼界，学会与人沟通，从而为生活开辟另一片天地。人们共同锻炼，共同欢乐，互相鼓励，有些人因此成为终生的朋友。因此，健美操锻炼不仅能强身健体，还具有娱乐功能，并有助于人们社会交往，可使人们在锻炼中得到一种精神享受，满足人们的心理需要。

（四）提高身体机能和素质

健美操运动是在中枢神经系统的支配、调节下进行的。反过来，通过健美操的锻炼，也能提高中枢神经系统的机能水平及神经过程的强度，使人的视野广阔、感觉敏锐、综合分析能力增强、生命力旺盛，使神经系统能更好地控制和调节人体各器官系统的活力，保证人体与外界环境的协调和统一。同时，健美操动作的路线、方向、速度、类型、力度等的不断变化，可以加强人的动作的记忆和再现能力，提高神经系统的活性和均衡性。健美操强调动作的力度和幅度，长期参加健美操运动可以有效发展人体的力量和柔韧素质。健美操中有许多不对称的动作和较复杂的上、下肢配合动作，经常进行健美操练习，对提高人体的协调、灵敏素质有特别明显的促进作用。此外，健身健美操往往持续时间较长，竞技健美操强度和难度较大，这对培养人的耐力素质和克服疲劳的意志力也有很大的帮助。健美操是讲究艺术性的运动项目，人们从事健美操练习可以增强韵律感、节奏感，提高音乐素养，同时培养认识美、鉴赏美、表现美，甚至创造美的能力。因此，健美操练习带给人们的是身体素质和文化艺术素质的全面提高。

（五）医疗保健

健美操运动不仅是科学合理的健身形式，还是医疗保健的手段。健美操作为一项有氧运动，其特点是内容丰富、强度低、密度大、运动量因人而异，可灵活掌握，因此对人的健康具有良好的健身效果，对一些病人和老年人也是一种医疗保健的理想手段。例如，孕妇可以进行水中有氧操运动练习，也可以在床上采用卧姿的形式进行练习；下肢瘫痪的病人可在地上或椅子上做操进行练习，一方面防止下肢机能进一步衰退，同时，能使上肢和躯干得到较好的锻炼。只要控制好运动量和运动范围，健美操就能在预防损伤的基础上，达到医疗保健的目的。

第二节　从不同社会文化角度看健美操

健美操作为一项体育运动，其形成和发展受许多外在因素的影响，并且随项目的发展而不断完善。例如，瑞典的格林在《体操的一般原理》一书中曾提及健美体操，并认为："加冕体操是一种为了使思想感情（精神）同身体之间保持协调的运动。"这样的解释虽然不完全，但它却是最早的关于健美体操（健美操的雏形）的解释。健美操从最初的简单形态逐渐完善并成为独具特色的项目，借鉴和吸收了许多项目的特点、内容及形式，"遗传"了许多相似项目的"基因"：它吸收了有氧运动（Aerobic sports）的运动负荷作用人体机能的原理，借用了体操、舞蹈等项目的动作特点，运动形式，继承了古代养生术和瑜伽、气功的呼吸方式、内调的功效，合理地利用音乐的艺术效果和节奏，配以现代舞蹈中的动感与活力，形成了一项既包括多项运动，又独立于各项运动的体育项目。因此，我们看待健美操不应该只停留在一个运动项目上，而应从多文化角度来审视它。对健美操产生影响的各种社会文化因素，对于健美操的理论研究十分有用，对于健美操及健美操项群的发展就具有非常重要的指导作用。

一、从体育运动项目角度看健美操

健美操作为体育运动项目中广受欢迎的一项新兴体育运动，其产生、发展过程中体现着体育的特色，执行着体育的功能，具有体育的内容和特征。在早期，体育不像今天那样是有组织和有计划的，它们是日常生活活动和宗教、社交等活动的副产物，它们并不是单纯模仿自然的动作，并不是无任何目的通过习惯而获得的东西。维勒（Wanle）在其运动史中写道："为了有目的地训练身体而进行的身体活动同我们的历史一样悠久。"原始人的生活中存在着严酷的生存竞争，身体能力是最可靠的生活保证，因此人类的身体活动从一开始就把服务于生存竞争的准备作为重要目标。这些体育的起源学说中曾提及"需要论"，它表明体育的最初形成除了生活过程准备阶段的劳动教育外，还由于"人的身心的需要"而产生人类的活动，这是马克思主义所提出的命题。作为人类发展过程中的运动——身体练习则是为了满足增强自己的身体素质，适应自然的恶劣环境和娱乐身心，调节当时的单一文化的需要。因此，体育最本质的目的便是"增强体质，调节身心"。尽管随着社会的进步，体育已被赋予了更多的社会功能，但它的本质并没有变，在这种规律的支配下，健美操从产生那一刻起便带有这种目的，即服务于"增强体质，娱乐身心"等的需要。只是它通过另一种"律动"性的方式执行体育的功能。瑞典的体操家格林认为："所谓的体操系借助于正确的运动而施行正确的教育，为此体操具有符合人体的各部分器官活动规律的运动理论。因此，所谓的健美体操运动，作为正确的运动就不是自然冲动的结果，而是以身体协调发展为标准的人为功能。它不是像竞技运动（Sports）那样追求技术和超越自我及极限，而是为了增强健康，是最单纯的运动，这便是健美体操的本质特征。"同时，这也是最早较完整地提及健美的运动所具有的内涵，是当今健美操思想产生的社会文化根源和基础。

二、从健身意识发展过程角度看健美操

随着时代的进步，科学技术飞速发展，人们物质生活水平的提高，逐渐把人们带入缺少活动的安逸状态。当人们尽情享受现代文明的丰硕成果时，前所未有的"现代文明病"却悄然而至，给人类的健康带来了不小麻烦，"现代健身"就是在这种背景下产生的一种健身方式。美国人 Naisbitt 在 1982 年宣称："这是一个重要而持久的生活形式之变化。"全世界的人都参与健身，健身成为人们提高生活质量的重要手段。《联合国宪章》也指出："体育的目的是提高生活质量。"提高生活质量包含指出很多的内容，但健美操作为体育的一个很有代表性的项目，它与生活的结合比其他项目更加紧密：美的塑造与欣赏是人们生活的一部分。人们可以在不大的空间里，打开音乐，伴着节奏欢快的迪斯科进行忘我的练习，并且陶醉其中。健美操便是在这种意识的要求下应运而生的。因此了解现代健身意识发展的历史可以让我们更准确地了解健美操。

现代健身起源于工业革命。在当时，人们的空闲时间相对增多，但仍然有限，体力劳动程度仍较高，于是在空闲时间的运动，人们首先选择那些容易做的，花费时间较少的大众健身运动。因此为了社会的需要，中、高、低强度负荷的大众健身运动逐渐产生。那时流行的健身运动是一些北欧器械体操、徒手体操和一些负重练习。德国在 1879 年就开始对人体进行胸围、握力、肺活量等的测试，检查某种负荷的练习对身体的作用。朝鲜战争结束后，科学家通过对士兵尸体的解剖首次证实：在 18～22 岁的士兵中有心脑血管疾病的存在，这个发现让人们知道影响中老年健康的退化疾病起源于青年时期。1968 年军医库帕尔（Cooper）出版了《有氧运动》一书，使成年人的健身运动突飞猛进。库帕尔认为有氧运动有益于心血管健康，同时首次对各年龄的练习者的强度、频率、运动量都作出了精确计算。人们通过对自身生理机能状况的了解，逐渐认识到运动对身体健康的作用，增强了健身意识，从此全世界参加健身运动的人数逐步增加，健身成了一大产业。人们通过健身运动达到了减少医疗费用，提高生产力的目的。到了 20 世纪 70 年代后期，Jackie 和 Soreson 利用音乐伴奏结合徒手练习开辟了新的健身领域。当时这种充满生机和活力，令人轻松且使人心旷神怡的健身形式称为"有氧舞蹈"或"健身操"，并倍受人们的广泛关注。这时人们的健身观以健康、预防疾病为出发点。在这个特定的历史背景下，健美操作为一项健身运动解决了新的时代产生的新的健康问题。例如，现代人以坐姿为主，长期坐姿使

大腿后群肌变短，当直立运动时缩短的大腿后群肌除引起疼痛外，还牵扯骨盆引起腰部反射性疼痛。强调体前屈和一些柔韧性练习，能有效地防治腰背部疼痛等一系列由于运动不足而造成的疾病。又如，低强度的健美操运动对强健心血管系统有一定的作用，于是现代健美操开始进入预防医学领域，它能起到药物不能达到的作用。

当然健身意识的形成也离不开政治的作用。对西方许多政治家来说，这股工业革命导致的"文明病"是值得他们重视的，工业革命带来的运动不足、精神压力过大和营养的不平衡造成的患病率明显增加，这对整个社会的经济活动产生了深刻的影响，而通过全民的积极健身可起到一种补偿性的作用。1964年，国际运动与体育理事会发布《体育运动宣言》明确指出："每个人都有从事体育，追求健美，实现健康的权利。"1966年欧洲理事会提出了不分性别、年龄、人种、阶层、居住环境、身心状况，所有人都投入到健身运动中去的观念，在这些观念及政策的影响下，在这种特定的社会发展的需要下，健美操运动得以形成，并蓬勃发展起来。

三、从传统的养生术与西方健身术的融合过程看健美操

西方有氧健身法具有练习方法简单、容易掌握运动量和见效快、娱乐性强等特点。健美操在形成的过程中十分注重吸收这些优点，把它科学地融入自己的体系，无论在锻炼方式上，还是在练习方法上，都融合了一些西方健身术的理论和方法，而传统的保健养生术是以人体自身为对象，以自己的健康为目的的社会实践活动。它讲究的是养、练结合，既注重对运动系统的锻炼，又注重对神经系统的锻炼，通过具有针对性的练习达到大运动量的目的。健美操吸收了传统保健养生的这些理论，在锻炼中强调心血管系统的机能，这对解决当今心血管疾病是造成人类死亡的首要病例的问题有重要意义。由于现代医学揭开了心脏的奥秘，人们注意到心脏对生命的重要性，于是人们开始有意识地利用练习健美操来提高心脏的功能。实践结果使人们注意到能量的消耗问题，懂得了要提高心血管系统机能需要消耗一定的能量，要消耗一定的能量就需要一定强度的运动量。具体表现在练习时，对脉搏的变化、练习时间和速度、重心高低的关注。因此健美操的形式、内容和动作特点便为了适应这种需要，满足人们的要求，在东、西两种健身意识的基础上形成了。

以上三方面对健美操的认识并不完全，因为还有其他的客观因素参与了健美操的形成过程。在健美操的形成发展过程中，由于不同的文化背景，人

们在完善健美操运动的过程中有不同的取舍,各自结合自身的民族文化形成带有本国特色的健美操。但是在从事健美操理论的研究中,应遵循事物的本质,去伪存真,而不应被其发展过程中社会所赋予的东西所掩盖。正如它虽然吸收了许多运动项目的特点,但是它不被这些项目所约束,它作为一项新兴的健美体育运动,是在特定的历史环境和社会需要中产生的,因此它的健身、健美、健心、娱乐和康复的目的性很强。

第三节 健美操文化的发展方向

一、健美操与休闲的关系

体育一词是近百年前由外国引进的。体育的概念是从英语中的 gymnastics、physical education、sports、physical culture 和 physical education and sports 引用而来的,这些词在我国历史上都曾被译作"体育"。但这其中引用最多的是 sports,从 sport 的概念起源、演变来看,sport 源于拉丁语 deportare 或 didortarg,deportare 是由 de(away)和 portare(carry)组成的,意为脱离自己原来的工作,转换到别的地方去;暂时脱离为生存所必需的工作与劳动,而在余暇的时间里进行的修养、娱乐和游戏等活动;是娱乐、游戏、安慰、喜悦或自身的快乐,也有愉快地离开工作的含义。[①]

由此可见,sport 起源和本义就是现代意义上的休闲,随着人类历史的发展和生活方式的不断变化,sport 的含义也有了新的内容。由原来的修养、安慰、喜悦等含义,扩展为包括教育、健身、竞技、游戏和残疾人体育等众多内容,内容更加丰富,但其中所包含的"娱乐、游戏、愉快和工作后的自由时间等"休闲的基本要素基本没有什么变化。在美国、苏联等百科全书中的解释是:sport 是游戏、娱乐活动。虽然 sport 内容丰富,概念的内容超出了休闲的范围,但是其休闲的功能是不可否认的。例如,风靡世界的美国的 NBA(美国男子职业篮球联赛),虽然球场上表现出来的是竞技体育的众多形式,但是它潜在的功能却是观赏性的休闲文化。一场 NBA 的篮球比赛可以吸引全球无数人的眼球,随着比赛的跌宕起伏,观看的人也表现出喜怒哀

---

① 张永军,李丰祥,颜斌.论休闲生活与中国古代临淄蹴鞠[J].体育学刊,2005,12(2):60-63.

乐，这已经不是单纯的 10 个人的运动，而是全球所有 NBA 爱好者的精神寄托。现在开展得如火如荼的各种健美操比赛和表演，在比赛或表演的只不过是一个或几个人而已，但无数观众在现场或通过电视观看比赛或表演，除了分享运动员的激情和喜悦外，更多的是艺术美的欣赏和享受。可见，体育与休闲你中有我，我中有你，二者是密不可分的。

从体育产生的性质来说，其娱乐化休闲化的特征似乎更为明显。娱乐活动是通过身体运动表达思想感情的活动，且有增强体质的作用。史学家认为，人类歌舞最早产生的原因可能对于劳动成功的庆祝、对自然的崇拜、对祖先的祭祀和对异性的诱惑。舞蹈主要来源于生产劳动，原始社会娱乐性舞蹈有欢庆舞、狩猎舞、娱神舞等。1965 年云南发现的岩画有佤族原始生活的"沧源岩画"和各地陆续发现的一些原始岩画中，除球类活动和军事操练内容之外，有很多模仿狩猎的舞蹈画面，除舞蹈外还有不少模仿游戏或围猎野兽的游戏岩画。氏族公社注重集体活动，平时和战时都注重群体一致活动，舞蹈时注重步伐一致。说明原始人类的休闲娱乐活动中有不少体育萌芽状态的游戏内容。在中国古籍中也出现了大量关于"武舞"的记载。

我们知道，休闲的概念是"文化环境和物质环境的外在压力中解脱出来的一种相对自由的生活状态，它使个体能够以自己的喜好、本能地感到有价值的方式，在内心之爱的驱动下行动，并为信仰提供一个基础"[①]。

从心理学角度来看，休闲状态是最适于人类进行创造性活动的一种心态。因此，休闲实质上是一种人类存在的方式和状态，也可以说休闲是一种理念，或者说是一种人类意识形态的表现。从这个角度来讲，休闲是人类游戏产生的本质心理原因。

荷兰史学家赫伊津哈指出："文化和文明是以游戏的形式出现的，游戏存在于文化和文明的各个方面。"游戏的概念非常广泛，赫伊津哈认为游戏必须具备如下要素：①自愿的行为；②与'平常生活'的距离；③有时间和空间的规划和限制；④并非重要的活动，但非常吸引练习者；⑤有规则约束；⑥促使游戏者形成私下的组织。可以看出游戏带有明显的休闲娱乐色彩。"人在游戏中趋向最悠闲的境界，在这种境界中，甚至连身体都脱离了世俗的负担，它和着天堂之舞的节拍轻松晃动。"[②]

在游戏活动中人们总是快乐地、情绪激昂地表达出自己的热情和精神气

---

① [美] 杰弗瑞·戈比.你生命中的休闲 [M].昆明：云南人民出版社，2000：14.
② 同①。

质。游戏说来说去就是"玩",其中有丰富的含义,它不但是一种游戏,更重要的是具有娱乐身心的功能。同时,在游戏的过程中,人们的身心愉悦和技巧方面可以得到提高,还可以开发智力、增进交流,解决矛盾。于光远先生曾经说:"吃和喝是人的根本的物质需求。按恩格斯在《自然辩证法》一书中的论述,生命的本质就是它具有能够实现新陈代谢——即在它与外界的物质交换中保持自己。一切生物包括最低级的生物,都具有这个特征。因此'吃''喝'这样的从外界摄取营养的活动是生命所必需的。'玩'与'吃''喝'不一样,它在高等动物那里才萌生,基本上是人的现象。但是,'玩'是人类的根本需要之一。"

在我国古代,古人已经意识到休闲的这种功能。游憩:泛指人的消遣、游玩、社交等活动,是人类文化的重要组成部分。在儒家文化传统中,游憩何止一个"玩"字了得,这里有深奥的思想和文化内涵。《论语·述而》中说:"依于仁,游于艺。"杨伯峻注:"依靠在仁,而游憩于礼、乐、射、御、书、数六艺之中。""六艺"在规范社会、教化子民方面具有重要的地位与作用,是中华休闲文化的基础内容,也是现代人应该传承的休闲方式之一。游憩更强调一种文化创造精神,更注重人与人之间的文化氛围、文化体验、文化传播、文化欣赏,更注重人与自然的和谐相处与发展。赫伊津哈认为:人类社会许多伟大的原创性活动自始至终都渗透着游戏。

休闲式的娱乐活动实质上是为补偿人类生活中的许多要求创造了条件。通过游戏,人们丰富了自己的文化生活,增进了健康。马克·吐温自信地说,他一生中从来没有过一天的工作,而他所做的每一件事都是游戏的一个部分。德国哲学家冯·席勒写道:"只有一个能在完整的意义上被称为人的人才能游戏;也只有当他在游戏时,他才能称为人。"席勒在他关于美学的论文中提到了两种本能:"感性本能与形式本能——结合起来产生了游戏本能,他的目标是创造出一种生活形式:美。他认为,人们的游戏和美密切相关,而且,艺术和更为艰深的生活之艺术的大厦都将以这个原则为基准。"可见,游戏的主要功能不仅是提高人类的审美感情,而且更为重要的是使人们感到自由放松,轻松愉悦。像杜威和J·李这样的教育学家认为,只有当工作和生活中充满游戏的成分时,它们才会上升到艺术的层次,才能达到顶点。

以上学者的学说,对于现在我们所提倡的体育的"可持续发展"以及使体育向更高阶段认识具有启迪作用。胡小明说:"体育活动是有组织有目的的游戏,相当多的竞技项目从简单的民族民间传统游戏发展而来,在户外靠体力和智力进行的充满欢乐的活动都可以视为游戏。至今,国外还把篮球、足球等活动视为游戏，甚至连四年一度的规模宏大的奥林匹克运动会，也是集游戏之大成的盛会。正是这种游戏意味，使体育运动具有强烈的趣味，也使体育性质的运动与其他身体活动形式区别开来。"

马惠娣曾做过主题为"游戏在现代生活中的缺失及其后果"的演讲，马惠娣说，游戏是丰富人的日常生活的一种方式，是人们为了缓解工作压力，放松心情而进行体验的过程。游戏并不是简单地游离在生活之外，相反，它是人类所需的"衣食住行"四大要素之外的重要生存条件之一，是人在自然进化中的自然本能反应。在现代生活方式中，游戏的缺失会带来身体素质的降低、人的认知能力受阻、人的创造能力难以发挥等负面影响。

生产方式的升级必然导致体育方式的彻底变革。一旦生产发展到不需要工人付出更多体力的时候，它反而难以满足健康肌体的自然需要，并使人的活动单调化。劳动丧失吸引人的力量，人类失去了自身，不由自主地堕落为机器的附庸。这种异化不仅对人的精神，也对人的身体产生了极大的影响。参加体育活动是挣脱这种桎梏的最佳的方式，而游戏，则是人们对身体活动产生兴趣的新的动机和诱因。

从以上的论述可以看出，休闲催生游戏，休闲的方式是引导游戏形成的主要原因之一，而游戏活动则是产生体育运动最直接的原因。游戏是人类精神生产的重要形式，审美是游戏向健康趋势进步的保障。游戏是许多运动项目之父，是体育活动创新的原动力。游戏是当代体育休闲娱乐活动的催化剂。健美操是由体育衍生出来的，是体育中的一种，所以健美操产生于休闲，有归于休闲。

二、健美操文化发展方向之休闲

健美操休闲文化蕴涵于休闲文化之中，二者是相融相通的，健美操既继承了休闲文化中的精华部分，又有了新的精神韵意。健美操休闲文化已成为体育休闲文化中的特色内容，休闲文化、体育休闲文化、健美操休闲文化三者形成了包含的关系（图1-2），使健美操休闲文化在体育休闲文化，乃至休闲文化中更加和谐、协调，并不断壮大与发展。

图 1-1　休闲文化、体育休闲文化、健美操休闲文化三者关系

（一）健美操休闲的特点

与发达国家相比，我国经济发展水平以及人民的体育消费水平还比较低。同时场地设施及资金短缺问题依然是困扰我国体育休闲发展的关键问题。在对我国城乡居民体育活动点的调查中发现，其面临的主要困难仍是经济匮乏、场地拥挤和器材缺少。人们迫切需要一种能够适应当前现状的休闲方式的出现。于是，健美操运动成为休闲体育的热点。健美操动作简单、易学，便于广泛开展；不受人数、年龄、性别等条件的限制；不受场地、器材的限制；投资少，适合全民健身的要求等，能够适应并促进体育休闲的发展。

1. 便捷性

健美操的难度适中，运动强度不大，方法较易掌握。休闲的最终目的就是使身心达到"畅"，即练习者深深陶醉在自己所进行的活动中。这就要求练习者所选择的休闲方式要与自身的能力相适应，不能难度太大，也不能太"轻而易举"，要能够使自身与所进行的休闲方式融合在一起，才能陶醉其中，才能达到"畅"的目的。而健美操的难度适中，方式方法容易掌握，而且可以根据不同的人群进行难度、强度、练习方法等方面的调整，灵活地选择，达到休闲的目的。

2. 娱乐性

健美操融健身性和娱乐性为一体。健美操的功能是增进健康美、塑造形体美、娱乐身心、缓解精神压力和医疗保健等，而且注重个体差异，具有广泛的适应性和健身的安全性等特点。健美操主要采用各种体操和舞蹈动作并配合节奏明快的音乐创编而成，同时练习者根据自身的实际情况进行锻炼，所以健美操深受大众的喜爱。同时健美操融健身性和娱乐性为一体，练习者在健身的同时充分释放自己的激情和活力，排除工作生活中遇到的压力，使身心得到放松、愉悦，使所有的不快都随着汗水一起挥洒。

3. 普适性

（1）健美操的活动内容和形式满足不同年龄层次者的需要。

调查显示，休闲体育目前在老年人中开展得较好，在社区健身广场和公园里经常可见老年人的身影。健美操的练习形式多种多样，而且运动量可大可小，可以根据练习者的实际情况进行控制，对场地器材的要求也不高，适合各个年龄阶层的人们进行练习。老年人可以选择低强度的有氧练习，跳一跳欢快的老年迪斯科，既能锻炼身体，又能抖擞精神，越活越年轻；身体素质较好的年轻人可以选择活力奔放的各种形式的健身性健美操，充分释放自己的激情；少年儿童可以练习有趣味性的、模仿性较强的中、低强度的健美操，促进身心的全面发展。

（2）健美操休闲的内容和形式能适应不同职业者的需要。

经济的发展促使社会分工越来越精细，这样就出现了很多以往没有的新型职业，与此同时，也使每一职业更加专业化，人们长时间从事某一种工作而难以得到身体的调整。在倡导"以人为本"的今天，人们在紧张工作之余，渐渐将注意力转移到自身健康的维护方面，于是，健美操休闲成为各种职业人士的健身选择。有关专家指出，我国每年大规模的农民工进城务工，这样一个庞大的群体，其身体健康程度和精神文化生活绝非等闲小事，关注进城务工人员的精神文化生活已迫在眉睫，有关人士正在创编一些适合进城务工人员的健美操动作套路，尝试把进城务工人员8小时之外的工余时间吸引到健美操休闲运动中来。可见，健美操休闲不仅能满足办公室一族对休闲的需要，而且能针对不同职业者的职业特点，设计、编排出专门的健美操的内容和方式，来满足不同职业者的多方面的休闲需求。

4. 个性化

健美操休闲就是通过健美操这项活动来达到休闲的目的，健美操是一种手段、途径和方式。它可以分为静态和动态两种。静态的健美操休闲练习者可以通过观看健美操比赛、表演，或者翻阅有关健美操的画报达到休闲的目的；动态的健美操休闲则是亲身参与运动，通过练习直接达到休闲的目的。

所以，练习者完全可以根据自己的性格爱好、个性特点及心情和环境选择不同的方式来感受健美操休闲。特别是动态的健美操休闲种类更是数不胜数，性感的拉丁健身操、激情的有氧搏击操等，都能给人带来全新的体验与精神的愉悦。

（二）健美操休闲的功能

1. 调节情绪，修养身心

逃避和转移是体育娱乐价值产生作用的重要心理机制。转移的意思是从一个严重的情景转移到另一个方向，逃避则是从现实烦恼向理想心境的出逃。赫伊津哈在《游戏的人》中认为："'游戏因素'所具备的重要条件之一就是与平常生活的距离。"[①]游戏的产生、休闲活动产生就与人们这种逃避烦恼的心理活动有着密切的关联。

在现代人眼里，人、自然和经验世界本身都无法为自身的存在给出一个明确合理的解释和说法，而科学技术的进步与发达，又明确宣布了"上帝已死亡"，人就是自己和万物的主宰。"现代主义开创之初所张扬的理性，终于从为人民服务的工具片面发展为左右人类的主体，人类也在这种片面理性的压抑下失去了主体地位，于是人类从心灵上开始逃离自己。"[②]

人们为了逃避现实生活，纷纷选择休闲作为减压方式。许许多多的研究证明，"减轻压力"是人们参与体育的主要动机之一，而所谓的"减压"很大程度上是意味着从现实的烦琐中逃离，去做自己真正想做的事，而健美操休闲恰恰为"逃避"提供了一个平台。这里的"逃避"和"转移"，是修养身心的最佳途径，是一种积极的生活态度，让人们有机会去面对真实的自我，释放内心积攒已久的激情，以更健康的心态去迎接来自工作、生活中的更大的挑战。因此，休闲活动在这样的情境之下开始风靡起来，健美操休闲以其特有的运动方式，可以让练习者忘记烦恼，从中解脱出来，达到调节情绪、修养身心的目的。

2. 充实生活，慰藉心灵

经济和科学技术的发展使通信和传媒技术高度发达。在经济发达的国

---

① 杰弗瑞·戈比.你生命中的休闲[M].昆明：云南人民出版社，2000：8.
② 金川江.从文化学视角论休闲和休闲体育[J].体育与科学，2006，27（4）：54-57.

家和地区，几乎家家都有电脑，SOHO（家居办公）一族的出现使在家工作成为现实，人与人之间不需要见面，只需一个电话、一封电子邮件或者网络聊天、视频就可以解决问题。想买一样东西，只需鼠标轻轻一点就可以送货上门，而且货比三家。人与人之间关系的淡漠程度比20年前成倍增加，人情冷暖被一扇扇防盗门牢牢阻隔。心理学家罗伯特·奥斯坦和内科医生戴维·索贝尔指出，对团体的需要是人类遗传进化中的一个关键部分。人类最基本的功能不是思考，而是保护身体免受疾病的侵袭，而且，没有与他人的接触，便似乎无法完成保卫身体的任务，我们需要从朋友、爱人、亲人、室友，甚至从同事和周末保龄球友那里汲取必不可少的养分。可见，要想获得身心的健康，我们就要走出防盗门，融入集体，获得被陪伴的快乐。

在健美操的参与过程中，大家在欢快活泼的音乐的伴奏下，一起挥洒着汗水，尽情释放着激情，这在一定程度上可以消除人们的孤独感，使人恢复自信，使人们因工作或生活劳动而紧张的情绪得到放松，使单调乏味的生活充实起来，使人进入一种超凡、愉悦的境界。在集体活动中，通过与他人的接触、交谈、合作，有助于促进人际交流，增进理解与友谊，扩大自己的交际空间，使心与心之间的距离更加贴近，这种心灵的慰藉和陪伴又何尝不是一种快乐。

3. 追求时尚

繁忙的都市，紧张的生活，使得都市女性面临许多困惑和压力，虚弱、疲劳、焦虑、失眠、抑郁，种种现代病使女性身体机能和心理状态逐渐失去平衡。于是，健康的运动方式便应运而生：热辣拉丁舞、神秘瑜伽、芬芳SPA等，它们轻松、自然、时尚、流畅，能从内到外，从身体到心灵，全方位调理女性的健康，锻造出一份知性女性的优雅和自信。她们运动并快乐着，怡情并美丽着，魅不可挡的运动休闲让都市女性的生命焕发出花一样的芬芳。可见，休闲体育已经成为引领时尚的先锋。

社会时尚是社会在一定时期内，在人们的生活领域内具有领导性的风气。其传播的媒介有很多种，但是休闲体育是其中最具特色的一种。现代传播业的发达使各种时尚的传播比以往快了很多。电视里有氧健身操、有氧拉丁健身操等项目吸引着时尚女性的眼球，她们不仅办卡去健身俱乐部花钱买出汗，而且模仿健身教练或者某些体育明星的穿着风格，来包装自己。

4. 培养创新意识

有人说过:"一切创造都是在休闲中产生的。"处于休闲状态的人,注意力集中,思维活跃,相对容易产生创造性思维。健美操作为休闲体育中的一员,同样具有这种功能。"创新是指在原有的基础上进行的局部改进。"[①] 健美操中的创新主要是在动作、组合、技术、编排、教法、器材、活动空间和运动方式上进行创新。健美操是一种通过肢体语言向人们展示自我的健身活动,它可以充分发挥人们的想象力,让人尽情地去领略健美操中所要表达的感情和内容。健美操的最大特点是动作变化比较快,而动作又是受大脑支配的,所以健美操运动中总是伴随着复杂的智力活动,给大脑和神经系统提供各种刺激信息,有利于提高大脑皮层活动的强度、协调性和灵活性,可以培养敏锐的感知能力、良好的记忆力。

健美操在科学的基础上崇尚创新,这一点从动作的编排及音乐的选择等方面表现出来。人作为创造的主体,在运动时把自身作为一种物质力量,通过客体使主体发生所需要的改变,使人真正成为支配客体的主体;同时,人又根据主体的需要,对客体加以改造、创新,使之更加符合自己的需要,使客体的价值更好地发挥出来,这个改造的过程便是创新的过程。在健美操休闲中,人们可以根据自身的需要,以科学为基础,通过改变动作的方向、路线、用力程度、组合方式等来使健美操焕然一新;也可以通过改变音乐来改变健美操的风格。总之,健美操这项休闲运动体现着创新的理念,与休闲的作用与功能相互呼应。

(三) 健美操休闲的价值

1. 生理价值

《世界卫生组织宪章》对健康的定义为:健康,是人在躯体上、精神上和社会上的完满状态,而不仅仅是没有疾病和衰弱的状态。长期参与健美操运动,有益于肌肉、骨骼、关节的匀称发育,形成正确的体态和健美的体型;可以加强关节的韧性,提高关节的弹性和灵活性,从而减少运动中伤害事故的发生;使心脏功能加强,使心肌纤维变得强壮而有力;使人的呼吸加

---

① 周建社,谭成清,李先雄等.大众健美操的社会文化价值探究[J].首都体育学院学报,2004,16(2):15-17.

深，次数减少，可使呼吸肌得到充分的休息时间；使消化液的分泌增加，对胃、肠道起到按摩的作用，从而增强消化系统的功能；改善肾脏的血液供应，提高肾脏排除代谢废物的能力。总的来说，健美操休闲能够使人们在生理上获得健康。

2. 心理价值

"'畅'（flow）是美国心理学家奇克森特米哈伊提出的概念，是指在工作或休闲时产生的一种最佳体验，类似于马斯洛提出的'高峰体验'，人在进入自我实现状态时所感受到的一种极度兴奋的喜悦心情。"[1] 他还说道："当一个人的技能能够在一个有预定目标、有规则约束并且能够让行为者清楚地知道自己做得如何之好的行为系统中充分地应付随时到来的挑战时，就会产生这种感觉。这时，注意力高度集中，没有心思注意与此无关的事，也不考虑别的问题。自我意识消失，甚至意识不到时间的存在。"[2] "畅"是休闲研究中一个很重要的概念，它决定了人们参与休闲的目的、结果以及持久性。

从生物学上来分析"畅"的形成能够帮助我们更深刻地体会这个概念。运动导致生物体产生快感。快感的获得可以从生理学角度解释为由外物刺激人的感觉器官引起的愉快的生理感觉。1954年研究人员在一次动物实验中发现了脑的"快乐中枢"：用电刺激脑干及其与丘脑相连的部位，可以引起动物明显的愉快感觉。之后许多的脑外科资料也显示，刺激人的大脑额叶腹内侧或下丘脑，部分顶叶或颞叶，以及刺激中脑上部，都会产生情绪反应，病人感到松弛、悠闲，有的病人还会微笑，有的甚至会因为愉快的感觉笑出声来。杰弗瑞·戈比认为"畅"不仅出现在科学和文艺的创作活动中，而且可以在日常活动中出现。在获得"畅"的体验时，挑战的难度与个体身体的技能水平是一致的。如果难度远远超出了个体的能力范围，个体就会产生焦虑。而当难度远远低于个体的技能水平时，个体又会产生厌倦。所以说，一个人只有在全神贯注、游刃有余时才能获得"畅"的体验。

通过各种形式来练习健美操，初学者可以根据自身情况来选择步伐以及手臂配合较简单的动作来练习，在多次练习熟练后，再根据需要提高难度和复杂程度，不断循序渐进，提高自己的健美操水平。在整个过程中，练习者不知不觉地投入健美操优美的音乐和动作中，不断地挑战自己，战胜自己，

---

[1] 杰弗瑞·戈比.你生命中的休闲[M].昆明：云南人民出版社，2000：1.
[2] 同①.

在每个提高的阶段都可能获得"畅"的体验。健美操包括有氧拉丁健身操、有氧搏击健身操等，每个人可以根据自身的喜好来选择不同的操种练习。时尚靓丽的青年女性喜欢柔美、摇曳多姿的，充分展现女性体态美的运动，那么就可以选择极富异域风情的有氧拉丁健身操；小伙子喜欢运动量大的练习，那么就可以练习有氧搏击操，体会挥汗如雨、畅快淋漓的感觉。

3. 审美价值

首先，满足人们对健康美的要求。"健康"即生理功能正常、无病理性改变和病态出现。但是现在所谓的健康已经不是生理意义上的"健康"，还包括健康的心理和行为。"健康美"是一种积极的健康观念和现代意识。一个具有"健康美"的人除了自我感觉良好，可以轻松应对日常工作和生活外，还有充沛的精力参加各种社交、娱乐及闲暇活动，亦能自发地处理突发的应激状态。一个具有"健康美"的人应该具备良好的心肺功能、肌肉力量、平衡性、灵敏性、柔韧性和协调性等身体素质。而通过健美操的练习，其健身功效是有目共睹的。

其次，满足人们对形体美的要求。"形体"分为姿态和体型。姿态是从我们平时的生活习惯中表现出来的，受后天因素的影响比较大，具有极强的可塑性。长时间练习健美操，有益于肌肉、骨骼、关节的匀称发育，形成正确的体态和良好的精神面貌。同时，健美操还可以消除皮下多余的脂肪，维持人体吸收与消耗的平衡，降低体重，保持健美的体型。

再次，健美操具有美育的功能。健美操所表现出来的美是具有社会文化属性的，而许多学者在研究体育的社会价值时都会提到"宗教"这个词，体育和宗教都是人类为了和睦相处或使生活更令人满意和更有意义而创造出来的。

可见生命的美就是体育的信仰，也是健美操的信仰。健美操的优美感是一种主体的感官对对象形式的直观把握而获得的适情顺意的情感状态的愉悦体验。这种优美感愉悦身心主要体现在音乐和舞蹈两个方面，音乐和舞蹈分别借助声音和形态、旋律和表情，激起人们的情绪，并引起人们的想象和联想。"畅"的感觉及马斯洛提出的"高峰体验"不正是在此基础上产生的吗？可见，健美操与休闲有着千丝万缕的联系。长期参与健美操这项休闲运动，在对美的重复体验中，能大大增加人们的感受性，提高其对美的感受能力，使人们把人心感受的美和外形观察的美结合起来，从中获得美感，培养对美的鉴赏力，提高艺术审美能力，正确地评价美。

4. 娱乐价值

伴随着休闲时代的到来，体育作为一种既具有娱乐价值，又是积极健康的绿色活动，是填补人们休闲时间的一种极佳的选择。曾任国际奥委会群体委员会委员安东·吉辛克说："娱乐是长期从事体育的基础。"体育要进一步强调娱乐价值，激发起人们从事体育运动的热情，使人们因为快乐、愉悦而爱上运动，因为运动而得到快乐。

健美操休闲以身体运动和感官刺激为主要内容，因此特别追求诉诸感官的娱乐效果。健美操休闲通过各种形式供人们娱乐，并充分满足和挖掘人们的感受和体验，引导人们更加注重消遣、娱乐，通过各方面的刺激和调节使人们生活得更加轻松和惬意。

5. 商业价值

文化与产业联姻是当代全球经济取向的必然，将健美操运动作为时尚文化营销内容加以运作，是健美操文化发展的理想出路，同时，休闲是一种文化产业，在人们的休闲意识日益增长的今天，休闲已成为国民经济增长的又一推动点。健美操，它以自身独特的魅力在休闲"大军"中占据了重要的位置，同样其在推动休闲产业中的地位也是不可取代的。健身房中健美操的参与、健美操有关书籍，音像的发行，健美操服装、器械的生产等，健美操休闲从多个方面发挥着巨大的产业的推动作用。近几年我国健美操市场欣欣向荣的景象告诉我们，将健美操休闲文化中国本土化后的产业化发展模式成功地完成了健美操文化和产业联姻的过程，更为重要的是，在实现健美操产业化的同时，亦能兼顾其意识形态的形成且保持稳定，并用一种独到的文化对话语境全盘托出。

（四）健美操休闲的文化品格

健美操在美国的产生，代表着现代人的一种流行生活文化，而这种流行文化或者说是身体文化，正在随着现代人的观念变化而不断地演化和变异。我国健美操休闲文化品位表现为一种健美操基本动作和动作组合的组装过程，建立在健美操基本动作之上的民族舞动作创新内容，成为外来健美操动作和民族舞动作创新的混合体，充分展示了东方人抒写美国健美操文化的异域文化表达的艺术魅力。健美操动作来源于生活，一切民族的、生活的、流行的、新鲜的肢体内容都将成为其创新的内容。中国式的健美操动作具有独特的本质特征,即中国人的舞蹈意境和肢体韵味。中国五千年文化的积淀形成了独有的文化品格,健美操休闲文化在中国本土化后,作为一种意识形态方式的现实存在,也逐渐影响着中国人的文化气质。

1. 音乐的诠释

健美操概念中一个非常重要的要素——音乐。说起音乐大家脑海里总会响起某种旋律,或轻柔飘逸,或刚劲有力,音乐似乎从出生就伴随着我们的一生。《礼记·乐记》中写道:"凡音之起,由人心生也。人心之动,物使之然也。感与物而动,故形于声。声相应,故生变;变成方,谓之音;比音而乐之,及干戚羽旄,谓之乐。""乐者,音之所由生也;其本在人心之感于物也。是故其哀心感者,其声噍以杀;其乐心感者,其声啴以缓。其喜心感者,其声发以散。其怒心感者,其声粗以厉。其敬心感者,其声直以廉。其爱心感者,其声和以柔。"就是说,人心自外界接收到刺激,音乐便自内发生。人心受到外物的刺激而起反应,即表现于声音。因反应不同,所发的声音也不同。不同的声音相应和,就显出变化,将此变化列成一定的节奏,则成为歌声。比照歌声而配合以乐器及跳舞用的道具,就是"乐"。"乐"是由声音所构成,对内心的刺激而来。所以心里悲哀时发出低沉的声音,快乐时发出宽裕、徐缓的声音,喜悦时发出兴奋、爽快的声音,愤怒时发出粗野、凄厉的声音,恭敬时发出虔诚而清纯的声音,恋爱时发出体贴温柔的声音。

健美操是用健美操的动作表现音乐的音效,对音乐的反应是轻快、优美或者浑厚、沉稳、热情、开放,各种反应发自内心,形成一种生命的活力,展现出来的动作具有震撼的穿透力,给人一种感染,让人有禁不住要跃跃欲试的感觉。在这里,有音乐的伴奏就成为健美操的一个本质属性,练习者可以用动作表现音乐的效果,也可以用音乐的效果来提高自己的激情。

2. 健的诠释

这里所说的"健"即指健康的身体、健美的身材。古希腊人对身体健美的崇拜,在世界上是罕见的。居住在地中海的古希腊人要出海经商,而且当时一个个城邦之间经常发生冲突,这就非常需要具备强健的身体。男子习惯脱得赤条条的,浑身涂上橄榄油,在烈日下锻炼身体。在竞技场上,男子浑身赤裸,出入于大庭广众之间,一面表演竞技,一面炫耀着健美的体型。在我国古代同样如此,我们的祖先也有过崇拜人体的形体美的阶段。战国时期的宋玉,在他写的《登徒子好色赋》中就描写了一个"增一分则太长,减一分则太短……"最标准的美女形象。虎背熊腰、彪形大汉,是我国古代用来形容健美男子形象的。事实上自古以来,人们就特别注意人体的健与美,我们中华民族也早有自己健美的传统。今天的健美操在锻炼的过程中,不仅能使身体健康,还能形成健美的身材,无论是在中国古代还是高速发展的今天,人们都有这一追求。

3. 力的诠释

我们在练习健美操时都注意到,健美操的每个动作、细节都要求有恰到好处的制动、协调的用力顺序、过程及路线,要充分显示自身的力量,这就与我国古代所提倡的力有着密切的联系。我国健美操健儿在第九届健美操世界锦标赛上身穿黄色的印有龙的图案的比赛服,在浑厚热情的音乐伴奏下,通过刚劲有力的动作,向全世界人民展示了一套现代中国功夫,不仅拿到了健美操世界锦标赛的金牌,而且向全世界展现了中国浓厚的文化底蕴和我国对健美操中"力"的理解。

4. 美的诠释

美是体育追求的目标和动力,体育的目的是塑造理想的体质结构,这种理想的体质结构包含着人类征服自身生理极限,开发潜能,追求自由的崇高目的。健美操作为体育活动中的一种,也具有这样的属性。通过健美操练习,我们可以从中体会到身体的美、运动的美及精神面貌的美等。这与我国古典舞的神韵一脉相承。《诗经》中描写舞蹈的篇章和诗句很多,从舞蹈的性质来看,有文舞和武舞。文舞,执夏翟苇,动作柔善,谦恭,让以昭德;武舞,执朱干玉器,动作粗犷,发扬蹈厉以示勇。无论是文舞还是武舞都充分显示了人的身体美和运动美。唐代是中国古代体育史上一个辉煌的发展时期。在整个封建社会,唐代体育以其所呈现的显著特色,构成了"大唐盛世"的一个重要侧面。唐代人崇尚个体和社会生活中的阳刚之美,以身体的健康、强壮为核心,以伟岸、丰腴的体貌和粗犷、刚劲的行为为其外在表现。唐代舞伎的表演,舞姿劲健有力,透出壮美英武的神韵。可见健美操中所追求的美和我国古代文化中的美是殊途同归的。

综上,健美操运动在练习中通过充满活力的动作来表现健、力、美,达到合理与调和,成就生命智慧呈现的目的,并且在实践中体验精神境界的提升过程。孔子说过:"从心所欲,不逾矩。"对练习者来说,各种束缚不是不再存在,而是束缚已变成自由的化身。可见,我国健美操中蕴含着我国传统文化，而我国优秀传统文化又通过健美操这项体育休闲活动充分体现出来，二者互为载体。如果把这两方面综合起来，健美操与民族文化相融会的契机就是陶冶情操。它上承民族文化的脉络，又有新的创新的发展，充分展现了提高练习者精神境界的志向。

由此可见，健美操休闲文化扎根于我国大众文化的土壤，即便本体文化趋弱，它也能迅速发展并与本土文化相融合，具有抵抗源文化颠覆性变革的能力。在内容上，健美操休闲积极吸收本体文化内容中的有益养分，为提高变体文化品位服务；在形式上，它积极摆脱本体文化发展模式，努力寻求自我品格建立的基点。可以说，我国的健美操休闲文化的品格来源于美国健美操休闲文化，在我国的休闲文化土壤中"茁壮成长"，并优化与促进我国休闲文化的发展完善。

（五）健美操休闲的社会现象

健美操自从传入我国以来，充分利用报纸杂志、广播电视、因特网、宣传展览等形式进行宣传，使人们在充分了解健美操休闲的基础上，自愿加入健美操休闲的行列中来，不断丰富了群众体育活动的内容。许多相关健美操的节目，通过电视媒体这个窗口为人们展示了健美操中各种形式的练习方法，这对健美操在全国的推广起到了强有力的推动作用。在全国各地，到处可见健美操的健身群体，健美操休闲产生了巨大的社会反响和显著的健身效果，促进了人民体质的明显增强。

1. 健身俱乐部中健美操休闲的现状

健美操休闲形式多样，内容丰富，其中以健身俱乐部中的健美操休闲为主要方式。高档俱乐部一般具有以下特征：其跳操房面积约在500平方米以上，设备与器械十分齐全，但消费偏高，健美操只是它的辅助性项目。中档健身俱乐部一般来说服务项目多，会员容量大，其跳操房面积约为200～500平方米，健身设备与器材比较齐全，收费价格合理适中，基本满足大部分健身消费者的多种需要[1]。但是在低档次的健身俱乐部中，经营的项目比较单一，主要依靠健美操来增加收益。所以，低档次的健身俱乐部对健美操的投资较高，同时能满足收入较低者进行健美操休闲消费的需要。

---

[1] 胡泊，郑丽冰等.体育市场中大众健美操的发展趋势[J].武汉体育学院学报，2003（5）：167-169.

2. 健身俱乐部中参加健美操休闲锻炼者的现状

调查显示，城市居民在健美操休闲上的人均年消费为 31 元，男性消费低于女性。参与健美操休闲的锻炼者中，女性占 88.9%，而男性只占 11.1%。由于年轻女性爱美、追求美，而且容易接受新事物、新观点，所以从年龄结构上来看，健美操休闲的练习者大多为 45 岁以下的职业女性。从受教育程度来看，健身俱乐部中健美操休闲的练习者文化程度普遍偏高，其中 27.9% 为本科或本科以上学历，大专学历的占 35%。原因主要是文化程度越高者受的体育教育及终身体育教育越多，有较高的健身意识，并且其追求时尚，彰显个性的需要较强，而健美操休闲能满足其需要；另外，大多数人属于脑力工作者，缺乏体育运动并有很大的工作压力，她们迫切需要通过一个途径来强身健体、缓解疲劳、释放压力，健美操休闲恰恰提供了这一途径。

3. 高校开展健美操休闲活动的现状

2002 年 8 月，教育部颁布的《全国普通高等学校体育课程指导纲要》指出，学校应根据学生的特点以及地域、气候、场馆设施等不同情况确定课程内容。并且课程内容要力求丰富多彩，为学生提供较大的选择空间。随着纲要的贯彻落实，各高校的体育课都在进行着探索和尝试。健美操独特的教育功能和审美价值在高校的素质教育中进一步显现出了它的重要性。学生在热情奔放、节奏明快的音乐伴奏下进行健美操运动，不仅能够强身健体，塑造健美体态，而且能够树立自信心、陶冶情操、增强审美意识，使心理得以平衡，从而提高学习效率。由于健美操对高校学生特有的功能价值，全国高校中健美操已经成为必修的体育课程。而且在学校的体育俱乐部中，健美操也成为众多学生，尤其是女生争相参与的一项运动。

（六）健美操休闲的文化意识

《辞海》中，对"意识"一词有三种解释：①察觉；②与"物质"相对应的哲学范畴；③八识，即大乘佛教唯识宗对内在的心识所作的八种解释。在心理学研究领域，意识一般指自觉的心理活动，即人对客观现实的自觉反映。健美操休闲的文化意识是指人们对于健美操休闲的一种能动的认识活动，是人们在进行健美操休闲的同时领悟到其内涵和接受其文化的熏陶，并潜移默化地内化为一种追求健美操休闲的情感。

1. 追求时尚

改革开放以来，我国发生了巨变，处于由传统的农业文明社会向工业文明社会转型的过程之中。与此同时，人们的生活方式、行为方式、伦理道德、价值规范、文化观念都发生了巨大的变化。社会的转型不仅意味着政治、经济结构的转型，也意味着文化的转型。各种外来时尚文化蜂拥而至，"日风""韩流"不断影响着我国的传统文化。体育作为特殊的文化现象承载着传播时尚、引领时尚的重任。健美操休闲以其独特的时代气息和新鲜感觉迎合了转型期体育文化市场的要求，它的运动形式新颖时尚，与其相伴而生的一些时尚动作、动感音乐、流行服饰等给人朝气蓬勃的感觉，符合现代人求新、求变、不断创新、追求时尚的心理，是人们健康时尚需求的流露。健美操休闲自然而然地成为引领时尚的航标，带领着体育休闲走在时尚的前列。

2. 追求健美"真谛"

柏拉图在《柏拉图文艺对话集》中说道："身体美与心灵美的和谐统一，是最美的境界。"[①] 车尔尼雪夫斯基说过："生命是美丽的，对人来说美丽不可与人体的健康分开。"而健美操休闲则蕴含着人体健与美的有机结合与和谐统一。从健美操休闲的价值和功能可以看出，长期进行健美操休闲，不仅能达到较为理想的自我塑造和保持健美体型的目的。同时，优美的动作和节奏强烈的乐曲，还能吸引众多的人驻足欣赏，使其受到艺术美的熏陶，达到练习者和观赏者同乐同美的效果。可见，坚持健美操休闲的人，不管自身先天条件如何，只要能够乐此不倦，坚持不懈，外在的身体练习就会逐渐内化为一种潜移默化的心理需求，在内心之爱的驱使下去追求健与美的真谛。

3. 满足精神愉悦

物质生活的极大丰富，使人们不再满足于以往刻板传统的健身形式，主观上希望体育活动能更新颖、刺激，在视觉、听觉、肢体感觉等多方面得到精神释放和身心愉悦。健美操的出现恰恰满足了人们精神愉悦的需要。健美操是在节奏鲜明、强劲有力的音乐伴奏下进行的，而且在健身指导员的带领和语言鼓舞之下，与众多热情参与的人们一起处在这样一个欢快、奋进、充

---

① 柏拉图. 柏拉图文艺对话集 [M]. 北京：商务印书馆，2013.

满激情的环境中，人们会不自觉地受到感染，抛开一天工作的疲惫和烦恼。健美操休闲给人一种充满激情、幸福愉悦的感觉与印象，人们只要看到有关健美操的书籍、音像、表演就会从心里油然而生一种幸福愉悦感。而这种感觉会驱使人们加入健美操休闲的行列中来，寻求精神上的放松和愉悦。

三、健美操休闲的未来发展方向

（一）健美操休闲的内容和方式将更加多样化

现代健美操休闲应不断满足休闲者多种需求，健美操休闲的内容和方式呈多样化的发展趋势，如各种器械健美操、水中健美操、拉丁健美操、搏击健美操、瑜伽健美操和街舞等不断创新，层出不穷。这些练习内容是迎合每个参加锻炼的人的身体状况、健康水平和所要达到的不同目的而设置的。成年女性喜欢拉丁健身操，青少年喜欢街舞、有氧搏击操，而老年人则爱好老年迪斯科。对于健美操休闲的方式，人们不仅仅满足于健身俱乐部，而将向更广阔的空间延伸，并更加注重回归自然。老年人选择空气清新的公园，小朋友和年轻人选择在自家门前的社区健身场地跟着教练员尽情释放自己的激情。总之，健美操休闲将会根据人们休闲需要的不断提高来寻求自身发展壮大的途径与方法，以不断适应市场发展的需要，其休闲内容和方式将朝着更加多样化的方向发展。

（二）健美操休闲将更加讲究科学化

随着现代健美操休闲水平的不断提高，其必将会越来越讲究科学化程度。人们对健美操休闲的科学认识不断提高，在休闲实践中，不同年龄健身人群在健美操休闲中为了达到增强身体健康程度的目的，会选择与自己相适应的内容、强度、负荷、时间及运动处方进行锻炼。同时，练习者越来越注重参与活动过程中情绪的控制，能够以积极的情绪投入练习，追求最佳锻炼效果，不断追求健美操休闲的质量等等。因此，随着现代休闲社会的发展，健美操休闲必将向着更加科学化的方向发展。

（三）健美操休闲的"健心"功能将更加显现化

随着健美操休闲的发展，人们将越来越注重健美操休闲的质量问题，从追求健美操休闲的生理性功能向追求其心理性功能发展。健美操休闲，从通过对身体的锻炼，增强身体各器官的功能为重，逐渐转为缓解压力，松弛神经，追求愉悦的心情，注重心理体验，以增强心理健康为根本。因此，在生活节奏不断加快、社会压力越来越大的现代社会中，健心价值在健美操休闲中越加凸显出来，健美操休闲的"健心"功能将更加显现化。

（四）健美操休闲将越来越追求高雅化

现代休闲社会，在追求物质生活不断丰富的同时，人们也更加追求精神生活的高品位和高质量，这就给健美操发展提出了更高的要求。人们的健美操休闲不再满足于一个场地、一套音响、一个教练，对休闲环境的要求也越来越高。人们对在健身俱乐部进行健美操休闲会越来越提出更高的要求，不再满足于单纯的"操练"，而是追求良好的环境和高品位的服务。例如，在健身俱乐部中进行健美操休闲，一场酣畅淋漓的健身操后，享受一下芬芳的SPA，然后在俱乐部幽静的茶吧和朋友一起聊聊天，同时，俱乐部提供各种资料、光盘和健康咨询等服务，让人们在幽雅的环境中享受高品位的"一条龙"服务。由此，健美操休闲必将朝着高雅化的方向发展。

第二章　高校校园体育文化概述

第一节　校园体育文化基本理论

一、体育文化的相关理论

（一）体育文化的起源

关于体育文化的产生和发展有很多说法，但比较集中的有以下几种。

1. 劳动起源论

总体上说，人类的文化是通过人类自己的双手和大脑的思维创造出来的。早期人类在求生存中学会了奔跑、跳跃等技能，并在追捕猎物等活动中，发展了速度、耐力、力量、灵敏等各种身体素质。这个时候的体育鲜明地体现在以生存为直接目的，进行各种能力的训练。

2. 军事起源论

这是由于个人之间为争夺狩猎得来的猎物而产生的冲突到后来发展到部落之间的武装冲突，各部落为了提高自己的力量进行了有组织的身体训练。其中还包括摔跤、飞镖、棍棒等技能。

3. 游戏起源论

这是原始人在获得丰富猎物后，特别是当丰收之后，聚集在一起以游戏欢舞的方式庆贺，也表明了体育是在跑、跳、投等劳动形态中演化出来，并以欢唱和舞蹈来表达内心的喜悦。

4. 宗教起源论

原始社会后期，由于生产力水平低下，又受到季节和环境的困扰，原始人为求自然恩施，祭祀天地而形成的原始宗教活动，并以体育形势进行求助祭拜。

5. 教育起源论

生产劳动的发展以及在军事、游戏中演变出来的运动技能、技巧，以劳动教育的方式传授给后代，使人类既发展了上述各种技能和身体素质，又逐步脱离了动物野性，向人性方向进化，形成了具有文化内涵的体育生活。

体育文化的产生是在人类从动物野性变为人性的过程中，上述因素相互综合演化的结果。也就是说，体育文化是人类在改造自身的过程中，由于动物本能改变成自觉行为人性，是原始的野性、进攻性通过劳动和游戏、教育以及合理的竞争方式逐渐形成了人类社会特有的文化现象，即体育文化。

（二）体育文化的内涵

体育文化，大而言之，指体育运动本身所蕴含的、围绕体育运动所形成的一切物质文明和精神文明的总和。小而言之，指体育运动某一方面的文明因素。体育文化的主体是人类，是人类特有的社会文化现象和文明的成果，泛指人类在体育历史发展过程中所创造的物质和精神财富的总和。

在近 20 年国内兴起的体育文化讨论中，人们除了考察国外和我国的各种体育文化的概念之外，也都从各自不同的角度去界定体育文化，几乎每一位论者在谈论体育文化时，都不可避免地要在现存的体育文化的诸义中做出自己的选择或提出自己的看法。以至于这个时期国内提出的体育文化定义高达数十余种，不过大体上都是从下面三个方面论述的。

1. 用物质与精神的二元关系来定义体育文化

用物质与精神的二元关系界定体育文化是源于《辞海》"文"部条有关文化的定义——"文化从广义上说指人类社会历史实践过程中所创造的物质财富和精神财富的总和"的一个拷贝品。持这一观点的学者认为体育文化是有关体育运动的物质文明和精神文明的总和，即一定社会中的人们通过长期的体育实践所创造的物质财富和精神财富总和。

2.用文化结构主义来定义体育文化

国内也有一些学者倾向于从文化结构层次来定义体育文化。关于文化结构，理论界存在诸多提法，如物质文化与精神文化两分说；物质文化、制度文化、精神文化三层说；物质、制度、行为、心态四层说；物质、社会关系、精神、艺术、符合、风俗习惯六大子系统说等等。

3.用狭义的文化概念来定义体育文化

用狭义的文化概念来界定体育文化是把体育文化限定在体育精神现象或与体育活动相关的社会意识形态以及与之相应的制度和组织机构等范畴之内，也称为狭义体育文化。狭义体育文化论者主张把体育文化的概念的外延限定在精神领域，认为体育文化就是在以身体的活动为基本形式，以身体的竞争为特殊的手段，以身体的完善为主要目标的体育活动过程中有关人的精神生活的那些方面。

体育文化究竟应该如何定义？体育文化的主体是人类，是人类特殊的社会文化现象和文明的成果，泛指人类在体育历史发展过程中所创造的物质和精神财富的总和。

体育文化是人类本能需求的特殊反映。它是人类在体育生活和体育实践中创造出来的，并通过有形的身体形态、动作技能、运动器材、物质以及无形的与社会属性相关的意志、观念、时代精神反映出来，显现了各具特色的存在方式。

体育文化和其他文化一样反映了一个时代、一个国家或民族的特征，并规范着人们的体育行为，也影响着人们的价值观念。中国体育文化在儒家文化的长期影响下形成了以追求"统一""中和""中庸"，重在修身养性的内向性、封闭性、圆满性为主要特色的体育文化。所谓体育文化，是一切体育现象和体育生活中展现出来的一种特殊的文化现象，就是说，人们在体育生活和体育实践过程中，为谋求身心健康发展，通过竞技性、娱乐性、教育性等手段，以身体形态变化和动作技能所表现出来的具有运动属性的文化。

（三）体育文化的价值

现代体育教育和世界教育发展潮流是一致的，一百多年来，其不但极大地丰富了体育文化，提高了体育在社会中的地位和价值，而且在促进人的全面发展、协调发展、完善发展中起到了重要作用。

1. 奥林匹克运动文化的价值

"更高、更快、更强、更团结"是奥林匹克的精神,"互相理解、友谊、团结和公平竞争"是奥林匹克的格言,"为建立一个和平美好的世界做出贡献"是奥林匹克的目的。奥林匹克激励着青年人奋发向上,超越自我,向着更高的目标迈进,运动员们勇于克服各种艰难险阻,付出辛勤的汗水去争取胜利的意志和品质对所有人都是一种启迪。体育文化由感性深入到理性,从形体美深入到心灵美,体育文化要求练习者在身体健美、均衡和体态端正的基础上达到意志品质高尚、身心尽善尽美的境地,并与艺术相结合。这种深入的心灵美,是一种更高层次的体育文化的理性价值。现代奥运会经历120多年的发展,已经成为世界上无与伦比的社会文化现象。

2. 竞技体育文化的价值

体育与人类的生存、发展紧密相连,人类创造了体育,也创造了体育文化。体育文化是一种竞技运动文化。正是因为人类对这一种竞技运动文化进行了改造,经济、文化才不断获得创新与发展。然而这些创新与发展,是在人们不断实践中完成的,并经历了与西方学者的社会变革的历史进程相对应的三个阶段,即宗教体育文化阶段、科学体育文化阶段和正在进行中的艺术体育文化阶段。艺术体育摆脱了人类求生存的宗教体育文化和强身健体适应环境的科学化和功利性体育文化的特征之后,向着竞技与艺术相结合、形体美与心灵美相结合的形态发展。

3. 校园体育文化的价值

校园体育文化作为学校教育的重要组成部分,在德、智、体、美、劳全面发展的教育方针中,在培养身心健康、具有创新精神和实践能力的社会主义现代化合格人才中具有十分重要的作用。

4. 大众体育文化的价值

在人类文明的进程中,出于共同需求,人类对自身生存、发展、享受的追求和关注一刻也没有停止过,这种大众体育文化在教育全球化的浪潮中的推动力最大,影响最广泛,也最深刻。这是因为大众体育文化给人们带来快感和美感,并给社会带来健康和活力。无论中国的大众体育,还是西方的大众体育,都是以全面发展和和谐发展为根基的。

5. 中国传统体育文化的价值

中国传统文化有着历史悠久、博大精深的光辉篇章，也是中华民族自强不息的象征。自古以来，中国传统体育都是围绕"养生"开展的，人与自然的结合，通过与自然的交换排除身体内部的浊气、吸取清气以达到五脏通达、六腑调和，并认为决定健康和长寿的根本在于人体的内部而不在于外部。中国传统体育文化在体育形态上强调整体观和意念感受、动作简单而内涵深刻，很少有强烈的肌肉运动，因此缺少激进和冒险行为。随着东西方文化的交融，中国传统体育文化这种整体修炼和内在和谐之美，正在和现代科学相结合，形成新的独特风格而走向世界。

二、校园体育文化的相关理论

（一）校园体育文化的概念

校园体育文化是校园文化和体育文化两者相互影响、融合、渗透、促进而发展起来的，是在一定社会政治、经济、文化、教育、体育等条件依托下，学校广大师生在实践过程中共同创造的体育精神和财富的总和。校园体育文化有着深刻的内涵和丰富的外延，首先，它与校园德育、智育、美育文化等一起构成了校园文化群；其次，它又与竞技体育、群众体育等共同组成了广大的体育文化群。从广义上讲，校园体育文化是学校广大师生员工在学校现存的环境中，在学校体育教育、学习和活动等过程中创造出来的物质与精神的所有内容。从狭义上讲，校园体育文化是指在学校教学环境下，以学生为主体、教师为主导，师生在各种体育活动中相互作用创造出来的学校文化形态之一，包括体育精神、体育的价值观念、体育道德和体育能力，是学校这一特殊社区的体育群体意识。学校体育文化是一个内涵广泛、系统开放的文化形式。这个系统大致可以分为三个层面：第一层是精神层面，居于主导地位，其中体育健康价值观是学校体育文化的本质和核心，决定了它的目标；第二层是制度、方法层面，这个层面既是学校体育的组织形式，也是学校体育意识的体现，包括体育教学、课余体育活动、体育科学研究、体育竞赛、体育协会、体育交流等制度、方法的确立；第三层是物质层面，是学校体育文化的基础，也是客观物质保障，包括校园体育建筑、环境、场地、器材、用品和师资队伍等。以上三个层面在学校体育文化建设过程中，应当在"以人为本"的基础上协调发展。

（二）校园体育文化的功能

1. 教育熏陶，促进身心全面发展

文化环境是一个使人不断地接受新文化滋养、熏陶的园地。校园体育文化是学校这一特定环境中的体育文化形态。学校的体育教师，是拥有专门体育知识的人才。人类创造的体育文化以系统的知识形态经教师的传授，滋养着学生，使他们掌握体育知识，认识体育的价值，逐渐地成熟起来。同时，文化是一种超个体的社会存在，它不依人的产生而产生。从个人的角度来看，文化首先是作为一种生活环境而优先于个人存在的，人受其影响得到发展，从文化环境中汲取营养，潜移默化地接受熏陶，不断地追求培养人的可能和界限，促使人从"自然"到"文化"，从"现实"到"理想"的实现。

2. 强身愉情，增进师生的身心健康

"健康应是在精神上、身体上以及社会上保持健全的状态。"这一世界卫生组织对健康的定义提出了现代健康的新概念，阐明了人的健康应包括身体和精神两个方面。身体健康包括良好的发育、正常的生理机能及承担负荷的适宜反应。校园体育文化中的行为文化即以身体运动为基本的表现形式，由它所构成的体育锻炼过程给人体各器官系统一定的强度和量的刺激，使机体在形态结构、生理机能等方面发生一系列适应性反应，从而对机体产生积极的影响并能有效地促进师生的身体健康。校园体育文化中的意识、行为、物质均能够有助于师生的心理调节，满足师生员工对精神文化生活的需要。通过各种体育手段和方法，可以锻炼师生的意志品质，催人奋发进取，培养集体观念，加强组织纪律，协调人际关系，消除精神烦恼，给其带来欢愉，使其身心得到和谐、健康的发展。

（三）发展校园体育文化的措施

1. 树立科学的校园体育文化观

校园体育文化观是个人或社会对体育存在的意义和价值的认识或看法。可以说，校园体育文化观念决定了校园体育文化的发展方向。校园体育文化的练习者应具备如下校园体育文化观：校园体育文化是学校文化的重要组成部分，体育锻炼是科学、文明、健康的生活方式，应成为学校师生生活中

不可缺少的内容。师生活中不能缺少体育，娱乐中离不开体育，健美中更需要体育，体育是竞争、完善个性、体现人的价值的重要途径，也是强身健体、缓解学习疲劳和工作压力的重要手段。

2. 转变教育思想和教育观念

教育思想和教育观念的转变是校园体育文化建设的关键。教育目标、培养模式、体育课程设置、教学内容等各方面在深层次上无不受到教育思想和教育观念的支配和指导。要用新的思维、新的标准、新的目标去组建新的高校体育教育体系，塑造新的体育教育模式。在体育教学过程中，应强调技能与文化的自然渗透与融合：一方面，在教学中要增强对学生体育意识和健康意识方面的教育，培养学生自觉参与体育锻炼的兴趣和习惯；另一方面，要把当前体育教育与终身体育教育有机地联系起来，使学生树立终身体育的意识。

3. 加强校园体育文化制度建设

校园体育文化制度是学校根据自身的特点制定颁布、实施的涉及体育教学管理、运动竞赛管理、体育各方面的规章制度。在加强校园体育文化制度建设时，要积极听取学生的建议，使校园体育文化制度能够适合本校学生的实际状况，最大限度地激起学生共同参与，建设校园体育文化的兴趣。

4. 加强体育俱乐部和运动队建设

体育俱乐部是广大学生自愿参与的以健身和康乐为目的而组建的体育娱乐组织。成功的俱乐部及有特色的运动队对校园体育文化建设具有举足轻重的作用，常常会使教职工及学生产生巨大的凝聚力。

5. 实施主体性教育

改变以往由学校主导并控制的校园体育文化建设。在校园体育文化的建设中，要充分发挥学生的自主性、主动性和创造性，使校园体育文化成为学生自己的体育文化。

第二节 高校校园体育文化简述

一、高校校园体育文化的内涵

(一) 高校体育文化的概念

高等院校是我国文化积淀、发展和传承的主要社会载体，是知识形成、传播的主要社会场所，高等院校的改革与发展对我国经济、政治、文化的进步与发展有着深远的影响。高校校园体育文化以其特有的文化氛围，有形与无形中影响着广大师生：从发展的角度看，良好的校园体育文化氛围能健身、健心，培养人的社会适应能力；从教育学的角度看，良好的校园体育文化氛围能提高大学生的思想道德品质，培养其良好的体育观念，提高其审美情趣，完善其心理特质；从养成角度看，良好的校园体育文化氛围能教给大学生体育知识技能，培养他们的体育参与态度、动机、兴趣和良好的身体锻炼习惯；从社会学角度看，良好的校园体育文化氛围能提高大学生的社会意识，促进他们的社会化，增强他们的交际能力和社会活动能力。

高校校园体育文化是在高校校园特定环境下产生的一种文化形态，是社会体育文化的一个分支。1974年，由国际体名词术语委员会主席尼古·阿莱克赛博士牵头，编写出版了用六种文字写成的《体育运动词汇》一书，此书对"体育文化"作了如下定义："体育文化是广义文化的一个组成部分，它综合各种利用身体锻炼来提高人的生物学和精神潜力的运筹、规律、制度和物质设施。"

高校校园体育文化是校园文化与体育文化有机结合的产物，是高校师生在校园这一特定的环境中，为实现高校培养和造就合格人才的目标而实施、传播的与身心健康直接相关的以身体活动为主要载体的精神文化现象。高校校园体育文化作为高校园文化的重要组成部分，对高校校园文化具有反作用：高校校园体育文化具有较高的品位和层次，是高校特有的富有校园文化气息和健康生活气息的大众文化，它以师生的体育价值观为核心，以实施健康第一的高校体育目标为主要目的，是以大学生群体为主体的体育行为方式、思维形式和活动方式，主要有校园体育课程、体育课外活动、体育艺术活动、校园体育竞赛活动、体育欣赏活动等具体表现方式和活动形式。一般来说，高校校园体育文化的内涵由三个部分组成，即高校体育精神文化层、高校体育制度文化层、高校体育物质文化层。

1. 高校体育精神文化层

高校校园体育精神文化层是在一定历史阶段中，在校园体育文化建设中积淀、整合、提炼出来的反映校园体育文化的行为准则、价值观念和意识的总和。它包括高校体育价值观念、体育意识、体育精神、体育情感、体育道德、体育理想、体育行为风尚等。高校体育精神文化层居于高校校园体育文化的主导地位，是高校体育文化的核心和灵魂，一经形成就不易改变，能持续较长时间，能渗透到校园的每一个角落，使校园中的成员产生向心力和凝聚力，其明确的指向，影响和规范着每个学生的思想和行动，决定着他们的价值取向和思想品质的形成，并成为激励学生奋发向上的精神力量。其中体育观是高校体育精神文化的最高反映，指导着学校成员的体育行为取向，决定了高校校园体育文化的发展目标。

高度重视高校体育精神文化的作用，必然会使其超越体育本身的实践行为上升为体育的精神力量。它不仅成为提升体育品质的推动力，而且更会联通体育之外，与高校的德育、美育及智育相渗透融合以取得高质量的教育效果，如坚强的意志、集体主义精神、创新精神的形成，艺术情感的陶冶等都可通过体育精神得以塑造。这不仅能促进学生在校更好地学习，而且在学生走上社会后还会持续影响他们的立身和创业。因此，高校体育精神文化是高校体育文化的核心。

2. 高校体育制度文化层

高校体育制度文化层是联系精神与物质文化层的中间层面，它是以人的行为活动或行为化的方式表现出来的，既是高校体育的组织形式，也是体育意识的体现。它涵盖了体育规章制度、体育教学、课外体育活动、代表队管理、业余体育竞赛、健身锻炼、各种体育组织、体育知识普及和体育交流等方面制度的确立。高校校园体育制度文化是高校积极地进行有明确方向的体育文化活动的表现，是校园体育文化得以正确、健康发展的保障。

3. 高校体育物质文化层

高校体育物质文化层是高校校园体育文化建设的基础和物质保障，主要包括体育场馆设施、体育器材、体育建筑、体育雕塑等与体育有关的物质实体。体育物质文化并不单纯指以上物质产品本身，还包括以上物质产品中所体现的人的思想和思维方式，即文化意蕴。这些产品不是未经人力作用的自然物，而是具象化了的劳动，是人本质力量的外化凝聚，展示着人类的知识、思想和智慧，体现着人的情操、意志、价值观念等。这些物质对大学生起着一种潜移默化的陶冶作用，激发着学生的运动兴趣和参与热情，学生在与它们的对视与解读中，不断得到美的熏陶和人格的感染。

上述三个层面，共处于高校校园体育文化这一系统中，它们彼此相互联系，相互促进，共同发展。高校校园体育文化以体育物质文化为依托，以体育制度文化为表征，以体育精神文化为核心，是三者的有机统一体，反映着高校师生整体的体育精神风貌。

（二）高校体育文化与社会体育文化辨析

校园体育文化是置身于社会体育文化大背景之下的一种独具特色的文化形态，它属于社区体育文化的范畴。正如校园存在社会之中一样，校园体育文化也是社会体育文化的一个重要组成部分。二者相互联系，密不可分。一方面社会体育文化是校园体育文化的源泉，校园体育文化一旦与社会体育文化相脱离，就会成为无源之水，无本之木；另一方面，以全体师生为主体构建的高校校园体育文化往往要超前于社会体育文化的发展，并成为社会体育文化的先导，其示范性和辐射性带动着社会体育文化的发展，如英国牛津大学与剑桥大学、美国哈佛大学与耶鲁大学的赛艇挑战赛，我国清华与北大的赛艇对抗赛均在迎合了社会体育文化的同时，大大超出了教育与体育本身，其影响是社会性的、世界性的。

因此在现实中，校园体育文化应与社会体育文化保持密切联系，主动走出去，大胆请进来，在深入社会开展群众性精神文明创建活动的同时，主动有选择地引进实用的健身体育、娱乐体育等健康内容，并将我国传统养生健身内容与现代体育内容相融合，进一步完善和丰富校园体育文化的内涵。

二、高校校园体育文化的特征

高校校园体育文化是以一定的社会政治、经济、教育、文化、体育等为基础，以高校师生员工为主体，由高校的体育环境和学生的需求相融合形成的。高校校园体育文化是具有高校校园特色和健康生活气氛的一种大众文化，具有较高的层次和品位，它集健身、消遣、娱乐、传播文化等功能于一体，是大学生文化生活中的一项重要内容，具有如下特征。

（一）方向性

我国高等教育的目标是培养德、智、体、美、劳全面发展的有理想、有道德、有文化、有纪律的适应社会发展的高层次人才。这一办学方向决定了高校校园体育文化活动必须服从和服务于这个方向。因此，高校必须按高等教育培养合格人才的需要去建设高校体育文化，将体育文化作为一种思维方式、行为方式和生活方式传授给学生，开展科学、健康、文明的体育活动，提倡高品位的校园体育文化，激发大学生科学地进行体育健身，树立正确的人生观、价值观、道德观和爱国精神，使校园体育文化沿着健康、正确的轨道发展。

（二）高层次性

高校师生是校园体育文化活动的主体，其总体知识水平较高，决定了高校体育文化建设品位高、欣赏水平高、理性认识高、消费意识强、活动设计标准高等高层次特征。作为一批站在社会文化前沿、不断发掘和拓展创造新文化的群体，作为现在和未来的高层次专门人才，高校校园体育文化的主体已不再满足于简单的跑跑步、打打球等传统的锻炼项目，他们渴望具有时代气息的高层次校园体育文化，即精神—文化—体育合而为一的产品，以满足其对体育文化日益增长的需求。

（三）大众性

高校校园体育文化一个突出的功能就是它的娱乐性，其之所以具有这样的功能，在于它易于参与、人们喜闻乐见的特征。一般说来，高校体育着重于人的身心需要和情感愿望的满足，不以高超复杂的技艺，深邃的哲理和深厚的文化修养等诸多条件要求学生，而是以普遍的、自娱自乐的、消遣性的、游戏性的活动方式迎合参与学生，使他们可以在这些活动中得到直接的、令人愉悦的主体情感体验。因此，它自然而然地产生了巨大的吸引力，吸引着广大师生积极参与。无论在空间的广阔性上，还是在时间的持久性上，体育文化的价值是其他校园文化难以企及的。

（四）多样性

高校体育与高校文化教育相结合，可产生多样性的校园体育文化活动内容。除各种竞技体育、健身体育、娱乐休闲体育和观赏性体育活动外，还包括以上各种体育活动与校园文化相互渗透、交织，以展示学生才能的各种文化活动，如体育摄影，体育邮展，体育知识竞赛，体育征文，体育小制作、小发明，野外生存等各种体育文化活动。

（五）实践性

高校校园体育文化是体育文化与高校校园文化相结合产生的，它应当反映体育的本质特性，即实践性。此外，学生时代是人生中充满活力的阶段，学生亲身参与体验的欲望强烈，有目的、有组织地为自己创造条件开展各式喜闻乐见的体育活动，在实践中体验体育的乐趣、价值，培养良好的体育道德和体育精神，使体育理论与实践有机地结合了起来，从而达到全面发展的目的。

（六）校园性

高校校园体育文化作为一种亚文化，它区别于社会体育文化的最主要表现是其校园性这一特殊性，它对于社会文化和其他校园文化而言具有相对独立性，不同的校园会产生不同的体育文化。校园体育文化又是弥散性的，它可以通过体育活动的方式，广泛散播到校园的每一个角落，渗透于每名师生形成一种特有的校园体育文化氛围。

（七）开放性

高校校园体育文化是个开放的系统，广大教师和学生的积极参与和决策是其有别于其他组织的重要特征。学校之间或学校内部通过体育运动频繁、广泛的交往和接触，使师生拓宽自己的视野，加深对社会的理解。另外，学校对外的体育竞赛，不仅展示了学生运动员的竞技水平和道德风尚，是学校向社会开放的窗口，也向社会展示了学校的综合实力、办学水准和精神文明建设的成果，对宣传学校的社会形象有积极的作用。[①]

（八）教育性

现代教育强调终身教育，终身体育作为一种新思想，受终身教育思想的影响。它是随着社会经济的发展、体育功能的完善和人们生活观念、行为的变化而产生的。当代社会人们对体育的需求日益高涨，科学锻炼、终身受

---

① 蔡云.高校校园体育文化的特点与建设初探 [J].山东体育科技，2004（3）：78-79.

益，已形成社会体育的潮流。因此，高校校园体育文化应以终身体育为主线，以大学生终身受益为出发点，立足现在，着眼未来，将大学生的个体行为纳入终身体育行为，拓宽高校体育培养目标的内涵，在培养学生个体行为的基础上发展其体育特长，使学生掌握体育锻炼的知识技能，培养和提高学生的体育能力，养成其经常参加体育锻炼的习惯，这有利于促进全民健身活动的普及与提高。此外，通过各类校园体育文化活动的示范和教育，能让练习者学会各种卫生保健知识，培养和提高其在运动时的自我保护能力。

（九）竞争性

竞争性是体育的灵魂，没有竞争就没有超越，就没有创新和发展。体育的竞争性指在运动场上两个或两个以上的个人或集体在统一规则下，争夺统一目标的活动，先得者为胜，不得者为败。它不仅比身体、比技术、比经验，而且比思想、比意志、比作风和拼搏精神，是一种全面的抗衡和竞争，对参加者的各个方面都是一种严峻的考验。从某种意义上说，竞技体育是人类竞争的典范，适者生存是在自然界和人类社会已被广泛证明的真理，要适应未来社会的需要，就必须学会竞争，并在竞争中取胜。高校体育文化活动让师生在竞赛中较量体力、智力、心理，在公正、准确、平等的基础上展开拼搏，体味竞争的剧烈性和残酷性，增强竞争意识，在激烈的竞争中学会运用技术和技巧，充分发挥自己的聪明才智，战胜对手，战胜自我和超越自我。

三、高校体育文化的功能

（一）身心俱健功能

世界卫生组织对人的健康所下的定义是"健康不仅指身体无疾病，还要有完整的心理，生理状态以及社会适应能力"。《不列颠百科全书》也将健康定义为"使个体长期适应环境的身体、情绪、精神以及社会方面的能力"。依据这两个定义来看，健康不仅仅是指躯体的健康，更重要的是心理健康。高校师生进行体育活动的目的是追求健康，"身心俱健"是高校师生从事体育运动所追求的最高境界。

1. 健身功能

古希腊伟大思想家亚里士多德曾提出"生命在于运动"的至理名言，深刻体现了运动对身体健康所起的重要作用。后来生物学家关于"适者生存",生理学家关于"用进废退"的理论又证明了人的健康状态和工作效率,不仅取决于全身各个器官、系统的功能和相互协调,还有赖于使身体对自然和社会环境的适应能力。而这种能力的获得,除受制于不同的生活环境外,还在相当程度上与体育锻炼休戚相关。科学实践也向我们证明,从事体育锻炼对中枢神经和内分泌系统产生良好的刺激,对促进人体新陈代谢,改善血液循环和呼吸功能,延缓机体的衰老,推迟生物体各组织器官结构、功能的退化都有明显的效果。高校师生普遍从事的是脑力劳动,其劳动性质决定了其肢体活动的不足,需以体育运动来弥补。通过身体活动给予人体各器官系统一定量和强度的刺激,促使机体在形态结构、生理机能等方面发生一系列适应性反应与趋优变化。广大师生在工作学习之余选择体育并积极地投入其中,消除了疲劳,增强了体质,增进了健康,从而以更加饱满的精力再次投入紧张的学习和工作中去。

2. 健心功能

根据身心交互作用理论,心理健康与身体健康有着密切的关系,大学体育文化活动在对大学生的身体健康产生重要影响的同时,对大学生的心理健康也有特殊的重要作用。校园体育文化活动作为一种实际活动的文化价值在于促进人的全面、自由、和谐的发展,是人的身心的和谐发展与价值的实现。

现代社会正以突飞猛进的态势向前发展,随着社会竞争的日益加剧,学习压力、工作压力的加大,心理疾病发生率逐年上升,而心理素质对人的整体素质有着重要的调节作用,它不仅影响人的生理机能,还直接关系到能力素质的发展。大量研究表明,良好的心理素质是事业成功的关键之一。因此,现代社会对人才的要求特别强调具有良好的心理素质,能经得起失败、挫折的打击,能忍受艰难曲折的考验。处在象牙塔里的大学生,尽管任务比较单一,但由于社会竞争日趋激烈,他们学习和择业的压力日益增加,优胜劣汰的社会选择方式促使每个大学生努力成为优秀者。同时学校管理体制的改革和淘汰机制的引进使学习压力成了大学生无法回避的问题。社会诸多问题如家庭解体、父母下岗、遭受自然灾害等也会给一部分大学生造成心理压力。面对巨大的心理压力,大学生如何缓解它以适应社会的发展。体育运动无疑是一种最理想的方式。毛泽东在《体育之研究》中指出:"欲文明其精神,先自野蛮其体魄,苟野蛮其体魄也,则文明其精神随之。"同样地,英国著名教育家洛克也有句至理名言:"健康的心理寓于健全的身体中。"这些思想同样适用于高校广大师生。体育活动是知、情、意等心理活动极其鲜明的活动形式，其以固有的竞争性、趣味性诱导和激发师生奋发进取的生活热情，能有效地缓解因社会的发展而给师生带来的心理压力，并改善因情感联系减少造成的情感纽带的脆化、弱化而产生的隔阂感、孤独感和无助感等消极情绪。丁雪琴等的"体育运动与青少年心理健康的调查研究"表明：经常参加体育运动的人与不经常参加体育运动的人在处理心理压力的困扰程度上呈现出显著差异（$P \leqslant 0.05$）[1]，这说明参加体育运动对缓解和减轻心理压力有积极的作用，体育运动能够提高人适应自然环境和社会环境的能力。因此，在紧张的学习之余，参加一些生动活泼、健康文明、喜闻乐见的校园体育文化活动，能给参加者带来一定的审美愉悦，从而产生良好的心境和情绪。这种同娱乐、消遣活动联系起来的积极的排遣方式，不仅避免了野蛮宣泄可能带来的种种事端，而且使练习者产生了新的积极的情感体验，从而对大学生良好心理素质的形成起到了积极的促进作用。

（1）体育运动中情绪体验具有多样性。

体育运动中情绪体验的多样性来源于运动项目的多样性和运动环境的多样性。在参与运动的过程中，参与者从一开始学习动作的新鲜，好奇甚至胆怯，到掌握动作后的自信；从运动技术拿到比赛场上展示，到与同伴默契配合的快感；从比赛紧张激烈的戏剧性变化，到比赛胜利后的狂欢或失败的沮丧，无一不在丰富地体验着惊、喜、哀、怒等情绪，并在情绪变化中，学习如何去控制这些情绪，调节这些情绪，以更好地投入下一次的运动参与。所以，体育的真正意义就在于征服，由不会到会，由易到难，由低到高，由近到远都是程度不同的征服过程。不论是征服自我还是征服对手，都不可能有永远的胜算，这就是体育的挑战性。这个挑战性表现在战胜了一个对手会有更多的对手，克服了一个高度会有更高的高度，达到一个目标会有更新的目标，即使在一场比赛中战胜了所有的对手但新的挑战依然存在。在这种挑战与征服的无休止的轮回中，每个练习者都能体会到成功的暂时性，而努力征服是永恒的，失败和胜利对体育来说都只是过程和新的起点。一次次的失败除了激励我们不断拼搏还促使我们对失败的辩证思考，这些都有利于大学生理智、科学地对待人生和社会。在步入社会后，他们不会因为荣辱得失、职位升迁而悲喜无常，厌世颓废。因此，心理学家普遍认为，治疗心理脆弱等

---

[1] 丁雪琴，殷恒蝉，高潮. 加强中小学生心理技能的培养[J]. 中国学校体育.1998（3）：49-51.

问题的最好方法就是多去参加体育比赛，为大起大落的竞赛结果，去竞争，去拼搏，去承受。长此以往，良好的心理素质就在这样的过程中形成和培养了起来。

（2）体育运动对意志品质的特殊要求。

体育运动是一种身体活动，身体活动区别于其他活动最显著的特征就是承受能力。在运动中要求克服生理惰性，而克服生理惰性需要意志品质的支撑。因此经常参加体育运动，对良好的意志品质的形成具有积极的作用。

（3）体育运动对协作能力的培养。

心理素质中很重要的一个素质就是人际交往中的协作能力。在高速发展的现代社会，随着社会化的进程不断加快，每个人进入社会，首先要求的就是与人协作。联合国教科文组织对现代人的素质要求中，第一条就是与人协作的能力。体育运动的形式多以集体的方式表现，参加活动的过程就是一个与他人协作与配合的过程，如排球的二传手与扣球手之间，足球的接应与前锋、中锋之间，田径接力比赛的交接棒之间，体操比赛的单项与团体之间等，许多体育项目尤其是球类项目离开了与他人的配合是无法进行的。因此，大学生参加体育运动的过程就是主动积极地与他人协作的过程，在运动过程中培养大学生与他人的协作能力，有利于提高大学生的心理素质，从而为大学生进入社会，适应社会的发展提供有力的心理保障。

（二）育人功能

马克思关于教育的经典论述，都把体育作为学校教育不可缺少的组成部分，并始终重视它在这个特定领域里对培养全面发展人才所起的重要作用。因此，利用身心共同参与其过程的有利条件，培养学生将来担任社会角色所具备的修养，以适应未来社会生活和工作的需要是体育在学校教育中的主要使命。高校校园体育文化的育人功能主要表现在它的潜移默化、暗示性和渗透性。其中，暗示性不同于教师教，学生学的单向灌输为主的课堂教育，它是在具体的体育活动中，通过统一的规则、规范的行为、严密的组织和约定俗成的规定，使参加者和观赏者自觉或不自觉地接受体育文化的教育，从而培养其勇敢顽强、吃苦耐劳、坚持不懈、克服困难的思想作风，团结友爱、集体主义和爱国主义的精神，机智灵活、沉着果断、谦虚谨慎等意志品质。开展体育文化活动的过程实际上就是学生自我表现、自我教育、自我管理、自我提高，不断社会化、现代化的过程，因此在促进大学生社会化和现代化以适应未来社会的发展方面有独到的功能。

1. 社会化的内涵

社会化是指个体通过学习知识、技能和社会规范，取得社会生活和正式社会成员的资格，形成和完善个性的过程。[①]

社会化是每个人都必须经历的。这是因为人的生物本能不足以将人训练为一个社会成员，人虽和动物一样具有一种能够激起活动的内趋力，但这种内趋力若没有社会化过程的引导，是会失去控制的。同时在人格发展过程中，人需要从人际交往中获得经验，并将自己的经验交流给他人。人的个性是后天形成的，没有经过教育、训练，丧失团体生活的社会经验，人的人格是无法形成和发展的。离开人的社会化过程，社会文化的发展就会中断，人类就无法存在下去。因此，社会化是人的一种本质需要。高校教育是青年学生接受教育的最后一站，高校体育文化对促进大学生的社会化有独到的功能。

2. 高校校园体育文化与大学生的社会化

促进大学生的社会化是高校校园体育文化的重要功能。高校校园体育文化不仅可以为大学生提供适应社会生活所需求的行为能力、行为方式与规范，还可以促使他们树立良好的社会态度和对道德问题的正确判断力，促进他们个性的形成和发展。从社会文化的视角来看，体育行为文化尤其是体育游戏和体育竞赛，实际上是社会生产和社会生活的一种模拟，由于每个人在活动中占有一定的位置，或真实或模拟地扮演一定的角色，无形中充当了一定的社会角色，因此，有人把体育课堂称为"课堂社会"，在这个"课堂"中，学生个体从"自然人"发展成为"社会人"。所以，在体育运动中学生可以学习掌握各种社会规范，培养良好的社会公德、责任感、使命感，并形成健康的人格，成为一个遵守社会公德、有社会责任感的合格人才，并使自己的意志力、抗挫折能力、合作精神以及人际交往能力等素质得到全面发展。高校体育文化对大学生的社会化不仅能促进大学生对身体、生命、环境和体育锻炼的正确认识，还可以使大学生在内化竞争的意义和对体育规范、体育道德的理解过程中，认识到社会上各种竞争活动的社会意义，从而为大学生成功步入社会提供有力的保障。

---

① 浙江大学德国文化研究所. 德中教养、教育与社会化比较 [M]. 杭州：浙江大学出版社. 2002.

(三) 导向功能

高校校园体育文化的核心是师生的体育价值观念。因此，先进的高校校园体育文化一旦形成，必然会对全校师生的体育行为产生巨大的导向作用。一所有良好体育文化风气的高校所形成的体育文化氛围和集体舆论体现了师生共同的体育价值观念和集体荣誉感，是一种无形的力量，对每一个师生产生着支配作用，使生活在其中的人不断调节自己的心理和行为，从而与整个舆论和气氛相协调，新到这所高校的人也会在不知不觉中接受其熏陶以适应新的环境。校园体育文化的内容、形式及校园体育文化建设中所形成的文化环境与文化氛围在引导师生树立健康第一观念的同时规范着他们的各种行为，从而使生活在该校的师生具有某种特有的体育精神特质，形成该校区别于其他学校的重要个性特征。

(四) 娱乐功能

高校体育文化的一个突出功能在于它以普遍的自娱自乐的消遣性和游戏性的活动方式迎合广大师生。正如贝弗里奇在《科学研究的艺术》中写道："娱乐和度假主要是一个个人需要的问题，但科学家如果连续工作时间太长，会丧失头脑的清晰和独创性。……我们大多数人都需要娱乐和变换兴趣，以防止变得迟钝、呆滞和智力上的闭塞。"[1] 高校广大师生根据自己的兴趣爱好、特长，参与各种体育活动，在活动中师生暂时忘却了工作、学习的烦恼和紧张的心理压力，获得了精神的愉悦和自由，保持乐观的情绪，而且通过活动的氛围达到了陶冶情操、净化心灵、享受生活乐趣的目的，从而有利于身心的和谐健康发展。

(五) 美育功能

美作为人的个性和谐发展和精神文化的综合标志，广泛地孕育于体育文化中。体育以身体运动为特殊手段，通过动作展示具体形象，能给人以美感，是自然美和艺术美的有机结合，能提高人们感受美、鉴赏美、创造美的能力。蔡元培先生曾指出："体育中含有大量的美育因素，体育是实施美育的重要手段之一。"在多姿多彩的校园体育文化活动中，各种运动项目，各种身体练习，体育竞赛与表演，以至体育雕塑、体育建筑、体育场地等物质

---

[1] 贝弗里奇. 科学研究的艺术 [M]. 陈捷, 译. 太原：北岳文艺出版社. 2015：55.

设施，都可以使学生得到美的熏陶和感染，获得丰富的美的情感体验，从而培养学生健康的审美意识和热爱美、创造美的审美情感，提高学生鉴赏美、创造美和表现美的能力，提高学生的美学修养。

(六) 调试功能

各高校是一个个相对独立的文化群体，由于传统的教学方式的影响，学生与教师之间，教师与教师之间，教师与管理员之间以及各专业之间，年级之间，校与校之间存在着明显的"壁垒"，又由于现代计算机网络技术的发展，在给高校教育带来实惠的同时，也使这种"壁垒"所造成的弊端越来越突出。校园体育文化活动以其特有的调试功能成了解决这一问题的"调试器"，高校通过开展丰富多彩的体育文化活动，拓展了校园内人与人交往的空间，增加了情感沟通的渠道，打开了许多封闭的"壁垒"，从而使校园内产生了空前的凝聚力和向心力。

学校体育文化建设还是加强校际合作，提高学校声誉的重要因素。随着教育改革的深入发展，校际合作的内涵不断加深，其形式包括资源共享、互聘教师、跨校选课、互相承认学分等。校际的体育交往将会进一步丰富学生的校园文化生活，同时对校与校之间在更大领域内的合作起到推动作用。而且，学校体育的开展在一定程度上代表学校的声誉，校园体育文化塑造着学校的形象，而良好的校园形象是高校的无形资产和成功办学的标志[1]。教育界有个共识：凡是育人工作有特色，对外声誉高的学校，一般都有健康向上的校园文化，更有丰富多彩、生动活泼的校园体育文化。因此，在目前学校之间的竞争日趋激烈的形势下，要树立良好的自身形象、争创名牌学校，加强校园体育文化建设是不可忽视的重要因素。

---

[1] 卢元镇.体育的社会文化审视[M].北京：北京体育大学出版社.1998.

第三节　高校校园体育文化建设的路径

一、高校校园体育文化建设的重点内容

（一）高校体育物质文化建设要有文化底蕴

体育物质文化建设是校园体育文化的外在标志。在校园体育文化建设中，校园精神文化的建设需要通过校园物质文化来实现，即物质文化的建设为精神文化建设提供载体，物质文化建设是实现精神文化建设的手段。校园体育物质文化的载体是体育建筑，其建筑风格直接表现出一所学校的校园文化特点。因此，校园体育建筑要彰显体育文化的内涵，并能够展现其体育精神文化和制度文化的特点。在进行体育场馆建设时结合校园体育文化自身的特点，适当添加一些优秀运动员代表的壁画及具有文化内涵的雕塑等艺术作品，可以有效地提升校园体育文化环境空间及校园体育文化品位。所以，应努力在校园物质文化建设中发掘其文化底蕴，以激发广大师生的体育热情。

（二）高校体育制度文化建设要体现品德培养

校园体育制度文化主要以体育法规、体育条例、裁判规则、体育规章制度等形式出现，对参与校园体育文化的主体行为具有规范性和强制性。校园体育文化制度具有严密的组织性和纪律性，其本身蕴含丰富的道德因素，有助于培养大学生遵纪守法、互帮互助、乐于奉献的优良品德，校园体育制度文化中的评价制度，能够教会学生正确处理过程与结果、成功与失败的关系，使其勇于面对生活中的挫折与困难。因此，在校园体育制度文化建设中，要充分发挥体育制度文化对学生品德的培养作用，深度挖掘制度文化中的教育价值，促进学生良好品德的培养。

二、高校校园体育文化建设的对策

（一）高校校园体育精神文化层建设

高校体育精神文化层居于高校校园体育文化的主导地位，是高校体育文

化的核心和灵魂所在，其中体育观是体育精神文化层的本质和核心，它决定了高校校园体育文化的发展目标。

1. 树立正确的体育观

体育观是个人或社会对体育存在的意义和价值的认识或看法，它决定着体育文化的发展方向。体育价值观受人们所处的社会环境、态度倾向、观念形态、思维方式及个体需要、志趣等的影响。综合考虑以上因素，笔者认为文化层次较高的高校师生应具备如下的体育观：

（1）体育是生活的重要组成部分。体育锻炼不仅是一种时尚，而且是科学、文明、健康的生活方式，应成为高校师生生活中不可缺少的内容。师生生活中不能缺少体育，娱乐中离不开体育，健美中需要体育，消费中少不了体育。体育是竞争，是完善个性，是体现人的价值的重要途径。体育是增进健康，预防疾病，消除紧张和建立友情的重要手段。应将其放在与衣、食、住、行同等重要的位置。

（2）体育是竞争。当今社会处于充满竞争和挑战的时代，人们只有具备积极的竞争意识和进取精神，才可能在竞争中立于不败之地。竞争是体育发展的动力，运动场上的角力斗巧，格斗竞技，命中致远，争先恐后无一不充满体力和智力的搏斗。体育是最富有竞争性的领域，体育运动以其充满竞争性的魅力吸引着广大学生的参与，是学生学习公平竞争、不断进取精神的最好课堂和演练场。运动场上，在体育规则的制约下，成功并不是轻而易举的事情，每个人都需要艰辛地付出，才能赢得他人的认可和赞美。体育运动把人生过程中经常遇到的成功、失败、挫折、欢乐、惊喜和痛苦等情感融入短短的瞬间，使人们一次又一次地经受着困难的考验、心理的冲击，体验着成功的欢乐和失败的痛苦。在这个过程中，人们懂得了如何去克服惰性、战胜自我，如何去为理想拼搏进取。朝气蓬勃的青年学生是一个不满足于现实、追求发展、不断创新的特殊群体，进取的行动体现在他们对知识的渴求上、对学问的掌握上，体育运动正是培养他们进取精神的催化剂。积极向上的进取精神正是社会发展的动力和事业成功的必备素质。

（3）体育是娱乐。体育具有娱乐功能，体育活动可视为愉快，高兴的同义词。高校师生利用余暇，参加、欣赏各种体育活动，借体育活动来享受生活、娱乐身心，从而消除了焦虑、紧张等不良情绪的困扰，使校园生活更富有情趣和意义。

（4）体育是消费。随着我国经济的不断发展，人们的生活水平和生活质量日益提高,高校师生的余暇相应地越来越多,体育在填补闲暇、丰富生活、提高生活质量方面的作用日益突出。高校师生应乐意花钱去玩体育,建立起体育是消费的价值观。参加俱乐部交会员费,参加比赛交参赛费,观赏体育比赛花门票费,学习运动技术付学费,应成为高校师生的共识和共同遵守的行为准则。因此,高校校园体育文化建设要倡导"自我健康投资",促使师生建立积极的余暇体育消费观。

（5）体育是完善个性的重要手段。体育的重要功能之一就是对人施加影响,它不仅影响人的生理属性,还影响人的心理属性,现代体育还可以作为社会教化的手段促进人的个性的形成和发展。

在体育运动中,要求练习者有较多的体力、智力、情感的投入,为此,人们必须调动自己的极限。在体育运动中练习者可以发现自己在体力、技能、意志、情趣等方面的薄弱环节,还可以发现自己个性中的优秀部分和潜力,从而正确地认识自己,并弥补采用合适的方法弥补自己的不足,发展自己的长处和挖掘潜力。这种自我发现,自我认识,自我改造的过程恰恰是促进个性形成和发展及实现人的社会化的过程。

体育运动一般为群体性的活动。群体往往对个体的行为做出评价,时而肯定,时而否定。在体育群体中,良好的体力、技能和机智、勇敢等品质会得到较高的评价,受到赞赏和激励,反之,则会受到贬斥和指责。在大学生的各种社会需求中,社会参与和社会承认处于较高层次。在群体活动中,不遵守群体规范的行为往往要受到较严厉的处罚和制裁。为了与群体保持一致,人们心甘情愿地接受来自群体的约束。这些约束使成员不得不改变自己的某些特性。在体育活动中,参与者既要接受来自外界客观环境的影响和制约,又要进行自我意识的调整,使自己更加积极地参与进去,达到增强体质和提高技能的目的,这也是个性形成和发展的过程。在活动中,经过反复持续的努力,人们会不断地发现自我,了解自我,克服自我,超越自我,不断向新的目标挑战,这对主体积极性的发挥,对个性的形成和发展,全面实现个人的社会价值很有帮助。

（6）体育是健身健心的理想途径。现代化的生活方式使人类面临现代文明病的威胁,高校师生也不例外。体育运动以积极的方式弥补了广大师生肢体活动的匮乏,在活动过程中,大量的能量消耗使日常摄入的高能量得到了平衡,消除了广大师生对现代文明病的恐惧。体育行为还能排除人们心中的焦虑、紧张等不良情绪,使攻击性心理得到宣泄,从而感到快乐,大大促进了身心的健康发展。

(7)终身体育观。终身体育既强调为了"现在",更重视为了"将来",一方面必须满足大学生当前身心发展的特殊需要,另一方面还要满足大学生终身发展的需要。因此,体育不应只局限于个人的某个发展阶段,而应贯穿于人的一生。在我国实施全民健身的热潮中,要加大对体育的宣传力度,让学生真正认识到强健的身体是人生的第一财富,是现代人生活的基本条件,它与每个人的生活、家庭、就业有着密切的关系,要让学生深刻理解体育在促进人的全面发展中的作用,提高学生参与体育的自觉性、主动性,树立终身体育的观念。

2. 增强大学生的体育意识

高校体育工作对当代大学生的基本要求是"建立正确的体育意识,培养体育兴趣和习惯,提高锻炼的能力,塑造强健的体魄,为自身的发展打下良好的物质基础"。体育意识是大学生对体育的认识和理解,主要包括对体育运动的意义和作用的理解,具有参与运动的欲望和要求。毛泽东曾指出:"欲图体育之有效,非动其主观,促其对于体育之自觉不可。"足见体育意识对体育实践的重要意义。高校体育教育应从以下两方面来培养大学生的体育参与意识:

(1)转变传统的体育教学观念,强调体育意识教育。长期以来,我国高校的体育教学较多地注重增强学生的体质,强调传授体育的基本知识、基本技能,忽视了对学生体育意识的培养。教师仅仅把体育作为一门知识和技能去传授而忽视了体育在情感、意志和良好习惯形成等方面的育人功能。这种传统教育思想和方法虽然在组织教学的规范化、传授知识技能的系统化方面产生过积极的影响,但它对学生个性的发展却有着负面的影响,在一定程度上忽视了学生生理、心理及认识水平的同步提高,忽视了适应未来社会的发展对人们身体素质和心理素质所提出的特殊要求,在一定程度上限制了学校体育效能的发挥。因此,当务之急是要转变传统的教学观念。一方面,在教学中要增强对学生体育意识和健康意识的教育,培养学生自觉参与体育锻炼的兴趣和习惯,使学生在潜移默化的教育过程中受到良好的体育思想教育,成为身心俱健的高层次人才;另一方面,要把当前体育教育与终身体育教育有机地联系起来,使学生树立终身体育的意识。

(2)加强体育理论的传授,推进体育实践教育,全方位培养学生体育意识。随着高校素质教育的推进发展,大学生文化知识的不断积累和丰富使他们摆脱了对体育现象直观的思维方式,逐渐形成了自己的理性思维和判断。

在这一阶段加强体育理论知识的传授对转变学生的思想,培养他们的体育意识有事半功倍的效果。为做好这一工作,体育教学首先应从体育的客观过程以及体育运动的各种规律等知识入手,结合高校体育教育的特点,选择适合大学生体育需要的体育知识和教学内容,依据体育教材内容安排教学时数分配,做到理论联系实际,理论指导实践,从根本上实现"要我学体育"向"我要学体育"的转变。

3. 弘扬高尚的体育精神

校园体育精神是指一定历史阶段,在校园体育文化建设中积淀、整合、提炼出来的,反映校园体育文化的行为准则、价值观念和意识的总和,是学校师生的体育精神生活方式和意识形态的反映。作为一种深层的精神文化,"校园体育精神"一旦形成,就能对学校师生产生不可抗拒的影响力,并且有持久的继承性。

不论学校师生是相对固定的,还是流动的,只要置身于这种精神氛围之中,其心理就能感受到一种激励、升华,从而在有意无意中被熏陶并最终塑造出这种精神品质,进而起到更深层次的教育效果。各高校从创立之初就不断吸纳社会体育精神文化的丰富营养,并进行归整,形成自身体育精神的重要组成部分,作为一个相对稳定的成分予以保留,在漫长的发展过程中经过数代人的不断调整、升华,成为高校文化的精髓。

因此,在校园体育文化建设中,应大力弘扬高尚的体育精神、爱国主义精神、集体主义精神、拼搏进取精神、竞争开拓精神。在体育比赛中要以公开竞争、公平竞争、求真务实、遵守规则、尊重对手的体育道德精神来教育和感化学生,培养他们高尚的体育精神。作为全校师生共同创造和普遍认同的价值观念,校园体育精神具有无形的凝聚力和感召力,在其激励下,具有共同理想追求、价值观念、道德情操的师生,彼此间会产生强烈的认同感,进而升华为强烈的校园归属感、责任感和荣誉感。作为学校发展的一种潜在力量,校园体育精神无疑是一股巨大的激励因素,推动着师生在生活、工作和学习中积极进取、战胜困难、开拓创新、公平竞争。尤其在学校遇到挫折时,它更会给师生以信念支持,从而成为师生解决困难,追求理想,追求发展力量的源泉和动力支持。校园体育精神一旦形成就不易改变,且能够持续较长时间,能渗透到校园的每一个角落,在各个方面影响着师生的行为方式和价值取向,因此,以体育精神促进高校学风、校风的建设,意义将更为深远。

4.培养良好的体育道德和体育行为习惯

良好的体育道德和体育行为习惯是高校体育文化精神层面建设的重要内容。高校是知识密集、人才密集的场所，高校学生的思想道德水平，将直接影响我国社会主义事业未来的发展方向。西方国家普遍认为，人的良好人格的形成和人的思想品德的培养，是通过体育活动来完成的。我们也应充分利用校园体育文化所具有的育人功能和导向功能，通过组织丰富多彩的体育活动来提高学生的思想道德素质。在校园体育文化活动中，要以公平竞争、公开竞争、遵守规则、尊重对手、求真务实的体育道德和行为规范来教育、感化广大学生。

通过体育活动，尤其是团体的竞赛活动，进行品德教育更适合青年学生的年龄特征，尤其是结合各种不同运动项目的特点和要求，更能较全面地实现对其思想品德和个性的培养。体育活动的基本形式多以集体为单位，便于群体教育。处于青少年这一年龄段的学生，具有较强的上进心、好奇心和争强好胜的心理特征，乐于参加集体体育活动，而体育竞赛活动中严密的组织和严格的纪律，本身就蕴含着生动的道德因素，有助于培养学生互助友爱、乐于奉献的优良品德，并在其中学会正确处理个人与集体、自由与纪律的关系，强化集体责任感。体育竞赛还具有激励作用，能鼓励学生发挥潜能，发扬拼搏精神。评比则能使学生认识到个人的努力程度将影响集体的荣誉，而集体荣誉又会给个体成员带来影响，有助于培养学生的义务感和集体荣誉感。竞赛结果以及对优胜者的奖赏，能给大学生带来精神上的满足并激发他们积极进取的精神，而胜不骄、败不馁的精神本身就体现了学生坚强的意志品质。因此，高校体育作为一种进行教育和善度余暇的手段，对于防止和矫正学生的不良品德，有其独到的作用。

此外，还要运用各种传媒，宣传我国体育健儿在国内外比赛中克服困难，为国争光，挑战人生的事迹，以此激发高校学生的爱国热情和民族自豪感，引导他们形成正确的人生观、世界观。

5.提高大学生的体育文化素养

体育文化素养包括三方面内容：①体育知识——体育基础知识、体育保健知识、身体锻炼与评价知识、竞技运动知识等；②体育技能——基本运动技能、身体锻炼技能、娱乐体育技能等；③体育意识——对体育的认识、理解、参与意识；④体育兴趣和习惯。

长期以来，人们对体育的认识一直存在以追求外在目的为最终目标的倾向，过于注重暂时的体育实际效果，忽视了体育文化素养的培养。高校学生的知识层次较高，本身已具有一定的分析能力，因此，笔者认为高校体育根本的职能应该是为学生科学锻炼身体提供理论知识和方法的指导，以提高大学生的体育文化素养。所以，在现代高等体育教育体系中，如果缺少或削弱体育文化素养这一教育环节，那么培养的对象不仅会在身体上，而且会在精神品质上成为不健全的人。

（二）高校校园体育制度文化层建设

高校体育制度文化层是联系体育精神文化层和体育物质文化层的中间层面。它以人的行为活动或行为化的方式表现出来，是高校校园体育文化建设中的重头戏。其中体育俱乐部和体育文化节的建设是这一层面建设的两大热点。

1. 贯彻落实各项体育法规，改进管理理念和管理手段

自中国近代学校体育起步，体育与音乐、美术一直被视为"小三门"在学校教育中备受冷落。中华人民共和国成立后，国家对学生实行三好教育，提倡德、智、体、美、劳全面发展，但由于受传统文化"重文轻武"思想的影响及经济条件的限制，学校体育的合理地位并没有真正确立，这种现象在高等教育中也不例外。

改革开放后，特别是中共中央、国务院提出了实施素质教育，并强调了体育在素质教育中的基础地位之后，校园体育文化建设已成为高校文化建设的重要一环。而高校要构建自己的学校体育文化，首要的是认真贯彻落实各项体育法规，改进管理理念和管理手段，并根据学校的具体情况，因地制宜地制定相关的政策和实施办法，只有这样才能使高校校园体育文化具有强大的生命力和鲜明的时代特色。

2. 优化体育课堂教学

高校体育教育目标主要是通过体育教学内容来实现的，当前高校的体育教学内容除了要实现体育教学目标外，还要满足学生个体的生理与心理需求，强调教学内容的健身性、娱乐性、终身性及提高学生的体育文化素养。但一直以来，高校在选择体育教学内容时，过分地强调其实用价值，过多地强调基本技术与基本技能的双基教学，忽视了体育的健身功能与体育文化素

质的培养，忽视了体育的教育价值，造成体育教学内容单一，无法满足当前素质教育的要求和实现学生身心健康共同发展的教学目标。

因此，在教学内容选择上要充分考虑到学生的特点，选择适合学生身心特点，易于接受的，取消那些对运动技能要求过高，不易掌握的内容。从而，以最大限度地满足学生对体育文化的需求和兴趣。此外，还应增加体育理论课的比重，课中应增加身体锻炼知识、锻炼方法、营养与健康、运动损伤处理等内容的教学，以丰富学生的体育知识。同时，应专门开设体育欣赏课程，该课程以学生的视听为主要手段，以学生的内心体验为特征，从而使学生领悟体育的真谛，得到精神上的愉悦。同时对学生进行爱国主义、集体主义方面的教育，利用体育名人成长事例教育学生树立正确的人生观。

在教学方法与手段上，应摒弃过去的那种局限于运动技术传授的"填鸭式"教学，采用那些能传递体育文化思想，培养学生的创造力、思维能力的教学方式。在教学手段上要体现多样化、个性化，借助现代化教学手段中的图片视频、广播站、网络等多媒体教学。教学形式上要克服竞技化倾向，以保证体育文化的传授。大力尝试程序教学、发现教学等新的教学方法。同时，现代化的教学手段，如多媒体、电化教学方式也应得到广泛应用。

3. 拓宽体育课外活动

长期以来，由于传统教育思想的束缚，有些学校课外活动存在随意性和盲目性的。因此，丰富课外活动的形式，以最大限度地提高学生的体育意识，引导学生进行自我学习，自我修炼，培养终身体育的习惯，已成为高校体育教学课程的最终目标。丰富体育课外活动方法如下：

（1）建立体育俱乐部。体育俱乐部是广大学生自愿参与，以健身娱乐为主要目的的体育组织。其开展可以激发学生对体育活动的兴趣和体育锻炼的自觉性，提高学校的体育场馆和设施的利用率。此外，体育俱乐部可以形成一种无形的凝聚力，使利益相关者联系在一起，帮助学生进行互动，有效地调动学生学习的积极性，促进学生参与体育活动和加深学生之间的友谊。提高了学生的体育参与意识和体育活动能力，最终有利于学生体育行为习惯的形成。

（2）开展体育文化节。体育文化节是以体育与健康为内容，以全校师生为主体，融竞技体育与健身体育、娱乐体育为一体的一种特殊的课外体育活动形式。体育文化节的开展拓宽了学生参加体育活动的时间、内容和形式。通过竞赛、表演、讲座等手段，从健身与育人出发，集知识性、健身性、娱乐性和教育性为一体，可有效提高学生的体育兴趣，提高他们参与体育健身的积极性，增强其体育锻炼意识，使其最终形成体育锻炼行为习惯。

（3）建立专业体育运动队。专业体育运动队是学校课外体育活动的重要形式，通过专业运动队可以给予那些拥有体育特长的学生展示平台。首先，体育运动队是学校精神文明的窗口，能扩大学校的知名度。其次，可以产生强大的凝聚力，吸引全校师生的关注与评论。体育运动队的建设可以使更多的学生参与体育运动，同时有利于扩大体育的影响力。

4. 开展体育竞技比赛

人文精神的体育，就是尊重人、锻炼人、教育人、熏陶人、提升人的体育。所以，学校体育必须树立"以培养体育精神为主"的教育观。同时，校园体育竞赛作为一个特殊的形式，其是一种隐性的教育过程，它对学生的教育影响是在潜移默化中发生的。因此，我们应在校园内通过体育竞技比赛，营造良好的竞赛氛围来熏陶师生，使其在不知不觉中接受体育精神文化的教育。应强调在校园开展竞技比赛，应多以集体项目比赛为主，这样有利于促进学生集体合作，增强学生的集体荣誉感，进而促进学生合作，从而培养其体育人文精神。同时，集体项目的比赛将个人竞争转化为集体竞争，有利于减轻竞技结果对学生的影响，削弱其竞技性。

5. 完善体育评价机制

在校园体育教育中，应努力完善体育课程的评价机制，改变过去只注重运动技能忽视体育综合能力的评价方式。在评价方法上转变终结性评价为终结性评价和过程性评价相结合的方式。在评价内容上除了应评价学生基础知识、基本技能的掌握情况外，还应侧重评价学生的体育态度及体育参与过程。对学生在课堂中表现出来的参与热情、良好的体育精神、取得的进步及课外参与体育锻炼的积极性等进行评价。除了对体育基本知识掌握较好及技能表现优异的学生进行嘉奖外，对取得巨大进步、表现出良好体育精神的学生也进行表扬，以此激励更多的学生参与校园体育文化活动，进而养成体育运动的习惯。最终通过提高学生的体育综合素质来培养学生终身体育意识。

5. 建立校园体育网站，丰富体育文化生活

随着科学技术的飞速发展，网络已经成为现代生活的一部分。互联网因为它的开放性、民主性、实时性、综合性和虚拟性等特点受到当代大学

生的追捧。当代大学生广泛地使用网络，受网络文化的影响是很大的。因此，高校应充分利用网络相关技术的有利条件，建设校园体育网站，为校园体育文化提供支持和服务。教学信息的内容应突出体育教学内容的发展，设立体育、运动、健身、体育表演、体育康复等栏目，以丰富校园体育文化生活，帮助学生掌握正确的锻炼方法，建立运动的正确观念，培养高尚的体育道德。

（三）高校校园体育物质文化层建设

高校校园体育物质文化层是高校体育文化建设的基础，是高校体育文化中可感觉到的具有一定感染力的层面。一所高校的体育场馆及内部的器械布置、体育建筑的风格、学校所处的地域构成了校园体育物质文化。良好的体育设施，功能齐全的运动器材，不仅能烘托出校园体育文化环境，而且让学生一踏入校园就受到体育环境的熏陶，从而引起学生心灵的冲击和对体育运动的向往。各高校应把校园体育物质文化建设纳入体育文化建设的整体规划，使校园体育文化建设成为软硬件相统一、人文与自然相和谐的有机整体。

1. 经费投入是关键

由于我国高校用于体育的经费一直以来严重不足，以致体育场馆设施建设长期滞后，许多高校所拥有的体育场馆与学生人数之比，连国家教育部门规定的最低标准都未达到。当前，我国高校的体育场馆不仅量不足，且质不佳。因此，许多高校体育物质基础短缺，这种短缺导致了它不能迅速给学生提供感官刺激，激发学生对体育运动的向往和心灵的冲击。

大部分学生认为其体育兴趣来自对体育器械的满足，简单的奔跑和机械地重复难以满足他们的体育欲望。随着社会的发展，广大师生在体育文化活动中会更加求新、求乐、求美，然而需求与设施的矛盾会使一大批想在体育文化活动中愉悦、充实、表现、完善自我的师生不能如愿以偿。

体育经费不足，投入过少，是造成高校体育场馆设施建设落后的直接原因。随着高校素质教育的深入开展，体育教育不再是高校教育中的"小三门"，而是素质教育的重要一环，各高校在转变观念的基础上应重视体育工作，逐步增加对体育的经费投入，把体育设施建设作为评估校园环境、教育环境的重要内容，并建立科学的学校评估指标体系，把体育设施建设作为学校办学条件、办学水平的考核内容之一，以督促学校对体育设施建设的投入,应该以兴建现代化的教学楼、实验室、图书馆的热情兴建现代化的体育场馆设施,应从物质方面提高校园体育文化的层次和质量。

2. 提高体育设施的利用率

随着经济的发展,人民生活水平的提高及余暇增多,从事大众体育的人口逐渐增加,各高校要发挥自身的场地、器材优势及人才优势服务市场,再通过市场促进高校体育的发展。改善体育场馆的经营状况,提高场馆效益的首要做法就是要大力提高场馆的使用率,加大开放的力度,延长开放时间,努力实现场馆资源的有效配置。结合国外场馆经营管理的实践经验,在满足高校体育教学、训练需要的前提下使高校体育物质设施从福利型、公益型向经营型转变。

顺应全民健身的热潮,向全社会开放体育场馆,采取会员制,成立体育休闲俱乐部,适当收取会员费,开放对象为全校学生、教职工、市民等,利用周末开展一些体育特色服务,为人们提供体育休闲娱乐的空间。利用寒暑假办、短训班、夏冬令营等活动,对广大中小学生开放,使体育场馆得到充分合理的利用。

3. 体育物质设施的建设要体现一定的文化底蕴

校园体育物质文化是校园体育文化的物质载体,它是整个校园体育文化的外在标志,其核心内涵是校园体育文化中的精神文化因素。校园体育物质文化建设的目的应该是使它成为体育精神文化的载体,建设体育物质文化不是目的,而是手段。因此,离开了校园体育精神文化建设,单纯的与校园体育精神文化不协调的物质文化建设就失去了建设的意义。体育物质文化中所包含的精神文化是校园体育文化建设中实质性和根本性的组成部分,是校园体育文化建设的根本目的,忽视精神文化建设,校园体育物质文化建设就只能流于形式。因此校园体育物质设施要以一定的文化底蕴体现其中的体育精神气质。这就要求校园体育物质建设既要讲究实用,更要讲究美观和谐,倾注人文关怀,提升文化品位,突显个性特色,激活审美张力。在建筑的创意上要结合学校所在地区的气候特点,建筑外观强调开敞、通透,空间组合要灵活,避免稳重有余而活泼不足的缺陷,要以动态感的意象去表现个性,要符合心理学的要求,能给人跃跃欲试的感觉。例如,四川大学的标志性建筑体育馆就体现了这样的效果。其主体居于场地的中央,足球场紧贴其后显得气势磅礴,主体建筑前后为广场和绿化带,室外草坪从地面延伸至体育馆斜面房顶，犹如一幅绿色的屏障，清新悦目的主体建筑空间在四个巨型叶片遮掩下熠熠生辉，落地的枝叶与腾空的飞檐相融合，洋溢出自然生态的灵气，整个建筑的形态、色彩、质感都与周边的环境相得益彰，给人留下了深刻的印象。

此外，体育物质文化建设还应注意层次性，做到有面有点，点面结合。高校作为传播文化知识的高雅殿堂，在进行场馆等大众设施建设的同时要考虑进行适当的雕塑、壁画等艺术作品的建设，以拓展校园体育文化环境的空间，丰富校园体育文化的内涵，提高校园体育文化的品位。

宽阔的绿茵足球场、简洁的跑道、整齐有序的运动器械、造型优美的运动雕塑、气势恢宏的体育馆等构成了美不胜收的校园体育物质文化环境，学生在对它们的欣赏与解读中得到了美的熏陶和人格的感染。因此，应努力发掘其文化底蕴，以激发广大师生的体育参与热情。

第三章　高校健美操文化概述

第一节　高校健美操文化的内涵

一、高校健美操文化的概念

健美操是一种集锻炼身体、训练力量、塑造体型为一体，融体操、音乐、舞蹈于一身，通过徒手等方式进行身体训练，以达到健身、娱乐为目的的体育项目。高校健美操文化是高校校园体育文化的重要组成部分，是高校师生通过有关健美操的各种活动形式创造的精神成果和物质成果的总和。

高校健美操文化概念有广义的，也有狭义的。广义地讲，高校健美操文化是指高校师生在校园开展的健美操健身运动、健美操活动竞赛、健美操活动设施建设等活动中形成和拥有的物质财富和精神财富的总和。狭义地讲，高校健美操文化是指通过一系列有关健美操的活动，使师生树立正确的体育观念和意识，传承优秀体育文化，娱乐身心的过程。对高校健美操文化进行深入探讨，对大学生综合能力的培养，以及对大学生成为社会需求的具有完善人格人才的培养具有重要意义。

二、高校健美操文化的内容结构

文化学意义上的高校健美操文化，与高校体育文化一脉相承，也有三个层面：精神文化层面、制度文化层面和物质文化层面。第一层面是健美操的精神文化层面，是狭义的健美操文化，是健美操文化的核心和灵魂；第二层面是健美操的制度文化层面，是健美操存在的方式、环境；第三层面是健美操的物质层面，是健美操外在的器物层面，是健美操教学与训练所采用的方式、理念和健美操的技术、技能和成绩等。

在上述三个层面中，前者强调的是健美操文化中所蕴含的"以人为本"、促进人全面发展和树立终身教育的理念，希望通过健美操运动促进人精神的健美，使健身者懂得用欢乐的、韵律的运动来娱乐身心、缓解压力，从而提升心理境界、树立正确的人生观和价值观，并提高对人与人之间关系的认识以实现人与人的和谐相处。后两者是对当前健美操的教学、训练、研究等重视技术动作的完整性与流畅性的工具理性的东西的总结。当前健美操研究中对后两者的研究很多，而对健美操文化的核心和灵魂的精神文化层面的研究较少。因此，以后我们研究健美操不仅要研究其深层次的思想精神文化，而且要将三者相结合的完整的健美操文化完整地呈现出来。

第二节　高校健美操文化的传播方式

一、开设高校健美操课程

体育课是对学生进行的有目的、有组织的教育过程，是校园体育文化的基本组成部分。目前，在我国高校的体育专业教学中均开设了健美操课程，而且基本上都开设了健美操选修课程，这为健美操运动的推广和普及培养了推广者。不过，目前高校健美操课程的内容存在很大问题，亟须优化。在优化课程内容时，我们要遵循下列要求和原则。

（一）高校健美操课程内容优化的基本要求

1. 基于学生发展的需求

教学内容的选择应关注学生的发展，尤其是学生的需要、兴趣、身心发展特点等方面。学生的需要是教学内容选择时应该考虑的一个因素，在选择教学内容时，考虑学生的兴趣，能使学生有效地学习理论知识和运动技能，当学生相信课程能够使他们学会自己认为重要的东西的时候，他们会认同并努力学习这些课程。如果学生发现教学内容与他们的需求、兴趣等没有联系时，他们可能会服从学校的安排，甚至能通过学校考试，但很快就会将学习的内容抛至九霄云外。

在健美操教学内容优化选择过程中，需要根据学生的身心发展特点确定教学内容的深度、广度和难度。在传授学生健美操运动基础的同时，鼓励学生创新，鼓励其个性发展，要灵活地传授健美操课程的教学内容。

2. 基于社会发展的需求

社会的价值取向强调教学要重视现实中的社会问题，脱离社会价值取向的教学内容是不现实的，而且是不可行的。学生不仅是生活在学校中，而且生活在社会中，学生的成长是一个不断社会化的进程。学校的最终目标是培养符合社会需要的合格人才，而检验学生毕业后能否符合社会所需是教学内容合理性的直接反映，教学内容的选择必须伴随社会的发展而不断地更新和完善。因此，健美操课程教学内容的设置应适应社会需求，重点突出对学生各方面能力的培养。

（二）高校健美操课程教学内容优化的原则

教学教育过程最优化理论是巴班斯基教育活动、教育思想和成就的集中代表，他在教学论中指出："构成教学内容最重要的因素，是由各门科学的知识素材构成的知识和具有高度教育价值的素材，并尽可能发挥隐含于这些素材中的教育价值。"其中指出了对教学内容优化的六个标准。

1. 教学内容的完整性标准

教学内容的完整性标准要求教学内容充分反映了现代社会对人的全面和谐的发展要求，并且包含现代科学和文化的各个基本方面。因此，在健美操课程教学内容优化选择时不仅要教学生学会基本技术和技能，更要教学生系统地去学习健美操的科学理论知识，这样才能让健美操课程教学内容更加系统、完整。

2. 教学内容的组成部分的科学价值和实践价值标准

教学内容的科学价值和实践价值标准可以保证突出教学内容中主要的、本质的成分，所以在健美操教学内容优化选择时把各指标内容分为非常重要、重要、一般、不太重要、不重要五个等级，充分突出健美操教学内容最主要的、最本质的成分。

3. 教学内容符合学生年龄学习的可能性标准

健美操课程教学内容优化选择时要根据学生的身心发展特点和年龄阶段的因素，有针对性地、循序渐进地对学习健美操的学生进行理论知识和技术动作的教学。

4. 教学内容符合用于学习该教材的法定时间的标准

健美操课程教学内容的学习要符合用于学习该教材的法定时间，在健美操理论知识的教学中一定要保障学生学习健美操理论知识的时间。

5. 教学内容符合该方面的国际经验的标准

随着一些国外大型的健身中心进入我国各大城市，我国的健美操运动进一步与国际接轨，各大健身房都开设了有氧操运动项目，从而使健美操运动项目得到很好的发展。我国高等体育院校是培养健美操专业人才的基地，健美操体育专业学生水平的高低会影响我国健美操运动的持续发展，所以在健美操课上，教师的教学内容要符合时代的发展，不断地更新和完善。

6. 教学内容符合当前教师教学的实际可能性和学校现有的教学条件的标准

健美操课程教学内容优化选择时要根据学校的场地、器材来开展，如水中健美操等一些项目绝大部分学校由于没有合适的场地和器材是没法开展的。所以在健美操课程教学内容选择时要充分考虑学校现有的教学条件。

巴班斯基还指出，考虑这些标准并尊重它们的先后顺序，教师就可以将教学内容中最基本的和主要的成分划分出来并使其具体化，有助于消除那些使学生负担过重的过于复杂的和次要的成分，使学生的注意力集中到主要成分上。因此在健美操教学内容优化设置时应遵循这些准则，这不仅保证了健美操课程教学内容的完整性，而且可以删除一些过于复杂的、不必要的成分。

我国各大高校除了在体育专业设置了专修课程外，在非体育专业也基本上将健美操列入了大学体育课的教学内容，在部分高校还开设了健美操提高课程，并越来越受到大学生的喜爱。随着健美操教学内容的不断丰富，健美操专业人才的不断增加，健美操在高校将会得到更进一步的发展。随着健美操教学的不断完善，各高校也在不断改善健美操的教学设施：修建专门的健美操训练馆、购置专门的健身器材、购买专门的音像设备等，这其实就是一种体育物质文化现象，也是精神文化的载体，凝聚和展示着人类的思想和智慧，体现人们的道德情操、意志和价值观念等多种文化现象，这些物质文化对高校学生起着潜移默化的陶冶作用。

二、推动高校健美操俱乐部和健美操协会发展

大学生健美操课外活动的积极开展是课堂教学的有效延伸和积极补充，对改善和提高学生技术技能水平、扩大知识面、娱乐身心起到推动的作用。目前高校大学生开展健美操课外活动以健美操俱乐部和健美操协会两种形式为主，学生可以根据自己的兴趣和能力自由参加俱乐部、协会组织的日常活动和比赛。下面我们来分析一下高校健美操俱乐部在发展过程中存在的问题及解决途径。

(一) 健美操俱乐部发展中存在的问题

1. 健美操在高校中的普及范围不够广

尽管健美操首先进入高校并迅速发展起来，但是现阶段开设健美操教学的高校大多只是专业性比较强的体育类院校及拥有体育专业的普通高校。而综合类的高校或者专业性较强的其他院校大多数并没有开设健美操课程。而且在开设健美操课程的高校中，健美操也只是作为一门选修课，由学生自主选择。因此，现阶段健美操在高校中的普及范围不广，亟须加强宣传力度。

2. 高校对体育课的设置具有局限性

现阶段，教育部规定高校的体育课设置时间为两年，一般为大学的前两年，而在大学的后两年不再开设体育课或提倡学生参与体育俱乐部。首先，大学体育课的学时有限，加起来不超过150学时，再加上因天气因素或者考试耽误的体育课时间，学生参与体育锻炼的时间较短、机会较少。其次，高校多倡导大一、大二的学生参与到体育俱乐部，而大三、大四的学生由于面对的学习和就业压力较大，高校一般不做要求，导致高年级的学生没有时间和机会去进行体育锻炼，不利于其体育学习的展开。

3. 高校领导对健美操俱乐部不够重视

健美操俱乐部在高校中兴起、发展至今只有十几年的历史，加之近年来教育改革和经济体制变革的影响，高校的教学改革还处于初级阶段，尽管一些院校建设了健美操俱乐部，但是由于各种各样的原因，高校领导对其不予重视，对俱乐部的资金投入及管理力度不够，在很大程度上阻碍了健美操俱乐部在高校中的发展。

4.健美操俱乐部的设施较为落后

调查显示，现阶段，我国高校现有的健美操俱乐部的发展都在一定程度上受到阻碍，不管是从其场馆建设、配套设施及器材建设来说，还是从经费投入上来说，相比于国外的健美操俱乐部，都处于较为落后的状态。而随着大学生对健美操俱乐部的欢迎和喜爱程度逐渐加深，参与俱乐部的人数越来越多，现阶段的健美操俱乐部已经不能满足学生的需求。

（二）高校健美操俱乐部的发展对策

1.定期举行内容及形式多样的高校健美操比赛

高校内部或者几所高校之间要定期举办健美操比赛，提高高校对健美操俱乐部的重视程度及学生参与健美操俱乐部的积极性。首先，高校对健美操大赛的策划和宣传力度要加强，在高校及社会中宣传健美操运动，让更多的人特别是当代大学生认识到健美操运动的优势和特点，提高大学生对健美操运动的兴趣，使其参与其中，推动健美操俱乐部在高校中的发展。其次，几所高校可以共同承办健美操大赛，提高健美操运动对全民的影响力，同时，在进行比赛的过程之中可以增进参与比赛高校之间的友谊，为大学生营造良好的运动氛围，培养大学生终身运动的意识，提高健美操俱乐部在高校中的普及范围。

2.高校及其领导要提高对健美操俱乐部的重视程度

在我国教育体制改革期间，高校及其领导要提高对健美操俱乐部的重视程度。第一，高校领导要积极推动健美操俱乐部的建立，并制定符合高校自身的管理健美操俱乐部的政策和规定，确保健美操俱乐部在高校的良好运行及发展。第二，高校要推动健美操俱乐部的发展，开展全校健美操运动，提高全校师生对健美操运动的兴趣和参与度，提升健美操俱乐部在高校的影响力。第三，高校要立足长远，加强对健美操的宣传力度，推动健美操俱乐部在高校的发展，使其在高校普及开来，引导更多的大学生参与其中，提高其综合素质，确保大学生身心全面发展。

3.加大对健美操俱乐部的资金投入

分析上文的健美操俱乐部的现存问题，我们可以发现，健美操俱乐部的场馆建设、设施建设、器材建设落后主要原因就是高校对其资金投入不足。随着参与健美操俱乐部的大学生的数量逐渐增多，高校必须加大对健美操俱乐部的资金投入，提高其场地、设施及器材建设水平，充分发挥健美操俱乐部的重要作用。此外，也要注重对健美操俱乐部后期的维护，确保俱乐部的良性运行，推动健美操俱乐部在高校中的健康发展。

4. 构建系统的健美操俱乐部管理体制

每一个组织群体都需要相应的管理体制，只有这样才能确保组织群体的发展。健美操俱乐部也不例外。要想确保其长期发展，高校就必须建立适合自身又符合健美操俱乐部发展要求的管理体制。从学生管理的角度来看，要建立全面系统的学生管理体制，包括学生登记体制、学生考核体制等；从俱乐部的运营角度看，要建立运动设施及器材的管理体制、后期养护管理体制及运营管理机制。

除了建设俱乐部之外，还有少数自由组合的活动小团体，学生因为彼此情趣相投而组合在一起进行锻炼，彼此相互鼓励、相互竞争、相互学习，共同提高和进步。学校可以利用业余时间组织健美操运动队，这样不仅可以提高学生的运动水平，而且可以培养出一批体育骨干，从而对学校群体活动起到指导和画龙点睛的推动作用。健美操运动队的建立，要以提高运动技术水平为主，确保训练水平，以争取更好成绩，发挥学校对外宣传的功能为重点[1]。

总而言之，高校阶段是养成大学生终身体育锻炼习惯的重要时期，健美操以其独具的魅力将体育文化塑造的体育精神和体育品格很好地体现在学生的学习和生活中，并感染着、影响着、促进着他们的成长和成才。

三、纳入高校其他文艺活动

随着高校校园文化建设的深入，各种社团、健身协会相继成立，而且开展的活动越来越频繁，其内容也越来越丰富。健美操因其高度的艺术性及强烈的节奏性在这些活动中受到大学生的青睐。在高校开展的各项文化艺术活动中几乎都可以见到健美操节目的表演，它不仅使参与这类活动的学生提高了对美的创造力和对艺术的鉴赏力，还让观赏者从审美的愉悦和情感的共鸣中受到教育和启迪。健美操这一文化艺术形式以充满时代气息的健康面貌展

---

[1] 须晓东. 试论高校校园体育文化建设 [J]. 安徽体育科技. 2004，25（2）：113-115.

现在师生的面前，它那激烈欢快的旋律、健美优雅的动作、鲜明的节奏、迥异的风格，令人耳目一新，给高校校园注入了一股新鲜活力，给校园文化增添了绚丽的色彩，提升了大学生休闲娱乐活动的文化品位，丰富了校园精神文化的内容。

四、组织校内健美操竞赛

健美操竞赛活动是健美操体育文化传播的主要形式。健美操比赛项目多种多样，内容丰富，既有个人项目，也有集体项目，能激发学生的积极性和竞争意识。健美操多姿多彩的展示形式，体现了学生团结、健康、向上的精神风貌。

第三节 高校健美操文化的功能

一、高校健美操文化的美育功能

社会和时代对某一形式美的接纳，首先是人的审美心理对它的接纳，而人们对某一形式美的接纳，是建立在对这种美的感知的基础上的。健美操文化的审美教育是通过人们的欣赏而显示其价值的。大学生追求健美的体格、优美端庄的姿态、匀称和谐的形体、举止潇洒的风度。健美操是在生理学、解剖学、体育美学等多学科的理论指导下进行创编的，健美操练习是在音乐的伴奏下进行的身体练习，讲究身体姿态的规范、讲究动作的力度、讲究动作内容的丰富、讲究运动负荷的科学性等，因而有利于消耗体内多余的脂肪，使体态变得线条优美、体型更匀称。健美操本身就是一种健、力、美的艺术创造，它的练习过程就是一种美的展示与体验。大学生通过这样的文化艺术活动，可以增强节奏感、韵律感，提高音乐素养，从而提高认识美、鉴赏美、表现美和创造美的能力，不断完善自己。

二、高校健美操文化的健身功能

毋庸置疑，体育运动在帮助人增强体质，保持旺盛的生命力，预防疾病等方面都起到积极的作用。校园体育文化以其丰富的形式吸引广大师生投入体育锻炼，经常参与体育锻炼可以增强身体各组织器官抵抗疾病的能力，使人们在休闲娱乐中保持健康的身体。健美操是一种有氧运动，通过一定密度和强度的身体练习对身体各关节、韧带、主要肌群和内脏器官施加合理的运动负荷，从而有效地提高心血管系统、呼吸系统等内脏器官的机能，提高力量、耐力、速度、灵敏、柔韧等运动素质，由此可知，经常从事健美操锻炼，对身体的许多器官、系统都会产生良好的影响。

（一）健美操对运动系统的影响

运动系统主要由骨骼、关节和肌肉组成。健美操运动强调动作的节奏和力度的结合，随着音乐的节拍，对动作所牵涉的骨骼、关节和肌肉群进行有节奏的自身负荷锻炼，其频率和强度的变化对一般人来说是非常适宜的。经常参加健美操运动，可以改善身体各部位肌肉纤维组织和关节组织的耐力、速度和灵活性，并能提高骨骼的抗折断、抗弯曲和扭转能力，防止运动伤害事故发生。

（二）健美操对呼吸系统的影响

健美操运动具有科学的运动负荷，运动时可以增强呼吸肌的收缩能力。长期锻炼，呼吸肌逐渐发达，变得强壮有利，呼吸功能可大大提高，肺泡的弹性增加，肺活量明显增大，气体交换与氧气的储存能力增强。经常参加健美操锻炼，还可以使呼吸系统的神经调节中枢得到不断的刺激，从而改善呼吸系统的调节机能。

（三）健美操对心血管系统的影响

健美操是一种效果显著的有氧运动，对心脏和血管有良好的影响。运动医学研究认为：运动员心脏增大，心壁增厚是运动训练的良好反应，对提高心脏泵血能力和增加身体氧代谢能力都是十分重要的。安文萨（Anversa）的研究表明：心肌血管对于中等强度训练（$50 \sim 60\%VO_{2max}$）有着良好的适应性变化，有利于心肌的血液供应和对氧的利用，长期参加健美操锻炼可以使心肌收缩蛋白和肌红蛋白的含量增加，心肌中的毛细血管大量增生，血液循环量增加；心肌纤维变粗、心壁增厚，心脏收缩搏动有力，心脏的容积有所增大，每搏输出量和每分输出量增加，使心脏形态结构产生适应性变化。一方面可以使心脏的承受能力增强，另一方面还可以使人在安静时出现机能"节省化"的现象。坚持健美操锻炼还可以改善血管壁的状况和血管的分布情况，它可使动脉管壁的中膜增厚，平滑肌细胞和弹性纤维增加；使骨骼的毛细血管分布数量增多，行程迂曲，分支吻合丰富，使血液与组织器官进行交换的能力增强；冠状动脉口径增粗，心脏毛细血管的数量增加；静脉血管回流血液增多。因此身体整个血管系统结构改善，弹性好，机能提高，从而减少各种心血管系统疾病的发生。

（四）健美操对神经系统的影响

健美操运动是在人的中枢神经系统的支配调解下进行的。反过来，通过健美操锻炼也能提高人的中枢神经系统的机能水平，对神经系统的结构和功能产生良好的影响，从而提高神经过程的强度、集中能力、均衡能力和灵活性，使人的感觉敏锐、分析综合能力增强、生命力旺盛；还可以有效地消除因用脑过度而引起的各种疲劳，缓解人的紧张情绪。另外，健美操锻炼可以提高视觉、听觉、味觉、本体感觉等感觉，可以提高视觉神经的调节机能，可以提高人对节奏的判断能力，提高人在应急时对方位、空间、高度和速度感应的准确性，以及皮肤对气候、温度、触觉和运动的敏感程度。

（五）健美操对消化系统的影响

经常参加健美操锻炼，能提高消化系统的功能。一定负荷下的肌肉运动可以消耗大量的能量物质，这就能促进肠胃对糖、脂肪和蛋白质的吸收。另外，健美操运动的髋部全方位的活动比较多，这就刺激了人体肠胃的运动，增强了消化功能，有助于各种营养物的吸收和利用，从而提高了对疾病的抵抗能力。

综上，我们可以看出，参加健美操锻炼给人以极大的快乐和精神享受，使练习者充满生机和活力。另外，练习健美操不需要严格的条件，只要有一块平整的地面，有一个简单的放音设备就可以进行。目前，健美操已成为高校师生积极参与、有效和愉快的体育活动方式之一。

三、高校健美操文化的引导教育功能

高校体育文化的内容、方式及体育文化所形成的环境，必然对师生起着直接或间接的影响。在健美操俱乐部或健美操协会组织的健美操练习中，要求每次至少不间断地持续活动60分钟以上，这是相当艰苦的，需要付出汗水和辛苦，但它能够培养学生吃苦耐劳、勇于进取、克服困难的品质，锻造学生坚韧不拔的性格。在健美操集体表演的活动中，要求练习者共同配合与协作，长期的风雨同舟可以使队员们相互理解和相互帮助，加深友谊，也可以使他们树立以集体为重的大局观。这些活动的开展与参与，加深了学生彼此间的感情与心理的沟通，融洽了人际关系，增强了集体荣誉感和团结协作精神，增强了团体的凝聚力。

四、高校健美操文化的社会功能

高校健美操文化以其特有的精神环境和文化氛围，使生活于其中的每个个体有意无意地在思想观念、行为方式、价值取向等诸多方面与既定文化发生认同，从而实现对人的精神、心灵和性格的塑造，达到社会化的目的。大学生活只是人生中的"充电"过程，大学生最终必定走向社会。那么在大学期间接触社会、与人进行交往，是他们走向社会必不可少的过程。随着我国全民健身活动的开展，学校的健身俱乐部逐渐吸引了越来越多的社会人士，于是，增加了学生与社会的接触。健美操的练习形式是许多人一起练习，必然存在着人与人交流，大家在共同的音乐伴奏下，消除疲劳，在欢乐的气氛里进行沟通，增进友谊。通过健美操的中介作用，使学生不断地认识社会、了解社会，从而为走上社会奠定基础。同时，在他们的心目中种下"只有健康、真实的生命才是真正的美"的种子。健美操以其生动而朴实的方式，教育大学生识别和鉴赏真、善、美，也引导大学生去追求真、善、美的人格境界，达到真正意义上的社会化。

五、高校健身健美操的发展创新功能

（一）健身健美操审美观念的更新

不同时代对人的审美标准是不尽相同的。在古代，强健的体质、伟岸的形体、粗犷豪放的阳刚之美是我国主要的审美观念。但发展到了如今，人们的审美标准已经发生了许多变化，这也是时代发展的必然结果。人们发现除了要有健康的体魄，还要美的愉悦之感。爱美之心，人皆有之。在对美的追求上，是不分年龄、不分层次的，年轻人可以追求朝气蓬勃之美，中年人可以孜孜不倦地追求美好生活之美，老年人则可以追求热爱生活之美，而美的元素也在学校、健身房和社区老年活动中心等地方传播。在健身健美操运动中，对美好生活的追求也得到了完美的体现，新的审美观念在提高整个民族体质的过程中发挥着不可替代的积极作用。

审美观念的提高是一个需要不断发展和完善的循序渐进的过程。例如，以前人们觉得只需要注重容貌的装饰、服装的搭配就能有美的体验，但这种美却忽视了最能展现人体美的重要因素——美的动力性。只有做到各个方面

的协调统一才能呈现出完整的美。马克思曾经说过："我们如果看到痉挛得缩成一团背弯的抬不起头的人，就会不由自主地四处张望，怀疑自己的存在，恐怕自己也消失了。但是如果看到一位非常勇敢的体育家，我们就会忘掉自己，觉得我们胜过自己百倍，天下任何事都能担得起，呼吸更自由了。"高校学生参加健身健美操，其健美的体魄，英姿飒爽的神态和高超的技巧都闪烁着生命的光辉，使观看者感受到强烈的生命活力，使人们对生活充满信心，拥有克服一切困难的勇气，同时，它还引导着人们对美好事物不断追求、探索和创新。

（二）健身健美操动作创编的创新

虽然健身健美操在我国的起步相对较晚，但丝毫不影响其快速发展的步伐，它在我国逐渐朝着动作多样化、技术规范化、比赛制度化、形式国际化等方向发展，越来越多的人被其独特的魅力和不同的风格所吸引。健身健美操在动作上虽然较为丰富，并各具特色，但它并不是单纯的自我展现，而是要完善自我。它不仅仅展现着生活，还在创造新的生活，所以健身健美操动作所体现出的是对生活的追求和创造，具有较为鲜明的创新特点。这也是健身健美操项目拥有强大生命力的重要原因。

动作的编排决定了一套健身健美操是否具有吸引力和号召力。在进行现代健身健美操动作创编的创新时，可以从以下几个方面进行。

1. 健身健美操与球类和表现难美性运动项目相结合

健身健美操不仅可以与篮球、排球、羽毛球、乒乓球等球类运动中的跳跃、伸展动作相融合，还可以借鉴体操来表现难美性项群运动项目的动作，这样不仅可以提高身体的协调性、柔韧性和灵活性，还能激发出更多新的动作形式。例如，体操中的跳跃伸展、技巧中的跪撑转身旋转等都可以用于编排动作造型。这为健身健美操动作创编的创新提供了很大的创造空间。

2. 健身健美操与武术运动相结合

健身健美操可以与武术动作中的踢腿、击掌、旋风脚、甩腰、鲤鱼打挺等分解动作相融合，这样可以形成各种风格独特的健身操，如武术健身操、搏击操等，都充分体现出英姿飒爽的气息。

3. 健身健美操与跳绳运动相结合

跳绳运动是人们非常喜爱的一类运动，特别是年轻人，他们通过各种创新跳法，使跳绳运动的内容更加丰富多彩，娱乐性也变得更强。在健美操动作创编的创新过程中，也可以融入跳绳运动的动作特点，使其动作更具生活情趣，源于生活，创造于生活。

健身健美操的创新与生活中的各种体育活动都有着紧密的联系，真正实现了从体育中来，到体育中去的健身理念。

3. 健身健美操音乐的创新

在健身健美操中，音乐是一个非常重要的因素，健身健美操动作的节奏、表演的效果与所选的音乐有着直接的关系。在大学生学习健身健美操时，音乐可以充分激发学生学习的激情与活力，体现健与美、力与新的结合。由于健身健美操是从国外引进的体育项目，所以最初所使用的音乐还是延续了迪斯科、摇滚、爵士乐等形式，刚开始接触时，使人耳目一新，强烈的节奏振奋人心，增强了健身健美操的力度与效果，但是随着我国健身健美操运动的发展，越来越需要编排出具有中国特色和民族风格的健身健美操，以反映当代社会生活及人们的心理素质、情感思想、伦理道德和审美观念等，因此我国健身健美操的音乐创新势在必行。

在为健身健美操进行配乐时，要注重对编创动作主题的体现。例如，采用腰鼓和京调的节奏配合动作的变化，可以体现出中华民族奋力拼搏的意志和精神风貌，把对力的颂扬与对美的讴歌完美地结合在一起，可在健身健美操中展现出浓郁的民族特色。只有创作出符合我国特色的健身健美操，才能使其在我国保持旺盛的生命力，跟上时代的发展步伐。

4. 健身健美操力度的创新

在健身健美操中，节奏和力度的把控是衡量参与者水平高低的重要标准，在健身健美操运动中，要求练习者的动作刚劲有力、积极迅速、力度感强。如果健美操动作绵软无力，就很难体现出健身健美操的美感，所以在力度方面，高校学生在学习过程中要大胆突破，充分挖掘自身的潜能，努力提高对健身健美操力度的掌控能力。

所谓的力度并不是说要学生去进行大运动负荷的训练，世界健美操权威简·方达最早进行了研究分析，认为要想提高身体的训练效果，必须从全面提高身体素质开始，以改善体型减缩脂肪和增强肌肉弹性目的去考虑。因此，她提出并创造了一种与轻负荷锻炼相结合的健美操，这是健身健美操创新的一个最好依据。

如果训练过程中负荷过大，就会使人在生理和心理上受到压抑，大脑皮层得不到积极休息，影响大脑神经系统的功能，也影响大脑分泌的一种对人体免疫功能有益的多肽物质——内啡肽，这就说明，在进行健身健美操力度训练时，必须消除不断加大的负重锻炼。可以这样理解，负重的健美操训练可采取"轻量"，自由调整并在一定的次数范围内达到减缩多余脂肪和增强肌肉力量及弹性的目的。

第四节　高校健美操的社会文化价值

体育文化是体育中的社会文化，体育文化是人们在体育运动中的各种因素的总和，包括物质和精神等。本节主要从社会学的角度出发，研究高校健美操的社会文化价值，考虑到健美操这项运动所具有的大众性和时代感等多种因素，主要从高校健美操的创新意识、审美意识及休闲意识来阐述高校健美操对社会文化价值的影响。

一、高校健美操对创新的影响

创新在社会活动中是一项表象活动，它是人类发展的前提，也是人类生活发展下去的需要，因为有了创新的需要，才产生了文化，而对于创新一词，不同的学者对于创新有不同的定义，《发明创造学》中，对创新定义为：在原有的基础上进行局部的创新。在《技术发明研究》一书中，多创新定义为：在某些方面或者某些应用上首次出现的事物，通常情况下包含发明及改进等。

如今我国的健美操通常情况下出现在高校的体育课及社会中的健身俱乐部等人员相对比较集中的场所，而在高校健美操运动的开展中，大多数是通过教师指导与学生自我的参与，在锻炼过程中，健美操需要学生创新动作，如对健美操的编排等。

健美操是一项主要通过人们的身体动作语言来展示自我的健身性运动。参与者在运动中可以充分地发挥想象力，发散自己的思维，尽情地享受释放想象，用肢体语言传达乐趣。在当今社会，生产的现代化使人们从原本的体力劳动转变成智力劳动。所以,智力因素对自身的长久发展以及社会的发展和进步起着决定性的作用,而影响智力的因素又是人的大脑及神经系统,拥有良好的身体状况特别是拥有良好的神经系统是发展智力的保障。

首先,健美操作为一项有氧运动,它能够保障人的大脑及身体的其他部分的氧气供应,大脑有充足的氧气供应才能健康地发育,从而为今后学习以及接受其他文化提供保障。其次,健美操的特点是运动量足、动作变化快、动作样式多,而这些都是通过大脑的协调和支配来完成的,因此高校健美操是一项比较复杂的智力和体力活动。在运动者的活动中,根据健美操的各项要求,大脑需要做出相应的应激性行为,所以健美操对大脑的协调性、灵活性以及小脑的平衡性都有着提升的作用。再次,健美操可以培养人的感知能力和注意力。最后,健美操运动可以增加人体的血液循环,为身体各部分提供充足的氧,有利于人体疲劳的消除。

人们在思维创新的基础上,发挥出对事物的能动性来进行创新。而高校健美操在系统、科学的基础上也崇尚创新,尤其在健美操的动作安排、队形的变换以及音乐的选择上表现得尤其明显,人作为创作任何事物以及文化的主体,都有着能动性的作用。健美操是以人作为主体来支配客体,并根据人主体的要求对客体健美操进行改变和创新,从而使得健美操符合自身的要求,这个过程也就是创新的过程。人之所以为人,正是因为人具有超越自然的主体性、文化性和永恒的创造能力。动物也有身体,甚至有非常美的运动形式,但动物永远不会有主动改造自己躯体的愿望和动力,也永远不会在自己的身体上创造出奇迹,更不会创造出一种人体文化。

二、高校健美操对审美意识的影响

所谓的审美是指欣赏、领会事物或者艺术的美,审美的能力可通过美育来培养,重复多次地对美进行体验,能增加对美的感受。健美操作为一项充满美感的运动,非常有利于学生形成正确的审美观,同时能提高学生对艺术美的体验。

研究表明:一些持续时间长、活动强度不是很高、有一定韵律性运动最具有美感,中等的活动强度能使的人们的生命力处于比较活跃的状态,快乐就是从活跃中产生的。人想要全面的发展离不开快乐的伴随。人的一生追求幸福是非常有必要的,而快乐就是幸福的一种表现。高校健美操是一项运动量中等的有氧运动,在健美操的运动过程中,可以让学生从机械单调的学习生活中解放出来,让学生在充满自由及没有限制的空间内,通过自由支配自己的行为进行身心的放松，消除日常学习生活产生的疲劳，消除在学习中产生的压抑感和枯燥感，使学生的生活充满色彩，让学生获得真正符合自己个性的发展空间，为以后步入社会提供有力的保障。教育家和美学家在对培养人个性的问题上，都把体育和美育当作必要的手段，认为只有将体美与德智有机结合起来，才是真正的个性培养。古希腊的哲学家、教育家柏拉图和亚里士多德在他们著作中多次提及体美结合的概念，形成一种"身心既美且善"状态。马克思在《1844年经济学——哲学手稿》中说："动物只是按照它所属那个物种的尺度和需要来进行塑造，而人则懂得按照任何物种的尺度来进行生产，并且随时随地都能用内在固定的尺度来衡量对象。"人们往往都是对比美学的要求以及规律来对事物进行改造。健美操既能满足人们对运动的休闲要求，也能满足人们对运动的愉悦身心的要求，从而打造出在社会中能正确评价美、观赏美的高素质人才。

三、高校健美操对休闲意识的影响

健美操的美感是通过主体的感官对对象的直观欣赏从而发掘出适情顺意的情感的过程。在此过程中，感觉和知觉是最重要的两个因素，虽然表面看来健美操只是单纯的感官愉快，但是其中也富含了对生命力的想象以理解等，只是理性因素以及感性因素交织在一起，感性因素占据突出的位置而已。其形式上的美感主要产生于主体和对象的同构。通过对象形式上表现出来的和谐、对称和节奏等形成与主体知觉的互相对应，从而引发陶醉等轻松的感觉、健美操形式的优美感主要表现在两个方面：音乐和舞蹈。音乐借助声音、旋律，舞蹈借助形态和表情，从而激发出学生的情趣，开发学生的想象力和联想力。

健美操是一项富含大量舞蹈动作的运动，并配以优美而又富有旋律的音乐，使得健美操极其富有表现力，人作为健美操的主体，身体作为媒介，通过极具美感的身体语言和音乐，把人的身体及心理紧密地结合起来，从而体现出富有感情和心绪的运动行为。通俗地说，健美操是一项把人自身美好的思想感情利用身体语言并配以伴奏音乐而表现出来的运动形式。健美操不论在内容还是形式上都体现了"健康有效安全"的指导思想，学生长期进行健美操运动可以陶冶情操，步入社会后能够快速适应社会的要求。同时可以在社会上传播健美操，提高全社会人的身体素质和审美感。

四、健美操对个体保健意识的影响

随着时代的发展，健美操在不断地完善，其本身作为一项体育运动项目，从产生之初即受到环境等多方面因素的影响。健美操是一项融合多元素的运动，但其核心仍是以有氧运动负荷提升人体机能为原理，结合体操、舞蹈等动作，融合瑜伽、气功等吐纳气息的方法，并与音乐进行了有效的融合，是一项风格独特的体育项目，有着浓厚的文化沉淀。

健美操的最大特点就是有氧运动，强度不大，运动量可以依据个人进行调控，对于机体的血液系统循环、机体韧性和灵活性都有益处，只要控制好练习的节奏，就可以达到良好的保健效果。尤其在生活压力巨大的当今社会，加快的生活节奏、繁重的学习负担，让学生身心都承受着较大的压力，他们需要有一项运动来调节和释放压力，健美操就是很好的选择。在动感的音乐中，练习者可以尽情地释放心理压力，并通过一定量的运动刺激，提高自身的呼吸量和总体积指数，增加心肺功能，增强机体免疫能力，同时在练习过程中，人还可以完全地抛开生活的压力，得到完全的放松，有助于个体的心理调整。

第四章 高校健美操文化建设

第一节 健美操与高校体育文化的融合

一、健美操在高校的引入与发展

健美操在高校的引入和发展是其特有的健美文化与高校的校园文化互融合互动的结果。高校是文化氛围较浓厚的地方，一般来讲，凡是人们文化素质较高的地域，他们对新事物的接受力要强一些。健美操属于新鲜事物，要接受它并不容易，并且现代健美操主要是西方文化作用的结果，要接受另一种完全不同的文化类别更是不易。因此，早期的健美操引入者颇费心思，找了高校这一很好的文化载体作为健美操进入中国的媒介，其效果非常好。健美操宣传者于20世纪80年代初先后在成都体育学院和广州体育学院以及其他的几所大学进行示范教学和宣传，其前卫性感的服饰和夸张大胆的扭臀摆胯动作配以劲爆十足的迪斯科音乐曾让许多东方老者皱眉摇头，顿足擂胸，却让现代派的年轻女性欣喜若狂，爱不忍释。因为当时正值改革开放之初，人们的思想观念还比较守旧和传统，但是任何新鲜事物的发展都不会受到最终的阻碍，健美操在高校以不可阻挡之势迅速发展起来，并席卷全国。

健美操在高校中是倍受欢迎的体育运动项目，特别是女生，她们对这个项目情有独钟，健美操以其形式活泼、内容丰富、动作简单、运动量适宜而深受广大女生的欢迎，这与健美操本身的特点有着很大的关系，因为它本身赋予人们的就是一种美的感觉和享受，参与其中的人觉得"美"，观看的人也觉得"美"，这容易给人一种形式和内容上的和谐，让不同的人产生共鸣，获得共识。这恐怕就是健美操从出现到现在历久不衰的根本原因吧。

健美操在其发展过程中，因其特殊而深厚的美学内涵吸引着广大的爱好者，使练习者乐此不疲，爱之不舍。健美操运动的发展与光大是它的爱好者长期推广的结果。

　　随着体育的不断社会化、产业化、娱乐化，以及全民健身计划的实施，高校体育成为终身体育的重要阶段。女生是高校的特殊群体，对体育的兴趣主要来源于自身和社会两方面的需要。就自身而言，女生追求健康秀美的体态和高贵典雅的气质；社会方面的需要主要体现在现代社会竞争意识和社交场合上。女生需要运动来塑造优美体形，展示个性。健美操是以健美为目的，以身体练习为内容，以艺术创造为手段，融体育、舞蹈、音乐、美学为一体的运动项目，因此深受女生的喜爱。目前体育界推崇的"终身体育思想"和"健康第一"的体育教育理念的形成极大地促进了高校体育教育的改革和发展。为此，像健美操这种极具发展潜力的运动项目是大有可为的。体育运动是严格遵循人心理和生理发展规律的活动，因此科学性显得尤为重要。科学地进行体育运动才能赋予人健康快乐和满足，反之不仅不能促进身体健康发展，还会出现很多不必要的偏差，甚至给身体带来危害。

　　健美操是在生理学、解剖学、体育美学等多学科的理论指导下进行创编的，是健与美的艺术结合体，其过程就是一种美的展示和体验。人们在人体美的体验中，培养感受美、鉴赏美、表现美和创造美的情感与能力，提高审美意识，升华精神境界，从而不断完善个性品格。在现代化的社会，人们参与社会竞争的意识越来越强，如何拥有充实的内涵、渊博的知识、积极的思想、高尚的情操和良好的形象，立足于社会，这是每个心理健康、有远大抱负的大学生必须考虑的问题。形体美不是单纯的外观轮廓线条美，还包括动态美。经过健美操训练的人无论站立还是行走的姿态都是舒展的、大方富有生气的。当然最深层、最核心的是文化教养和气质所表现出来的仪表风度。内在美与外形美的完美结合才是高层次的人体美。通过参与让大学生体会到健美操带来的形体改变以及美的体验，激发他们对美的追求。有了追求就有了行动，在自身和社会两方面的需求下，不管是现在还是将来，大学生都会自觉地进行身体训练与塑造。

　　校园体育文化对于大学生形成健美操的参与意识是非常重要的。而高校的体育文化，是高校师生在特定的环境中，根据生活发展需要，通过学校各个层面创造并共享的一种以继承和发展人类理性精神和人文精神为内容，促进学校体育运动开展，共享全民健身目的，以推动社会全面进步为使命的客观精神及其生成环境[①]。而这种体育文化是由社会、高校本身的诸多方面决定的。

---

① 卢元镇.中国体育社会学[M].北京：北京体育大学出版社.

大学生在校学习、生活的几年，正是他们思想逐渐成熟，视野逐渐开阔和身体迅速成长的关键时期。大学特有的学习活动、集体生活、校园环境都直接或间接地影响他们各方面的发展，尤其是校园特有的文化氛围，对大学生的成长会产生积极的影响。这些活动既形成了学校成才教育的良好氛围，又包含了丰富的教育因素。学生也正是通过一些积极有益的体育活动所提供的文化娱乐享受以及参与体育运动竞赛，来满足自身对校园体育文化的需要和个体身心和谐、健康发展的需要。现实中不少大学生正是被这种氛围所激发的兴趣和热情所感染，从而走上体育参与之路，积极投身于健美操运动热潮中。

高校健美操文化是在高校体育文化氛围的渲染下，以其特定的美学内涵和魅力吸引着广大的练习者，使其固有的文化得以在高校校园体育文化中蔓延开来而最终形成的。

二、健美操文化与高校文化的融合

健美操作为一种文化形态，像其他文化形态一样，一旦进入高校体育文化中，必然要受到一些冲击和影响，包括器物层面的（如体育设施）、制度层面的（如体育教学和组织的管理、规范等）或者观念层面的（如跳操时的情感体验、健身意识和运动价值观），主要作用点是体育文化中的生物群落（教职工、大学生）。同时高校特有的文化氛围也会反作用于健美操运动及文化。

当健美操作为一种体育文化进入高校之后就成为高校校园文化的一部分，在这个引入的过程中必然有一个对接和融合的过程，也就是一个链接的过程。在链接的过程中相互之间还会有一个选择和排斥的过程，包括高校对健美操运动的认同和接纳的过程，以及健美操对高校的适应、生存和发展过程，如图3-1所示。

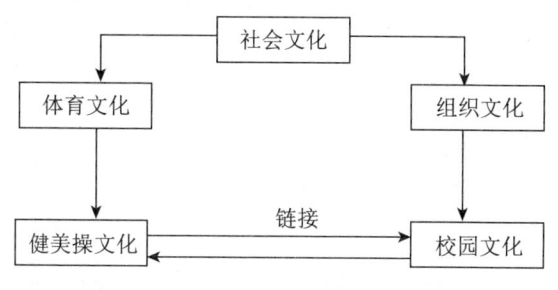

图3-1 链接过程示意图

三、健美操运动融入高校教学的历程

(一)第一阶段:发展起步期

20世纪80年代中期到90年代初期是健美操运动发展的起步阶段,受当时经济条件和社会环境的影响,健美操课程的开展比较困难。当时高校教学条件简陋、教学经费紧张,并且健美操又是集音乐、舞蹈、体操、美学于一体的新型体育项目,作为一门新课程的开设难免有阻力。后来北京体育学院率先成立了健美操研究组,创编了"青年韵律操",该操迅速传遍全国各大高校使得健美操这一运动在全国高校体育普修课程中得到了普及,使健美操真正完成了由社会运动向学校课程的转变。

(二)第二阶段:规范发展期

20世纪90年代中期到2000年是健美操运动的规范发展期。随着社会的进步和教学改革的不断深入,健美操运动得到了蓬勃发展。为推动健美操运动在全国的普及,适应健美操市场发展的需求,为大众提供更多、更好的科学健身方法,充分发挥健美操在全民运动中的作用,国家体育总局于1998年颁布了《全国健美操大众锻炼标准》(以下简称《标准》),从此各高校以此《标准》设计的一至六级规定套路动作组合为基础,进行教学部署。

(三)第三阶段:创新发展期

2000年至今,是健美操运动的提高、创新阶段。21世纪是信息知识的时代,新的观念、新的知识不断冲击着传统的健美操教学。2004年1月起,在全国执行《标准》第二套,且于2010年又颁布了第三套,高校对健美操教学模式、教学内容、教学方法、教学评估等进行了一系列改革,不断完善健美操的课程设置,形成了一套较为独特的健美操课程教学体系[1]。

---

[1] 李林.健美操对促进湖南省高校校园体育文化建设的研究[D].武汉:武汉体育学院,2013.

第二节　健美操对高校体育文化建设的影响

一、健美操激励了高校体育文化的发展和升级

高校体育文化教育内容和教育方式的相对滞后性与经济社会发展对高校体育文化教育的需求之间的矛盾是我国现行高校体育文化教育的弊端之一，而健美操的开展和应用激励了高校体育文化的创新和升级。例如，建立在团队合作基础上的团体健美操项目激励高校体育文化由自我表现型向社会合作性型转变，而这种高校体育文化导向的创新和升级与我国加强合作型创新人才培育的需求具有高度的内在一致性。

二、健美操有助于高校体育文化的创新精神培养

创新型人才培养是我国建设创新型国家的重要途径，培养创新型人才是我国高等教育的重要使命。作为一种综合舞蹈、音乐、健身、娱乐等功能于一体的体育项目，健美操动作的编排体现出高度的艺术性和创新型，只有不断进行动作创新，才能提高健美操的美感，发挥健美操强身健体的功能。因此，健美操有助于高校体育文化的创新精神培养。

三、健美操促进高校体育文化的社会化开放

随着经济社会的发展及教育全球化趋势的日益显著，高校不再是封闭的系统，而是不断通过与社会的融合发挥资源的互补性，提高人才培育的效果。随着高校开展健美操教育，特别是面向高等院校的国际、国内大学生健美操大赛的开展，促进高校不断走向社会、走向融合。在这个过程中，也伴随着高校体育文化的社会化开发，并通过开放保障高校体育文化的先进性。

四、健美操丰富了高校体育文化的内容

开展健康生动的校园体育文化活动，可以抵制低俗文化和非理性文化倾向，引导校园文化向健康方向发展，形成良好的校园体育风气。[①] 健美操锻炼是体育教育的扩展与补充，又是校园文化活动的重要内容之一。它具有很

---

① 刘铮，滕炜莹.论校园体育文化[J].体育文化导刊，2001，(4).

强的群众性、艺术性、娱乐性和创造性，是人们喜闻乐见的文化艺术活动。同时，它具有健康、活泼、高雅的娱乐功能。以自我锻炼、自我塑造、自我追求、健与美的全面协调发展而为大学生所接受。健美操这一文化艺术活动以充满时代气息的面貌进入校园，它那激烈欢快的旋律、健美有力的动作、鲜明流畅的节奏、风格迥异的展示，令人耳目一新，给大学校园注入了新的活力，给校园休闲生活增添了绚丽的色彩，提高了大学校园休闲娱乐活动的文化品位。

第三节 高校健美操文化建设的路径

一、完善高校健美操课程建设

进一步完善大学生体育选项课的课程模式，充分体现体育课程的"三自主"原则，在自主择师、自主择时方面体现出自由度，要让喜欢健美操运动的学生尽可能都选上健美操课程。并且，在健美操课程的教学过程中要充分体现因材施教的原则，鼓励开展分层教学，根据学生健美操的基础，开设不同层级的健美操选项课，使基础好的学生能够在学习过程得到更快的发展，使基础较差，但又对健美操十分热爱的学生的技术水平得到不同程度的提高，为学生终身体育奠定基础。

二、提升健美操教师队伍的专业水平

健美操教师队伍是健美操运动在高校开展的重要保障，健美操教师的专业水平、教学理念对校园健美操运动开展的质量与水平有着较大的影响，因此，要想健美操运动在高校迅速健康地发展，必须具备一批高水平的教师队伍。高校应从理论和实践两方面提高健美操教师的业务素质，为他们营造学习、深造的机会，本着走出去、请进来的思想，加强健美操教师队伍的业务提升能力，广泛开展教学研讨活动，加强组织引导，不断提高教师队伍的业务水平。

三、加强健美操场馆设施建设

体育场馆设施是体育项目开展的重要保证，从目前高校体育场馆总体情况来看，高校健美操场馆设施缺乏，严重影响大学生对健美操运动的参与热

情，很多高校健美操教学场地十分拥挤，很多场地都是其他废弃建筑物的再利用，教学环境十分简陋。因此，要想健美操运动在高校蓬勃开展就必须加强场馆设施建设，加大对健美操教学及课外锻炼场地设施建设的投入，使健美操运动场馆与场地更加规范化与标准化。

四、不断完善课余健美操竞赛机制

课余体育拥有广泛的时间与空间，定期举办校园内健美操竞赛可以进一步活跃校园体育氛围。通过竞赛的举办可以吸纳更多的学生参与其中，通过运动竞赛促使健美操运动技术、战术和体能训练的不断更新，而且举办更多的健美操赛事可以提高学生的实战能力。在课余时间举办校际、院系间的比赛也是对一个健美操队的整体实力和学生组织水平等方面的综合水平的检阅。同时，这对锻炼大学生的心理素质，提高其实战经验是必不可少的。因此，应不断完善比赛机制，宣传健美操运动，充分调动大学生的积极性。

五、加快大学生健美操社团（俱乐部）的组建

在健美操社团（俱乐部）中，大学生每次锻炼的时间长、锻炼强度大，每周锻炼频率高，锻炼效果好。因此，高校应加大对健美操社团（俱乐部）的宣传力度，通过宣传创造良好的体育锻炼氛围，吸引更多的学生加入健美操社团（俱乐部）。同时，体育管理部门应加大对体育社团（俱乐部）的扶持力度，在人力、物力方面加大投入，引导体育社团（俱乐部）向着正规化方向发展，最终实现大学生健美操社团（俱乐部）自我管理、自我约束、自我发展。

六、创新高校健美操网络信息化教育与宣传形式

创新高校健美操网络信息化教育形式。在网络信息化条件下的高校体育文化教育模式创新方面，应形成利用信息化技术和信息化平台抢占高校体育文化教育的主动权，发挥自主性，在课堂教育、主题活动、社会实践、志愿服务等传统方式的基础上，积极利用各种信息化技术和智能终端开展高校体育文化教育。也可以利用微博、网站等形式开展灵活多样的高校体育文化教育，从而丰富高校体育教育模式。

此外，可以利用网络资源，创办健美操群，在网络上宣传和展示健美操运动、探讨健美操知识、分享喜爱的视频和自拍表演视频，让健美操运动通过现代信息平台为大学生带来快乐和健康。

第二部分　高校健美操训练实践

第五章 高校健美操训练的基本理论

第一节 高校健美操训练的基本原则

一、系统性原则

系统性原则是高校学生进行健美操训练的基本原则之一。只有进行系统的训练，才能熟练掌握科学正确的健美操动作和技巧。

系统性训练原则是高校学生练习健美操的需要，是高校学生不断重复和巩固健美操动作技术的需要，是高校学生实现健美操运动技能系统化积累的需要，是高校学生取得优秀健美操运动成绩的需要。

在高校健美操训练实践中，多年系统训练和周期训练是实行系统性原则的两个重要手段。高校学生应该有明确的训练目标，同时将健美操的身体素质训练、技术训练、心理训练等结合起来，合理安排训练周期和训练负荷，使整个训练过程系统有序地进行。

二、周期性原则

周期性原则是指高校学生健美操训练的整个过程要按照各阶段的运动周期循环地进行。

高校健美操训练的周期性原则具有一定的科学依据，即竞技状态的客观规律和健美操运动技术形成的客观规律，具体表现在以下几个方面。

（一）高校学生健美操各训练周期是相互联系的

一般情况下，健美操训练的前一周期是后一周期的基础，后一周期要在前一周期的基础上获得提高，从而获得最佳的运动成绩。健美操运动训练遵循周期性，一定要重视各个周期内健美操的具体训练。

（二）高校学生健美操各训练周期是相对独立的

在健美操训练的不同周期内，由于训练的阶段不同，具体的训练任务、训练内容、训练目的、训练方法、训练手段、训练负荷等都会有所不同。在健美操周期性训练中，一定要注重各周期间的不同之处，根据具体情况进行训练，以期获得理想的训练效果。

（三）重视周期性原则的同时注意其他因素对训练产生的影响

高校学生在遵循健美操运动周期性原则时，还要注意其他因素对周期性的影响，如比赛任务、对象特点、训练环境等因素对健美操训练周期的影响，合理安排健美操训练的周期，各周期间也要做到紧密衔接，并及时根据健美操运动训练的效果对训练周期进行调整。

三、直观性原则

在高校健美操训练过程中，坚持直观性原则可以有效地提高高校大学生的训练效果，因此应予以充分重视。

在高校健美操训练实践中，直观法是一种常用的训练方法，通过教师的直观教学，可以将健美操的训练内容生动形象地传授给学生，学生可以更加容易、准确地掌握健美操的动作技术。

对于高校健美操运动的初学者来说，在训练中遵循直观性原则，可以首先观看教师的示范动作，等训练达到一定的水平之后，可采用图解、录像、语言信号、助力、固定身体姿势或慢速做动作、直接观摩优秀运动员的表演和比赛等，结合教师或教练员恰当的比喻、形象的讲解，以及教师或教练员对学生动作技术的观察分析、研究讨论，积极思考，逐步找出完成健美操动作的规律性，体会健美操动作的空间方位和肌肉用力。

四、循序渐进原则

高校学生进行健美操训练遵循循序渐进原则符合人体动作形成的客观规律。在运动技术的训练和学习中，人体结构的改变、运动能力的提高、内脏循环功能的改善，都是由于机体的神经系统通过对运动系统及其他内脏循环系统反复调节而形成的适应性反应。这种适应性的形成是一个相当复杂的协调过程，仅仅靠几次训练和练习是无法实现的。因此，高校学生只有经常坚持训练，长期积累经验，才能达到良好的训练效果。

人的体形不是一朝一夕就能改变的，高校健美操的训练也需要一个由量变到质变的过程。在训练实践中，学生运动技能提高了并不等于增强了身体素质，还有可以打破机体原有的生理平衡。因此，必须坚持循序渐进的原则，让机体在健康的状况下逐渐形成新的生理平衡。

五、持之以恒原则

高校健美操训练可以强身健体、健康减肥。因而，高校学生都希望通过健美操的训练来获得匀称的身材、优美的体态和优雅的举止，但是训练是一个枯燥的、长期的过程。一些大学生在经过一段时间的健美操训练后，发现自己的形体或体重并没有发生显著变化，就放弃了健美操训练计划。显然，这种认识和做法都是错误和不科学的。

生理学研究证明，人体是一个完整的机体，人体任何动作的完成都是在中枢神经系统的指挥下进行的，全身各组织器官之间都有着密切的联系，身体任何局部功能的改善和提高都是协调和共同运动的结果。在训练中遇到困难或没有成效就放弃，肯定不能取得预期的训练效果。而急于求成或盲目增加运动量，就会使心脏的活动超出正常负荷的限度而疲劳过度，不利于身体健康。

因此，高校学生要想通过健美操的训练拥有一个健康的身体，不坚持运动是难以达成的。最好的健身方法是坚持有规律的、经常性的训练。只有持之以恒地进行训练，才能达到增强体质和健美形体的目的。

六、区别对待原则

唯物辩证法认为，矛盾具有特殊性的特点，每种事物都有自己的特点。由于高校学生在性别、年龄、身体素质、理解能力等方面存在着很多不同，因此健美操运动的训练内容、训练方法、训练负荷等也应有所不同。高校学生进行健美操训练要充分考虑客观规律和实际情况，即要求高校学生健美操训练中遵循区别对待的原则。

区别对待原则有利于调动高校学生练习健美操的自觉积极性，也有利于教练员或教师发现和培养有前途的运动员。在健美操训练中的确存在着一些"全面"的运动员，但更多的学生还是优势和缺点并存，并且具有明显的差异性，因此在健美操运动训练中，教师或教练员要对学生的情况了如指掌，学生在自主训练时也要做到从自身的条件出发，个别对待、扬长避短。例如，在某些素质和技术上不足的学生应加强薄弱环节的训练，尽量提高运动技能。

另外，健美操运动具有众多的类型划分，且参与人数有所区别，如包括单人、混双、三人、六人项目等比赛，高校学生在训练中应认真贯彻区别对待的原则。

总之，高校学生在健美操训练中贯彻区别对待原则必须反映在训练计划及训练的始终，使训练任务、训练内容、训练手段、训练方法和运动负荷符合个人特点，切合实际。

七、合理安排原则

（一）合理安排运动负荷

健美操训练的运动负荷直接关系到健美操的训练效果。因此，在训练实践中要合理安排。运动负荷过大或不足都不能取得良好的训练效果。

一方面，如果高校学生在健美操训练过程中，训练负荷难以使学生的身体得到充分的训练，学生自身的潜力就难以充分挖掘，取得的效果也就非常微弱；另一方面，如果高校学生在健美操训练过程中承受的训练负荷强度过大，学生身体运动过度，就会对学生的身体造成一定的损伤。因此，合理的运动负荷安排是高校学生科学训练的前提和基础，是充分发挥大学生运动潜力，促进大学生合理训练，使大学生正确领悟和掌握健美操运动动作和技术的训练保证，应该引起学生及教师的高度重视。

在高校健美操运动训练实践中，合理安排运动负荷要以机体超量恢复为理论依据。根据机体超量恢复原理，结合具体的训练任务、针对不同的训练对象，逐步而有节奏地加大训练负荷，直至达到学生所能承受的最大限度的运动负荷。实践证明，在高校健美操运动训练中，逐步加大运动负荷是可行的、科学的。具体应按照"加大—适应—再加大—再适应"的过程逐步增加训练负荷。

另外，合理安排运动负荷还要贯穿到高校健美操的全年和多年的训练计划中，注意大、中、小运动量的结合，充分考虑训练对象的性别、年龄、身体素质、训练水平、意志品质、思想状态、伤病情况等因素，统筹规划安排。

（二）合理安排训练时间

高校健美操的训练时间应根据训练者的作息时间、生活规律来具体安排。同时，应在训练实践中找出适合自己的训练规律，即在训练时能很快调动起机体的兴奋性和训练后感到舒适，然后争取每次都在这个时间进行训练。定时进行训练，可以使机体产生一系列适应性变化，让身体各器官机能在训练时充分调动起来，以达到训练的最佳效果。

1. 选择最佳训练时间

高校健美操的训练应尽量安排在 15：00～18：00。这是因为，一方面午饭两小时以后，食物经过消化吸收后进入血液循环，能对组织细胞的能量代谢起到化学刺激作用，这时人体产生热量最高，能够保证健美操训练过程中机体能量代谢成倍的需要；另一方面，一天当中的该时间段内人体生物钟一般正处于最佳的状态，精力充沛，运动量可以加大。训练后，人体需要充分的营养和休息，晚饭和晚上睡眠正是对训练后体力消耗和疲劳的一种及时补充和休息，使机体肌肉增长的同时巩固训练效果。

2. 合理安排高校健美操的训练时间注意事项

（1）一个周期的训练。在训练初期，每次训练时间以 45～60 分钟为宜，每周练习 3～4 次或隔天练习一次。训练两三个月后，可结合自身的机体反应将每次训练时间增至 90 分钟。

（2）一天当中的训练。首先，如果将训练安排在饭前进行，应在训练后休息 30 分钟后再进食。以免运动时体内血液集中在运动器官而导致胃肠缺血，抑制消化。其次，如果将训练安排在饭后进行，应在饭后休息 1.5～2.5 小时再进行训练。因为进食后的一段时间内，胃肠道中食物充盈，横膈膜上顶，影响呼吸，不利于运动，同时避免剧烈运动导致集中于消化系统的血液分散到运动器官，引起消化和吸收不良。最后，如果将训练安排在晚上进行，应在临睡前 1.5～2.5 小时结束运动，以免训练引起过度兴奋影响睡眠。

（3）课时训练。一次完整的健美操训练课的内容及时间安排见表 6-1。

表 6-1　健美操课时训练内容及时间分配

健美操课程内容	训练时间分配 / 分钟
热身部分	10～15
基本有氧操	30～40
力量、柔韧素质练习	10～15
拉伸练习	5～10
放松部分	5～10

八、及时调整原则

任何事情都不是绝对的，高校健美操的训练也不是一成不变的，应根据自身的训练效果和身体状况及时对训练进行调整。

高校学生如果在进行健美操训练时感觉身体状况欠佳，有炎症或出现疲劳症状（四肢无力、疲倦、头晕、恶心、心悸等）时，应立即停止训练，不要勉强。这是因为当机体状况不好时，机体的中枢神经对身体的控制能力就会大大下降，机体对外界环境的适应能力和机体的协调关系也会出现失调现象，如果仍然勉强坚持训练，不仅不利于健身，反而会给身体健康带来不良影响。

当然，如果在健美操的训练过程中只是出现轻微的疲劳症状，可以采取休息、调整训练负荷、缩短训练时间等方法进行调节缓冲。这就要求大学生学会区分疾病性和运动性的疼痛，如果是肌肉的酸疼、胀疼则不必停止训练，应尽量坚持，做适当的调整与放松，通过超量恢复，会使机体得到进一步的改善与提高，如果是疾病性的疼痛则应立即停止练习，并及时到医院就诊。

九、全面训练与专项训练相结合原则

全面训练与专项训练相结合是高校学生进行健美操运动训练时获得最佳训练效果的需要，必须遵循。

众所周知，在人追求自身的全面发展的过程中，个体身体素质的全面发展是一个重要方面。因此，在长期高校健美操的训练过程中，应重视训练的全面性，将健美操的专项训练与身体素质的全面锻炼结合起来，把已提高的身体素质保持下来，并应用到技术训练中去，以促进身心的全面、健康发展。

一般情况下，高校健美操训练初期，身体训练的比重应多些、广些，当学生具备了一定的训练基础后，其健美操基本动作就要作为专项训练的重要手段来配合健美操运动的整体训练。

高校健美操的全面训练有多种多样的手段。在开始阶段可采用田径等项目进行全面身体练习，经过一段时间的训练后再加强与健美操专项技能的发展关系密切的内容的练习，如辅助性、诱导性及专项基本功训练等。

第二节 高校健美操科学训练的方法

一、高校健美操动作技术训练方法

（一）想象训练法

高校健美操想象训练法是指大学生在练习前通过对健美操动作技术要领的想象，在大脑中留下技术动作印象，然后在具体的训练中激活这些印象，使健美操技术动作完成得更为顺畅和正确的一种训练方法。

高校学生在运用想象训练法进行训练时，要与各种感觉相结合，即在大脑中对动作技术想象的同时，同步地与机体的各种感觉结合起来，把想象变成动作实践。想象训练法因对学生的抽象思维能力要求较高，训练实践中较少采用。

（二）完整与分解训练法

高校健美操完整训练法是指将健美操运动技术动作从开始到结束完整地进行练习，从而掌握健美操动作技术的训练方法，其优点在于帮助学生建立完整的技术动作概念，不致影响健美操动作结构的完整性，适用于较为简单或不宜分解的动作的技术训练。高校健美操分解训练法是指将一个技术动作分成若干个环节分别进行练习的方法，其优点是可以减少训练难度、增强学生学习健美操的信心，适用于复杂的技术动作及技能主导类表现难美项群的成套技术动作训练。运用完整与分解训练法应注意以下几点：

（1）一些不是很复杂的动作可先进行完整训练再进行分解训练。

（2）有一定难度的动作技术多采用先分解后完整的训练方法，但注意不要破坏动作的完整性、不影响技术动作的结构特点、不破坏动作各部分之间的有机联系。

（3）较高水平的运动技术，采用分解训练法的比例应大一些。

（4）"先分解后完整"或"先完整后分解"都不是固定的训练程序，训练实践中应根据具体的技术动作的难度、结构及大学生的心理特征等确定采用何种训练法。

（三）减难与加难训练法

高校健美操动作技术训练中以低于健美操运动专项要求的难度进行训练的方法就是减难训练法；高校健美操动作技术训练中以高于健美操专项要求的难度进行训练的方法就是加难训练法。

高校健美操减难训练法主要应用于健美操训练的初期，如在跳远训练的踏跳练习中，以弹簧板代替踏跳板；高校健美操加难训练法因对大学生的综合素质要求较高，所以在训练实践中较少。

（四）核心训练法

核心训练法是近年新兴的训练方法，主要应用于健身、健美领域，这种训练方法主要基于对体能训练中躯干肌重要作用的认识。因此，将以往主要用于健身力量训练的方法拓展到健身、健美、竞技体育领域。"核心"是一个分步、分级、分层的有机整体，这是核心训练的核心。

在解剖学上，有学者认为核心部位的顶部为膈肌，底部为骨盆底肌和髋关节肌。也有学者认为核心部位包括胸廓和整个脊柱，将整个躯干视为人体的核心区域。在功能上，一些学者将构成或提高核心稳定性的力量能力称为"核心力量"或躯干稳定力量。在健美操具体的训练实践中，肌肉的部位有深浅，动作的时间有先后，用力主动、被动与协调，并受神经、内分泌、屈伸、向心、离心等因素的影响，因此在训练中应充分考虑这些因素。

（五）功能训练法

功能训练是一种为提高专项运动能力而加强核心力量、使神经系统对机体的调节和控制更加有效的训练方法，在高校健美操训练中较少采用。

功能训练是一种训练"动作"或"姿势"的控制力和精确性活动，它不强调某一具体动作中的四肢力量的过分发展，而是重视多关节、多平面的训练，并把机体的平衡控制和本体感受纳入训练实践当中，强调全身动作的一体化和控制平衡。

二、高校健美操比赛心理训练方法

在高校健美操的比赛中，大学生运动员动作技能的发挥受心理因素的影响。因此，在日常的健美操训练中应注意对高校学生进行适当的心理干预，重视心理训练。高校健美操比赛心理训练是专门针对学生的、完成专项运动所需的心理素质的训练。大学生的心理素质得到加强和提高需通过具体的训练方法来实现，具体包括以下几种。

（一）表演训练法

高校健美操表演训练法是指让大学生经常参加各种表演活动，在实践中提高大学生的表现力和表演经验，从而达到克服在比赛中紧张、害怕的心理。高校健美操的表演训练多安排在阶段训练的后期和比赛前期。

（二）模拟训练法

高校健美操的模拟训练法是指按健美操运动的比赛条件和比赛环境专门安排的训练。该训练方法可以培养大学生运动员适应健美操运动比赛的心理状态，加强比赛中的自我控制和自我调节的能力，从而提高大学生运动员在临场比赛时的适应能力。

值得注意的是，高校健美操的模拟训练法应该贯穿高校学生平时的训练，在日常训练中适当地增加大学生运动员的心理压力，制造紧张的比赛气氛，使大学生运动员在模拟训练中及时进入角色，体验真正的健美操比赛环境中的比赛心理。

（三）念动训练法

念动训练法又称表象训练法，是运用运动表象并结合自我暗示，在运动员的头脑中重复再现过去完成的正确动作形象，回忆与再现，唤起临场感觉的训练方法。主要目的是通过多次动作表象，提高大学生运动员的表象再现能力及表象记忆能力，排除干扰，调节紧张心理，使大学生运动员的注意力集中在正确的健美操动作技术上，提高大学生运动员的心理稳定性。

高校健美操的念动训练采用的时间应在成套健美操动作训练间歇时间、睡觉前或比赛开始前。这种方法在大学生健美操运动训练中较为少见。

第三节　高校健美操训练计划的制定

一、高校健美操训练计划的制定依据

高校健美操训练计划的制定依据的选择是否得当决定着高校学生训练的

科学性和系统性是否能够得到贯彻。制订高校健美操训练计划具体应根据现实的需要、比赛的任务、学生的身体素质、伤病情况等实际情况进行。

二、高校健美操训练计划制订的过程

高校健美操训练计划的制定大体上分为三个步骤：第一，教练员或教师应该根据学生健美操运动训练的具体任务和要求，在充分分析计划制定依据的基础上制订训练计划草案；第二，教练员或教师经过对训练计划的反复研究、修改、补充，进一步确定训练计划并执行；第三，教练员或教师在执行健美操训练计划的过程中，根据客观实际及时进行修正和调整。

三、高校健美操训练计划的制定要求

高校健美操训练计划的制定应从实际情况出发，做到调查细致、内容选择确切、撰写计划的文字简练。根据不同阶段的训练任务以及训练者的性别、年龄、身体素质、技术水平、训练场地等情况进行制定，做到有针对性和可行性。

高校健美操训练计划中训练内容的安排要符合认识论的原则和训练所应遵循的各种基本原则。例如，动作应由易到难，逐渐加大训练负荷；应做到一般要求与个别对待相结合，合理安排健美操动作技术、健美操素质训练、健美操基本姿态训练的内容及比例。

第四节　高校健美操训练的注意事项

一、皮肤

大学生在进行健美操训练前，应保持皮肤的通透性，最好不要化妆，尤其避免彩妆，因为训练过程中机体大量排汗，皮肤上的化妆品不仅有损美观，还会堵塞毛孔，导致汗水无法顺利排出而引发粉刺等皮肤问题。

大学生在进行健美操训练后，一方面应及时清洁皮肤、预防感冒，避免大量出汗后受凉；另一方面可以通过洗热水澡帮助肌肉放松、尽快消除疲劳。

二、装束

在进行健美操训练之前，应摘除所有的饰物，以免在训练中丢失或对机体造成损伤。

在健美操训练过程中，最好不要披散头发，以免头发遮挡视线分散注意力，造成运动损伤。

在运动服装的选择上，首先，要选择有弹性的服装，以便于舒展动作，避免动作幅度受限；其次，最好选用纯棉面料的服装，此类服装有较好的吸汗性，不会造成训练中大量出汗，引起毛孔堵塞；最后，尽量选择色泽鲜艳的服装，以调动练习者的表现力，增强动作的活力。

有条件的大学生可以选择专门的有氧跳操鞋，如果条件不允许，也应尽可能选择大小合适、轻松柔软、具有一定弹性和透气性的鞋子。注意鞋身不宜太软，可采用半高筒式，以固定脚踝；鞋跟要具备减震、吸震功能，以吸收地面的冲击力；切忌穿高跟鞋、厚底鞋、体操鞋参加健美操训练。

袜子的穿着应以纯棉为宜，要求大小合适，切忌穿尼龙或尼龙丝袜参加健美操训练。

三、饮食

大学生参加健美操训练，必须注意训练前后的饮食卫生。一般在进食1.5～2.5 小时后方可进行健美操训练，因为胃中食物充盈时，横膈膜上顶会影响呼吸，不利于运动。在训练期间，尽量少吃脂肪、纤维素含量过高以及刺激性的食物。在饮食过程中避免病从口入。

四、环境

自然而优美的环境是进行健美操训练最理想的场所，它可以使练习者心情舒畅，提高训练效果。

健美操训练的场地不仅要考虑实用性、功能性，还要考虑安全性、舒适性。第一，健美操训练场地的地面材质以减震效果较好的木质材料的地板为宜，避免在水泥地面或其他较硬的地面上运动而造成下肢关节和软组织的损伤；第二，健美操训练场地应足够宽敞，高度应不低于 2.7 米。以免在空间上使练习者产生压迫感，使练习者呼吸不畅，影响训练效果。

健美操的训练环境的光线应明亮、柔和、不炫目。

五、生理

月经是女子的正常生理现象。一般正常女性在月经期无任何特殊症状，但由于月经期间盆腔充血及子宫血流量增多，常常会感觉下腹坠胀，腰背酸沉，乳房及手足发胀，食欲不振，有轻度神经衰弱现象。因此，女生在经期进行健美操训练应适当地采取一些特殊措施。

（1）在经期的第一、二天，应减小运动量及强度，且参加训练的时间不宜太长，以免造成月经失调。

（2）女生在经期不宜从事剧烈运动，在进行健美操训练时尽量避免练习震动强烈、增加腹压的动作。

第六章　高校健身健美操训练实践

第一节　高校健身健美操创编概述

一、高校健身健美操创编遵循的原则

（一）目的性原则

为了更有效地达到创编目的，使创编过程更具有目标性、组织性、实效性，使高校健美操的结构、动作难度、动作特点、音乐速度等创编因素符合创编意识，就必须遵循目的性原则，即以提高身体循环功能、促进骨骼与肌肉的发展、全面提高身体素质和心理健康发展为目的进行高校健身健美操的创编。

高校健身健美操应以全面提高学生的身体健康水平，发展其运动素质，改善其体形为目的进行组织与编排，同时应注意科学地安排各种动作的顺序与过渡，避免反关节运动或关节过度受压动作的出现。

高校健身健美操的创编应重视对运动负荷与运动量的监控。高校健身健美操的运动负荷与运动量一定要符合学生的身体状况和运动能力，运动量和运动负荷过大或过小都会对练习者产生消极影响。

高校健身健美操的创编要保证学生身体的各个部位都得到充分的锻炼，使学生通过健美操运动促进肌力的增加和提高各个关节的灵活性。因此，教师或教练员在高校健身健美操的创编过程中应避免局部运动量过大或参与不够，要充分动员机体的各个部位，使学生得到全面的锻炼。

（二）科学性原则

高校健身健美操的创编还应严格遵守人体运动生理解剖规律、运动负

荷曲线，并以此为依据选择创编的方法、形式、内容和技巧，提高创编的科学性，使学生科学健身。高校健身健美操的科学性原则主要表现在以下两个方面：①教师或教练员在创编健身健美操时要根据人体运动生理解剖规律安排动作顺序，使身体逐步适应运动变化，避免出现伤害机体的动作和方法；②教师或教练员在创编健身健美操时要根据人体运动负荷曲线，合理安排运动的负荷强度，以免影响练习效果，使学生在运动过程中受到损伤。

（三）全面性原则

高校健身健美操的创编要以全面发展学生的身体健康和健美的需要为前提，尽量考虑学生机体参与运动的部位，使其身体的内脏器官、各部位肌肉、韧带、关节等都得到科学而全面的发展。这就要求教师或教练员在高校健身健美操的创编过程中，使整套健美操动作能保证学生的身体得到全面发展，具体来说应做到以下几点：①对健美操动作的选择方面要趋向运动的全面性，如动作包含走、跑、跳、转体、踢腿、造型等；②使健美操动作路线的长短、曲直的搭配合理；③在创编健美操时应当考虑动作方向的上下、左右、前后、斜向变化；④重视健美操动作幅度、速度、力度等方面的大小、快慢、强弱等的对比。

（四）针对性原则

高校健身健美操创编的过程中要针对学生的特点来进行，做到因人而异、有的放矢，具体做法如下。

1. 针对不同年龄的创编

高校学生大都在20岁左右，因此教师或教练员在创编健身健美操时要突出青年人的豪迈与激情、蓬勃与朝气，所以选择的音乐的节奏要明快强劲，练习强度要大、动作幅度要大、动作力度要强。

2. 针对不同性别的创编

一方面，以高校女生为对象进行的健美操创编要适当增加肌肉力量的练习和跳跃动作的练习，健美操的动作要求舒展优美、柔中带刚、刚柔相济；另一方面，以高校男生为对象进行的健美操创编要选择和设计能体现男子的阳刚之气、豪放之情的动作，强调动作力度，展示出男子的强壮、刚劲。

3. 针对不同运动水平的创编

针对初学者，健美操创编的动作应以基础性动作为主，简单易学，避免过多的动作变化与转体类动作，运动强度中等偏下；针对有一定基础的学生，健美操的创编应着重于形体的改善、气质的培养，动作的难度应适当增大，也可以适当加入队形和风格的变化。

（五）一致性原则

将健美操的"声"（音乐）和健美操的"形"（动作）有机结合起来是高校健美操创编的客观要求。教师或教练员在创编健身健美操时，要遵循一致性原则，具体如下：①做到健美操音乐与动作的风格一致；②做到健美操动作的高潮、低谷与音乐的起伏一致；③做到健美操音乐节奏与动作节奏的一致；④做到健美操成套动作的时间与音乐的时间一致；⑤健美操是健、力、美的统一体，教师或教练员在健美操的创编中要强调美与力的结合。

（六）创新性原则

创新始终是健美操不断发展的动力，高校健身健美操的创新主要表现在以下两个方面。

1. 动作的创新

动作的创新主要是指教师或教练员在健美操的创编过程中从动作方向的变化、动作节奏的变化、动作路线的变化、成套组合动作的变化，以及造型的变化、队形的变化中寻求创新，根据人体结构的运动规律设计新颖动作。

2. 音乐的创新

在健美操的配乐中，不论是民乐、西乐、打击乐，都可以大胆地选择，以突出健美操的特色。

二、高校健身健美操创编的流程

（一）总体设计

总体设计是在创编者有了明确的创编健美操的目的、任务及充分了解练习者的具体情况后，有针对性地对整套健美操进行初步设想。为设计整个套路构建一个框架（包括整体风格、动作内容、成套操的时间、难易程度、音乐的节奏和速度、运动量和运动强度等），然后在这个大框架下进行填充。一般的高校健美操的总体设计有以下两种方法：（1）确定成套动作风格特点—构思成套动作结构—素材的选择与确定—按创编原则编排分段动作—按顺序组合成套动作—音乐的创作与剪辑—评价与修改；（2）确定成套动作风格特点—音乐的选择与剪辑—素材的选择与确定—建立基本结构—按创编原则编排分段动作—按顺序组合成套动作—评价与修改。

1. 整体风格

健美操的整体风格是练习者通过各种身体动作、动作节奏的变化，以及与音乐相一致的内在的情绪和情感的表现所展示出来的成套高校健身健美操的整体特征。

创编者在整体构思时，要先考虑所创编的成套高校健身健美操需要表现什么样的整体风格，能够给练习者留下什么深刻印象。在创编过程中，要充分考虑练习者的年龄、性别、身体素质、运动能力、个性特征等，进行有针对性的、符合实际情况的创编。

2. 动作内容

动作内容是由成套高校健身健美操的整体风格决定的。动作应能充分体现创编操的整体风格，突出大学生活力四射、朝气蓬勃的特点，可适当选用一些节奏强劲、速度快而有力、复杂多变的上肢和下肢动作作为基本内容。在具体的创编实践中，无论创编者选用什么样的动作作为基本内容，都要力求新颖、美观、大方，同时要遵循身体活动的顺序性原则，逐步地、分层次地使练习者全身得到充分和均衡的锻炼。

3. 成套健的时间

在成套健美操时间的安排上，应依据创编操的性质而定。一般的健身健美操的时间在 10 分钟左右，有的高校健身健美操也可以在 20 分钟左右，中间可以穿插一些重复性的动作。

4. 难易程度

健美操动作的难易程度要根据学生的身体素质和锻炼水平来决定。创编者可以通过一些健美操的基本步伐和简单、易操作的力量练习来测试练习者的基本身体素质。根据练习者在这些方面的表现来综合考虑动作的难易程度，尽量做到扬长避短，突出练习者的气质和特点，展示练习者的风采和水平。

5. 音乐构思

对健美操音乐的构思应根据成套高校健美操的整体风格来进行，选择与其相适应的音乐，也可待成套动作编排完成之后根据动作选配音乐，但无论选配什么样的音乐，都要求音乐能够渲染、烘托、表达创编者创编的健美操的情绪和意境，同时，使练习者在完成动作的过程中体验到健身的乐趣。

(二) 动作素材的挖掘

通常情况下，健美操创编者在素材收集工作上主要靠平时的学习与积累。当目标确定后，在创编者的素材库中，选择那些适合目标的动作。

挖掘动作素材有多种途径，创编者可以通过文字、简图、录像等方法来获得所需素材，也可以请教专家或与同行进行学习和交流，获得所需的资料。在对素材进行筛选的过程中应注意：初选的动作素材要以创编健美操的目的、任务和练习者的基本情况为依据，充分考虑练习者的接受程度。一般情况下，动作素材都源于身体各个部位可形成的动作，再形成不同形式、不同类型、不同组合的系列动作。身体动作只要不违背生理结构、符合规则，都可以纳入健美操动作的创编过程，首先找出基本动作，然后派生出许多动作而形成许多动作组合，再加上配合动作形成一系列动作，运用到成套动作中。

1. 基本动作

健美操的基本动作是高校健美操创编的主要内容，指有健美操动作特色的上肢和下肢动作及上下肢简单的配合动作，包括锻炼身体各个部位的基本动作，如头部、躯干、上肢、下肢等部位的动作。创编者可以通过观看健美操的视频、阅读相关书籍或参加专业的培训获得这些素材。

2. 过渡动作

健美操的过渡连接动作能使成套动作流畅，如行云流水。在成套健美操动作中，过渡动作起着非常重要的作用，它用以连接两个主体动作或两个动作组合，要挖掘过渡连接动作，创编者就要多观察、多实践、多创新，大胆尝试。

3. 队形设计

健美操运动过程中的队形设计是指一套健美操的队形变化方法的选编和创造。高校健身健美操的队形变化应该简单、自然、巧妙、便于操作。常用的队形有直线形、平行线形、弧线形、三角形、菱形、方形、V字形、十字形、丁字形等。创编者可以根据需要进行具体的队形设计。

（三）分段与连接

高校健身健美操创编过程中的分段创编是把全套动作的创编化整为零，以根据音乐结构创编成套动作为例讲解分段创编。创编原则建立结构的同时，应考虑音乐对结构的制约。在创编成套动作时，可以将开始和结束部分进行重点编排，再根据音乐结构创编其发展部分，确定成套动作风格特点后，再进行分段动作的编排。

1. 划分段落

一般的，应根据动作的内容将高校健身健美操大致划分为三个部分，即开始部分、主体部分和结束部分。开始部分和结束部分较短，主体部分较长，其中主体部分包括基本动作和高潮动作，划分段落的主要任务是规定每一部分的节拍、动作、情绪、表现方式等。

2. 分段组合

按照健美操编排原则，对动作素材进行创编，通常以4个八拍为一小节。每个组合由规定的若干个小节组合而成。动作与动作之间连接巧妙、过渡顺畅，将编排好的若干个组合分别放在开始、主体或结束部分，并粗略记录动作内容和大致位置。

开始部分：应简单易学，变化有规律，能使身体得到全面、充分活动，使练习者一开始就感到心情愉快舒畅，有浓厚的练习兴趣和迫切的练习欲望。

主体部分：表现成套高校健身健美操内容的重要载体。对于高校健身健美操而言，这一部分内容应使练习者达到一定运动密度和强度，有利于肌肉、骨骼、关节匀称和谐地发展，促进血液循环，加强身体新陈代谢，增强心血管系统和呼吸系统机能，有针对性地进行身体各部分的练习。主体部分的动作幅度应由小到大，难度要由低到高。

结束部分：整套健美操的结尾，一般应安排整理放松运动。动作要求简单、舒缓，动作活动范围缩小，强度相对降低，速度相对减慢，逐步减缓动作速度，缩小动作幅度，缩小动作范围，减少身体活动部位，渐渐地使心率恢复到正常状态。

3. 连接成套

把开始、主体和结束三个部分连接起来，组编成一套完整的健美操。通过让练习者进行试跳，删除、修改、替换明显不合理的动作，测试动作难易程度是否适合练习者，并最终确定整套健美操的动作内容和音乐编排。

（四）音乐的选配

音乐是健美操的灵魂，是激发创编者的创作热情，调动练习者表现欲望的重要因素。练习者在参与健美操健身的过程中，音乐节拍的强弱、节奏的轻重、音调旋律的美感、音质的动听程度与动作形象可在大脑皮层中形成一定的联系。因此，可以通过音乐加强练习者对动作的记忆和想象能力，从而达到动作自动化，并在此基础上融入练习者的情绪，激起其中枢神经系统的兴奋，使之更加完美地表现健美操动作。因此，在选配音乐时，要注意音乐与动作风格相一致，根据成套动作选配适合成套动作的音乐，使动作与音乐有机结合起来。

1. 健身健美操音乐选择的要求

（1）音乐的选择要符合练习者的特点。在健美操实践中，练习者的运动能力（速度、强度、灵活性等）的发挥受其心理特征的影响。对于不同的大学生，气质类型不同的人完成动作的风格各异，因此应根据练习者气质的特点选择、编辑音乐，使健美操的音乐符合练习者的技术水平和表现能力。同时应使音乐符合练习者的性别、体形、气质等特点。

（2）音乐的选择要突出健美操的特色。作为健美操的重要组成部分，音乐的风格可以突出个性、对练习者起到带动作用。音乐的风格受时代变化、民族、区域、环境、作者风格等因素的影响。在编排音乐时，音乐的选择应符合健美操的特点，可以根据需要在多首乐曲中选择、剪辑，但是必须考虑将几组音乐剪辑到一起后的整体效果。健美操的创编者可以通过改变音乐节奏、转换乐器等方法使音乐与动作统一起来。

（3）音乐的节拍和速度要适中。音乐的节拍和速度要适中是由健美操规则决定的，健美操音乐的速度应始终一致，并且应至少有一个8拍体现动作的节奏变化。在具体的编排实践中，就速度与节奏而言，如果时间一定，节奏与动作越复杂、越快，运动强度越大，反之越弱。创编者应根据练习者的特点来确定音乐的节拍和速度。

（4）音乐的结构和层次要完整。一套完整的健美操音乐往往是通过几个不同的音乐剪辑衔接而成的，创编者在决定取舍健美操音乐的某一部分时，不能破坏音乐的基本结构形式，而是利用它为健美操的动作和风格服务，使健美操音乐在有限的时间内塑造出有鲜明特性的音乐形象和结构特征，使健美操的音乐形象丰满、充实，让人回味。

（5）音乐过渡和衔接要自然。既然健美操的音乐需要经过剪辑，那么在健美操音乐的剪辑过程中就要特别注意在音乐的衔接处不能存在明显的痕迹或不顺畅的感觉。衔接音调要吻合，要符合乐理、乐段、乐句之间的转换。

（6）音乐时间和气氛要合理。在健美操的创编过程中还应注意两个重要的方面。第一，根据健美操规则的规定，在音乐的选编过程中，音乐必须符合规则规定的时间要求（1分45秒～1分50秒）；第二，音乐选用的气氛不同，练习者的训练效果就会有所区别。因此，健美操的创编者在选择成套音乐时一定要考虑到音乐气氛对健美操风格的烘托。

（7）音乐特效运用要恰当。特效是一种夸张的手法，音乐特效能增强节奏感，使一些细节更生动、形象，在健美操的运用中能使难度动作更具动力感，起到视觉和听觉上的冲击效果。因此，创编者要合理运用健美操的音乐特效。

2. 健美操音乐的选配方法

（1）根据动作选择音乐。高校健身健美操音乐的速度具体如下：慢速为16～18拍/10秒，中速为20～22拍/10秒。教师或训练员可将搜集好的乐曲反复试听，并分析乐曲的结构、每段的情绪是否与成套动作的幅度、活动范围、动作性质相一致，如果一致则选定该乐曲。

（2）根据音乐选择动作。教师或训练员可以对喜爱的音乐进行反复分析，对该音乐了如指掌后，就要考虑编排动作了。在编排过程中，首先应该考虑那些有代表性的、风格明显的动作，然后结合整个音乐的风格创编出与音乐相符合的健美操动作。

（五）修改与加工

高校健身健美操的创编者应把收集好的动作与音乐反复配合进行练习，从整体角度去分析成套动作，并进行相应的修改与加工。具体做法为：①分析成套健美操的路线、音乐的配合、场地的运用是否合理；②分析健美操动作的面向、角度、方向是否有利于动作的幅度和美感；③分析整套健美操高潮的形成是否自然，形式如何；④分析音乐的运用是否恰当，修改不合理的地方，使成套动作尽善尽美；⑤如果在编排中有队形的变换，分析队形的转换是否形成最佳的观赏效果。总之，创编者在健美操全套动作和音乐成型后，要不断完善、熟悉全套动作，再仔细雕琢，也可以聘请专家对成套动作进行指导，并提出宝贵意见，不断改进，直至完成成套动作的最终编排。

（六）记录

创编者在完成整套健美操的编排后，应对成套动作进行详细记录，做到图文并茂、简洁明了。记录成套动作的方法主要有以下几种。

1. 文字记录法

文字记录法通过文字描述创编健美操的总体结构和框架、高潮阶段的表现形式、动作的特点等基本情况。具体应包括描述动作的做法，练习者手臂的位置、姿态，下肢的动作细节，动作的方向、路线，队形变换，注意事项等。

2. 简图记录法

健美操的简图记录法是通过画图的方式记录健美操动作的一种方法，该方法简明、形象、容易理解，能突出健美操动作技术的特点。用简图记录动作要用线条体现动作的位置、幅度、特点，要用特殊的符号体现动作的方向、路线及与器械的关系等。

3. 录像记录法

整套健美操创编完成后，应找练习者进行试跳，拍摄录像作为历史资料，以备参考。如果是多人试跳，则应注意服装统一、画面清晰。

三、高校健身健美操创编的方法

(一) 掌握健美操编创的基本要素

一般来说，无论是教学的、表演性的还是竞技性的健美操成套动作的编排，都应掌握以下几个要素：动作、舞蹈、音乐、空间和时间。

1. 动作要素

任何一套健美操都是由健美操的单个动作组成的，单个动作又是由人体的各关节、部位（头部、肩、胸部、腰部、髋部、上肢、下肢、手型）的动作及立、卧、撑等动作和不同性质的练习所构成的。这些单个动作源于徒手体操和艺术体操，是构成单节操、组合动作或成套动作的基础，是编排成套动作的最主要的要素。

徒手体操动作是健美操最基本的内容，它由头颈、上肢、胸部、腰部、下肢等部位的屈、伸、转、绕、举、摆、振等基本动作构成。只有正确地掌握徒手体操动作，才有可能协调、准确地完成健美操动作。

身体波浪动作是艺术体操的典型动作。此外，摆动、绕环、躯干的屈伸、平衡、转体、跳步、舞步及近似技巧动作等也是健美操的内容。艺术体操的徒手练习不仅能培养练习者动作的美感，而且能有效地增强身体素质，提高协调性，增加成套动作的难度价值。

2. 舞蹈要素

健美操中的舞蹈动作吸收了迪斯科舞、爵士舞、现代舞、霹雳舞、民族舞等舞蹈的动作要素。这些舞蹈中的上下肢、躯干、头颈和足踝动作，特别是髋部动作，给健美操增添了活力。但健美操中的舞蹈动作是按照体操的特点和健美操的要求，运用这些舞蹈的外形姿态进行再创编，把体操和舞蹈融为一体，为锻炼身体的各部位而设计的。

3. 音乐要素

在创编一套健美操动作时，离不开音乐这个要素。编排必须符合该套健美操所选择的音乐的节奏和情绪，因为音乐对于健美操来说，绝不仅仅是一种音响效果和使节拍层次分明的作用。音乐表达了一定的思想情绪和意境，它能引起人们思想上的共鸣。在创编健美操时，音乐有助于确定该套健美操的风格，可以激发创编者的思维、想象，可以使其产生灵感。音乐是一套健美操的灵魂，如果抽掉这个灵魂，练习者练习健美操时就显得毫无生机和激情，健美操也就失去了价值。

4. 空间要素

空间要素主要表现在动作方向、路线和队形的变化及移动上。

（1）动作方向和路线。一套健美操成套动作中的单个动作必须用不同的方向和路线贯穿起来，表现为左右变化、高低起伏、前后移动，练习者在场地上描绘出一幅绚丽多彩的图画。方向和路线是不可缺少的重要空间要素，如果在创编时对方向和路线考虑不周，方向单一，路线单调，那么即使有再难、再美的单个动作，也不能使成套动作给人以美的感觉。

健美操动作方向的变化有上、下、左、右、前、后六个主要方向，以及前上、前下、左前、右前、后上、后下、左后、右后、左上、左下、右上、右下等12个中间方向。

（2）队形变化及移动。队形变化及移动是6人操或集体操（健身健美操）创编中不可缺少的空间要素。6人操或集体操共同完成的某一个动作必须通过某一个队形体现出来，这些队形和队形变化及移动构成了6人操或集体操独特的编排特点，有单人、混双项目所不及的更富有变化、更美的艺术性。

常用的队形有直线形、平行线形、弧线形、三角形、方形、菱形、V字形、丁字形、箭头形等。队形移动有同方向移动、反方向移动、交叉移动、顺时针移动、逆时针移动、向心移动和离心移动等。

5. 时间要素

创编一套健美操动作要求在一定的时间内完成所编的动作内容，即健美操是受一定时间制约的。在编排健身健美操动作、教学动作和表演性动作时，其时间的选择比较灵活，可长可短，取决于内容多少、难易程度、选择音乐的长短及任务需要等。而在创编竞技性健美操成套动作时则受到时间的限制。单人、混双和三人项目一套动作规定时间为1分45秒左右，前后仅有5秒的宽裕时间。所以，时间也是创编动作的要素之一。

（二）掌握健美操动作素材收集的方法

收集素材是进行高校健身健美操创编的基础和前提，创编者只有拥有了大量的动作素材，才能创编出丰富多样的健美操。对于一般的高校健身健美操教师或教练员而言，收集健美操动作素材主要有以下几种方法。

1. 观察法

观察法是指创编者通过在日常工作和生活中观察周围所存在的各种动作信息来收集健美操动作素材的方法。例如，在创编高校女生健身健美操时，可以通过观察舞蹈中展现女性美的动作，把这些动作应用到高校健身健美操的创编过程中。

2. 录像法

录像法是指创编者通过观看录像获取感性材料的方法，该方法能直观、便捷地直接获取相关项目信息。健美操创编者可以根据自己的实际需要有选择地选取相关录像材料进行观看，从中提炼动作素材。

3. 记录法

记录法是指创编者用图画或文字的形式记录下通过各种途径获得的创编素材，通过对不同动作素材的分析、比较，深刻地认识各种创编素材的内涵，从而更加合理地创编出科学的高校健身健美操。

4. 实践法

实践法是指创编者亲身体验各种项目以获取技能进行动作创编的方法。与其他收集健美操动作素材的方法相比，实践法是一种比较实用的方法，它能给初级创编者最深刻的技术动作感觉刺激，使创编者在健美操的创编过程中灵活运用动作素材。

（三）健身健美操集体项目编创方法

1. 整体法

整体法是指创编者对全套健美操动作进行整体的构思和设想。创编者对健美操的整体构思可以为整套健身健美操确定风格、时间长短、强度大小、音乐选择、动作内容等，是对健美操动作细节进行修饰、进一步完善健美操各要素的基础。

2. 分解法

分解法是指创编者对高校健身健美操所有动作部分进行创编的方法，主要包括以下三个部分：准备部分应以伸位动作为主；主体部分要始终保持跳的弹性，使整个动作达到高潮；结束部分是从运动状态过渡到静止状态，过渡要自然。

3. 协调配合法

协调配合是高校健身健美操集体项目创编的重要内容，指两名或两名以上的练习者之间的主动配合，即动作的表演或音乐的体现是通过两名或更多练习者共同完成的，包括练习者之间的身体接触和相互交流。通过优美、协调、默契的配合能更加体现出健美操集体合作的特点。

4. 队形变化法

队形是高校健身健美操集体项目创编中不可或缺的要素，新颖独特的队形设计能有效地烘托出健美操成套动作的情绪与气氛。创编者设计的队形变化应遵循运动形式美的基本法则，充分利用场地，注意队形的纵深变化和伸缩的幅度及垂直面上的不同层次的高低变化，使空间结构充实饱满，引人入胜。

第二节 高校健身健美操基础训练

一、健美操的术语

（一）健美操的基本术语

1. 场地基本方位术语

为了表明人体在健美操运动场地上所处的方位，我们一般借鉴舞蹈中基本方位的术语。把开始确定的某一边（主席台、裁判席）定为基本方位的第一点，按顺时针方向，每45°为一个基本方位，将场地划分为8个基本方位，即1、2、3、4、5、6、7、8点（图7-1）。

面朝 1 点位置为正前方，2 点为右前方、3 点为正右方、4 点为右后方、5 点为正后方、6 点为左后方、7 点为正左方、8 点为左前方。

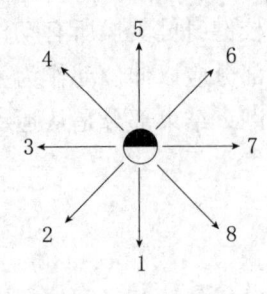

图 7-1　基本方位

2. 动作之间相互关系术语

依次：个体的肢体部位或不同个体之间相继做同样性质的动作。

同时：个体的不同部位的动作或者不同个体的同性质动作要在同一时间内完成。

交替：不同的肢体部位的动作或不同动作反复进行。

对称：左右肢体做相同的动作，但方向相反。

不对称：左右肢体做互不相同的动作。

同侧：与最初开始动作的肢体同一方向的上肢或下肢动作的配合。

异侧：与最初开始动作的肢体不同方向的上肢或下肢动作的配合。

3. 动作中连接过程术语

动作中连接过程术语是指在描述一个连续动作过程时，用于表达动作的相互关系以及先后顺序的术语。

由：动作开始的方位。例如，由内向外。

经：动作过程中经过的位置。例如，两臂经体前交叉。

接：强调两个单独动作之间连续完成。例如，团身跳接屈体分腿跳。

至：动作必须到达的某一指定位置。例如，提膝至水平位置。

成：动作完成的结束姿势。例如，左脚侧迈一步成左弓步。

4. 运动方向术语

运动方向指身体各部位运动的方向。一般根据人体直立时的基本方位来确定。

（1）基本面和基本轴。人体运动的基本面是根据人体解剖学方位来体现的，人体有三个互相垂直的基本切面：矢状面、额（冠）状面、水平面。矢状面是指沿身体前后径所作的与水平面垂直的切面，它将人体分为左右两半；额（冠）状面是指沿身体左右径所作的与水平面垂直的切面，它将人体分为前后两半；水平面则指横切直立人体与地面平行的切面，它将人体分为上下两半。

人体运动的基本轴是按照人体解剖学方位来确定的，人体有三个互相垂直的基本轴：矢状轴、额（冠）状轴、垂直轴。矢状轴：前后平伸与水平面平行，与额（冠）状面垂直的轴；额（冠）状轴：左右平伸与水平面平行，与矢状面垂直的轴；垂直轴：与人体长轴平行，与水平面垂直的轴（图7-2）。

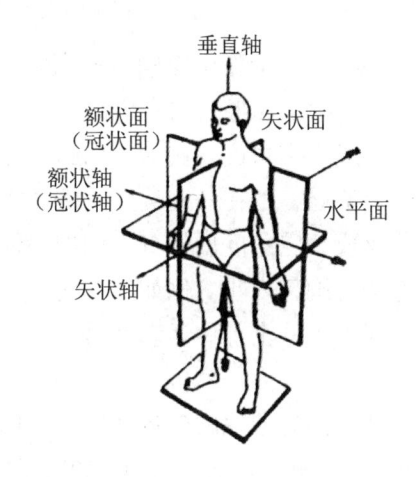

图 7-2　人体运动的基本面与轴

（2）动作方向。 基本方向是指动作与人体基本平面平行或垂直的指向。分前、后、左、右、上、下 6 个基本方向。

向上：头顶所对的方向。

向下：脚底所对的方向。

向前：做动作时胸部所对的方向。

向后：做动作时背部所对的方向。

向侧：做动作时体侧所对的方向，必须指明左侧或右侧。

顺时针和逆时针方向是根据钟表时针所走方向而定的，转动过程与时针运动方向相同为顺时针，反之为逆时针。

中间方向和斜方向。中间方向：与基本方向呈 45°的方向，如前上、前下、侧上、侧下等。中间方向的名称是由两个基本方向名称组合而成，如前下是基本方向"前"与"下"的组合。斜方向：三个互成 90° 的基本方向之间的方向，如前侧上、前侧下等。斜方向的名称是由三个基本方向名称组合而成的，为了便于理解，前两个基本方向名称可以理解为中间方向，最后一个方向名称是从中间方向向上或向下 45° 的方向。

四肢运动方向。

同向：不同肢体向同一方向运动。

异向：上、下肢体向相反方向运动。

向内：肢体由两侧向身体正中线运动。

向外：肢体由身体正中线向两侧运动。

5. 运动形式术语

运动形式术语非常多，一个动作中有的含一到两个术语，有的含有很多术语。在这里介绍常用的几种运动形式的术语。

屈：身体某一部分形成一定角度。例如，屈腿、体前屈。

举：指手背或腿向上抬起，停在一定位置。例如，臂上举、举腿。

伸：身体某一部分形成一定角度后伸直。例如，伸背、侧伸。

含：指两肩胛骨外开，胸部内收。例如，含胸。

摆：肢体在某一平面内由一个部位运动到另一个部位，不超过 180°。例如，摆臂、后摆。

撑：指手和身体某部分同时着地的姿势。例如，仰撑、跪撑。

绕：身体某部分转动或摆动 180° 以上（360° 以上称绕环）。例如，绕髋、肩绕环。

踢：腿由低向高做加速有力的摆动动作。例如，剪踢、弹踢。

推：以手作用于地面或对抗性用力。例如，推起、前推。

提：由下向上做运动。例如，提臀、提肩。

挺：一般指胸部或腹部向前展开。例如，挺胸、挺腹。

振：身体某部位弹性屈伸或加速摆。例如，振胸、振臂。

蹬：腿部由屈髋、屈膝到伸直发力的过程。例如，蹬地、侧蹬。

倾：指身体与地面形成一定角度。例如，前倾、左倾。

交叉：肢体前后或上下交叉成一定角度。例如，十指交叉、交叉步。

转体：绕身体纵轴转动的动作。例如，单脚转体、水平转体。

平衡：用一只脚支撑地面，身体保持一定的静止姿态。例如，侧控腿平衡、燕式平衡。

水平：身体保持与地面平行的一种静止动作。例如，分腿水平支撑、水平肘撑。

跳跃：双脚离地，身体腾空并保持一定的姿势。例如，团身跳、开合跳。

劈叉：两腿分开成直线着地的姿势。例如，横叉、纵叉。

（二）健美操的专门术语

在基本术语的基础上，更加凸显健美操动作或技术性质、类别确切含义的词汇称为专门术语，主要包括基本手形、基本步伐、动作强度、难度动作、动作表现形式术语。

1. 基本手形术语

立掌：手掌用力上屈，五指自然弯曲。
并掌：五指伸直，相互并拢。大拇指微屈，指关节贴于食指旁。
开节：五指用力伸直，充分张开。
剑指：食指、中指并拢伸直，其余三指相叠。
响指：无名指与小指屈握，拇指与中指、食指摩擦后，中指击打大鱼际处产生响声。
V指：食指、中指伸直分开，其余三指相叠。
拳：握拳，拇指在外，指关节弯曲，紧贴于食指和中指。
芭蕾舞手型：五指微屈，后三指并拢，稍内收，拇指内扣。

2. 基本步伐术语

踏步（March）：主要有原地踏步、踏走步等动作。两腿原地依次抬起，依次落地；手臂前后自然摆动。
走步（Walk）：踏步移动身体。
并步（Step Touch）：一脚迈出，另一脚随之并，拢屈膝点地，再向反方向迈步。
漫步（Mambo）：一脚向前迈出，屈膝，重心随之前移，另一脚稍抬起，然后原地落下。
一字步（Easy Walk）：一脚向前一步，另一脚迈步并于前脚，然后再依次还原。
V字步（V Step）：一脚向左（右）前迈一步，另一脚随之向右（左）

前侧方迈步，呈两脚开立。屈膝，然后依次退回原位。

跑步（Jog）：两腿经过腾空，依次落地缓冲，两臂屈肘摆钟，要求小腿向后屈膝。

侧交叉步（Grapevine）：一脚向侧迈一步，另一脚在其后交叉，随之再向侧迈一步，另一脚并拢，屈膝点地。

脚尖点地（Touch Tap）：一腿稍屈膝站立，另一腿伸出，脚尖点地，然后还原到并腿姿势。

脚跟点地（Heel）：一腿稍屈膝站立，另一腿伸出，脚跟点地，然后还原到并腿姿势，只可做向前和向侧的脚跟点地。

迈步点地（Step Tap）：一脚向侧迈一步，两腿经屈膝移重心，另一腿再向前、侧或后用脚尖点地。

迈步后屈腿（Step Curl）：一脚迈出一步，另一腿后屈，然后向反方向迈步。

吸腿（Knee Up）：一腿屈膝抬起，落下还原。

踢腿（Kick）：一腿稍屈膝站立，另一腿抬起，然后还原。

摆腿（Leg Lift）：左腿屈膝支撑，右腿向左前方摆动，接着向右后方摆动。

半蹲（Squat）：两腿有控制地屈伸，可分为并腿半蹲和分腿半蹲。

弓步（Lunge）：两腿前后分开，两脚平行站立，蹲下，起来。

提踵：（Calf Raise）：两脚跟提起，脚跟落下时稍屈膝。

弹踢腿（跳）（Flick）：一腿站立（跳起），另一腿先后屈，然后向前下方弹踢，还原。

后屈腿（跳）（Curl）：一腿站立（跳起），另一腿向后屈膝，然后放下腿还原。

并腿跳（Jump）：两腿并拢跳起。

分腿跳（Squat Jump）：分腿站立屈膝半蹲，向上跳起，分腿落地屈膝缓冲。

3. 动作强度术语

在健美操运动中，脚接触地面的动作强度不同，身体所承受的冲击力大小也不同，动作按强度主要分为以下三种。

（1）无冲击力动作。无冲击力动作（Non-Impact Moves）指两脚始终接触地面，身体重心在两脚之间，没有腾空的动作。无冲击力动作一般指双脚弹动、半蹲、弓步、提踵等动作。

（2）低冲击力动作。低冲击力动作（Low Impact Moves）指始终有一脚接触地面所做的动作，包括踏步类、点地类、迈步类、抬腿类等动作。

（3）高冲击力动作。高冲击力动作（High Impact Moves）指腾空动作，对身体有一定的冲击力，包括迈步起跳类、双脚起跳类、单腿起跳类、跑步类等动作。

4. 难度动作术语

在健美操运动中，尤其是竞技健美操，其难度动作目前共有300多个，按照不同的性质分为四类：俯撑类、支撑与水平类、跳跃类、平衡与柔韧类。这些难度动作中绝大多数都是以常规术语来描述的，如分腿支撑、单臂单腿俯卧撑、团身跳转180°、搬腿平衡前倒成纵劈腿等。另外，也有一些难度动作具有特有的术语名称，主要有以下九种：

科萨克跳（Cossack jump）：双脚同时起跳，双腿膝关节并拢平行于地面，一腿屈膝。

剪式变身跳（Scissor sleapt/2turns）：单脚起跳，转体180°变换腿展示纵叉姿态。

直升机（Helicopter）：分腿坐后倒，两腿依次做绕环后成俯撑。

开普（Capoiers）：单臂支撑侧水平劈腿。

依柳辛（Ilyusin）：由站立开始，一腿后摆在垂直面内绕环，同时身体以支撑腿为支点转体360°。

剪踢（Scissors Kick）：单脚起跳，一腿踢至水平面上，腾空后剪刀式交换大踢。

分切（Cut）：以俯卧撑开始，双手推起后，分腿摆跃，臀部吸起前穿。

给纳（Gainer）：站立开始，一腿向前摆动使整个身体腾空并平行于地面，腾空后双脚并拢。

文森（Wenson）：膝关节内侧放于肘关节处的地面支撑动作。

5. 动作表现形式术语

节奏：指动作的用力强弱交替出现，并遵循一定的规律。

幅度：指动作展开的大小，一般是根据动作经过的轨迹而定，轨迹越大，幅度越大。

力度：指动作的用力程度，通常以肢体的制动技术来体现力度。

风格：是一套健美操动作表现的主要艺术特色和思想特点。

弹性：健美操中所指的弹性是指关节自然地屈伸，给人一种活力、轻松、自然的感觉。

二、高校健身健美操基本动作训练

（一）头颈部动作训练

1. 屈

头部向前、后、左、右四个方向分别做颈部关节弯曲的运动，包括前屈、后屈、左侧屈、右侧屈。注意身体正直，做动作时应缓慢，充分伸展颈部肌肉。

2. 转

头保持正直，然后头颈部沿身体垂直轴向左、右转动90°。注意下颌平稳地左右转动。

3. 环绕

头保持正直，然后头颈部沿身体垂直轴向左或右转动360°，两动作一致，方向相反。注意转动时头部要匀速缓慢，不要过快。动作要到位，向后转时头要后仰。

（二）肩部动作训练

1. 提肩

双腿开立，身体保持正直，然后肩部沿身体垂直轴向上提起。动作变化包括单提肩、双提肩。注意尽可能向上提起，提肩时身体不能摆动。

2. 沉肩

双腿开立，身体保持正直，然后肩部沿身体垂直轴向下沉落。动作变化有单肩、双肩下沉。注意尽可能向下沉落，沉肩时身体不能摆动，头尽量往上伸展。

3. 绕肩

双腿开立，身体保持正直，然后肩部沿身体前、后、上、下四个方向进行绕动。动作变化包括单肩环绕、双肩环绕。注意绕肩时身体不能摆动，动作要尽量大，舒展开。

（三）上肢动作训练

1. 基本手型

合掌：五指并拢伸直。
分掌：五指用力分开，手腕保持一定的紧张程度。
拳：五指弯曲紧握，大拇指压在食指弯曲部位。
推掌：手掌用力上翘，五指自然弯曲。
西班牙舞手势：五指用力，小指、无名指、中指自掌指关节处依次弯曲，拇指稍内扣。
芭蕾手势：五指微屈，后三指并拢，稍内收，拇指内扣。
一指式：握拳，食指伸直或拇指伸直。
响指：拇指与中指摩擦与食指打响，无名指、小指弯曲至握。

2. 举

以肩关节为中心，手臂进行活动。动作包括前举、后举、侧举、侧上举、侧下举、上举等变化。注意动作到位，有力度。

3. 屈

肘关节由弯曲到伸直或由伸直到弯曲的动作。动作包括胸前平屈、肩侧屈、肩上侧屈、肩下侧屈、胸前上屈、头后屈等。注意关节做弹性的屈伸。

4. 绕、绕环

双臂或单臂以肩为轴做弧线运动。动作包括双臂或单臂向内、外、前、后绕或环绕等变化。注意路线清晰，起始和结束动作位置明确。

（四）躯干动作训练

1. 胸部动作

（1）含胸、挺胸。含胸时，低头收腹，收肩，形成背弓，呼气；挺胸时，抬头挺胸，展肩，吸气。动作有手臂胸前平屈含胸、手臂侧平举展胸等变化。注意含胸时身体放松，但不松懈；挺胸时，身体紧张但不僵硬。

（2）移胸。移胸时，髋部位置固定，腰腹随胸部左右移动。动作可以有左右移动变化。移胸时，腰腹带动胸部移动，动作要尽量大。

2. 腰部动作

（1）屈。腰部向前或向侧做拉伸运动。动作变化包括前屈、后屈、侧屈。注意充分伸展，运动速度不宜过快。

（2）转。腰部带动身体沿垂直轴左右转动。动作变化有迈步移动重心与转腰运动结合。注意身体保持紧张，腰部灵活转动。

（3）绕和环绕。腰部做弧线或圆周运动。动作变化包括与手臂动作相结合进行腰部绕和环绕。注意路线清晰、动作圆润。

3. 髋部动作

（1）顶髋。双腿开立，一腿支撑并伸直，另一腿屈膝内扣，上体保持正直，用力将髋部顶出。动作变化包括双手叉腰顶髋：左顶、右顶、后顶、前顶。注意动作用力且有节奏感。

（2）提髋。髋部向上提。动作变化包括左提、右提。注意髋与腿部协调向上。

（3）绕和环绕。髋部做弧线或圆周运动。动作变化包括左、右方向进行绕和环绕动作。注意运动轨迹要圆滑。

（五）下肢动作训练

（1）直立、开立。身体直立，再打开双腿，做开立动作。注意直立时要抬头挺胸；开立时，脚的间距约与肩宽相等。

（2）点立。先直立，再伸出一条腿做点立或双腿提起做提踵立。动作变化包括侧点立、前点立、后点立、提踵立。注意动作要舒展。

（3）弓步。直立后，大步迈出一腿，做屈腿动作。动作变化包括前弓步、侧弓步、后步。注意步子迈出不能太小，当然也不能太大。

（4）踢。双腿交换做踢腿动作。动作变化有前踢、侧踢、后踢。注意动作要干净利落。

（5）弹。双腿进行弹动动作。动作变化有正弹腿、侧弹腿。注意双腿要有弹性。

（6）跳。做各种姿势进行腿部练习。动作变化有并腿跳、开并腿跳、踢腿跳。注意跳时要有力度和弹性。

三、高校健身健美操基本技术训练

健身健美操基本技术包括弹动技术、半蹲技术、落地技术和身体控制技术。

（一）弹动技术

健美操的弹动技术是健美操重要的基本技术之一，能体现健美操的最基本特征，也是用以区别健美操与其他运动项目的重要因素之一。

健美操的弹动性主要依靠踝关节、膝关节、髋关节、肘关节、肩关节及脊柱的屈伸来完成。它的主要作用是减少运动对关节的冲击力，从而减少运动对人体造成的损伤。练习时注意肌肉的收缩与放松要有控制，保持肌肉的紧张度，使动作富有弹性、节奏均匀，避免动作过分僵硬和关节的过度伸展。在屈伸的过程中，腿部的肌肉要协调用力才能有效地防止损伤并完成流畅的弹动动作。

（二）半蹲技术

事实上，在健美操练习过程中，每一个动作都需要半蹲技术，因为无论是落地缓冲技术，还是弹动技术，都是和半蹲动作联系在一起的。

健美操的半蹲技术为：半蹲时，身体重心下降，臀部向后下45°方向用力；膝关节不应超过脚尖，腰腹、臀部和大腿肌肉收缩，上体保持正直，重心在两腿之间，起落要有控制。

分腿半蹲时，脚尖自然外开，应特别注意膝关节弯曲的方向要与脚尖的方向一致，避免脚尖或膝关节内扣或过度外开，避免膝关节角度小于90°的"深蹲"。

(三)落地技术

健美操的落地技术主要指落地缓冲技术。落地缓冲的主要目的是使身体尽可能地保持稳定,同时减少地面对关节、肌肉的冲击力,以避免造成运动损伤。

健美操的落地技术为:落地时,由脚跟过渡到全脚掌或由前脚掌过渡到全脚掌,然后迅速屈膝、屈髋缓冲。所有动作在瞬间依次完成,用以缓解地面对人体的冲击力。

(四)身体控制技术

在整个健身健美操动作的运动过程中,身体应该保持自然挺拔、头部稍稍昂起的姿态,颈椎、胸椎、腰椎处于正常生理曲线的位置,立腰,两肩张开,并始终保持腰腹和背部肌肉收缩,避免因腰腹部位的摆动和无控制而可能引起的腰部损伤。四肢应避免无控制地"过伸"。

总之,健美操练习过程中的身体姿态取决于肌肉用力的感觉和程度,总的动作感觉应是:有控制但不僵硬,松弛时不松懈。

第三节 高校轻器械健美操训练实践

一、绳操的训练方法

(一)绳操概述

绳操是练习者伴着音乐伴奏,持绳的两端,或将短绳对折或三折(绳绷直),通过上肢的举、屈、伸、绕环、转肩,躯干的屈、伸、绕、绕环转体,下肢的踢、屈、伸、摆越绳、跳跃及全身平衡等动作,以达到锻炼身体、消耗脂肪、愉悦身心等目的的一种有氧健美操锻炼方法。

绳操对绳的要求比较高,具体来说,绳有棉质、麻质、棉麻混合材质及塑料材质。单人用绳长 2~2.3 米,双人和三人用绳长 2.5~3 米,专门用来跳长绳的绳长 5~7 米。

绳操具有健美操的所有特点,上、下肢运动均衡,并可根据练习者的体能情况调节。它作为软器械可用于一些限制性练习,如拉伸等。同时,由于大部分动作是跳跃，能更有效地增强心肺功能，具有明显的减脂瘦身功能。绳操是一项有氧运动，适宜的人群较为广泛，是一种非常受现代人喜欢的改变形体的健身运动项目。

绳操具有较为广泛的群众基础，简单易行，主要表现在：第一，绳为软器械，可折叠，方便携带，同时价格低廉，适合广大的健身人群；第二，练习者可根据自身的身高和实际需求来选择绳的长短、练习形式和练习方法，可以选择以发展心肺功能、提高下肢的弹跳能力和身体耐力为主的跳绳练习，也可以选择以提高身体协调性和柔韧性，改善形体为主的绳操；第三，练习内容简单易学，安全有效，又不受场地条件的限制，实用性强。

（二）绳操的基本技术

绳操的基本技术主要包括摆动、绕环及跳绳。

1. 摆动

双手或单手握绳头，以肩为轴前后或左右摆动绳。摆动时肩放松，力量均匀，以控制绳形不变。

2. 绕环

双手或单手握绳头，以肩、肘或腕为轴在身体各个面上做各种绕环。在做绕环动作时，需要注意的是：绕环面要准确，绳不能触及身体。

3. 跳绳

跳绳分为双脚跳、单脚跳、抬腿跳等，可做向前摇、向后摇、双摇、交叉摇等跳跃动作。跳绳时需要注意的是：双臂自然伸直，以手腕为轴摇绳，跳起时要轻松有弹性，落地时应有缓冲。

（三）绳操动作组合

1. 预备姿势

双手持四折绳于体前直立（以下所有动作以先出右脚为例）。

2. 第一个八拍

1～2拍：右脚向右做并步，同时两臂前平举并还原。

3～4拍：左脚向左做并步，同时左臂前上举，右臂前下举持绳并还原。

5～6拍：右脚向右做并步，同时两臂经上举至肩侧屈并还原。

7～8拍：左脚向左做并步，同时两臂经上举并还原。

3. 第二个八拍

1～2拍：右脚向右前方迈出1步，左脚脚尖点地，同时两臂上举。

3～4拍：左腿并右腿同时两臂向后绕至下举。

5～8拍：同1～4拍动作，反向相反。

4. 第三个八拍

1～2拍：右脚向右侧1步并向右移重心，同时双手分别持绳头向右摆动绳并还原。

3～4拍：同1～2拍动作，方向相反。

5～8拍：右脚向右侧变换步同时两臂向右经上、左至右绕环一周。

5. 第四个八拍

1～4拍：右脚开始跑跳步同时左手握双折绳头（两个头），右手握绳中段在体侧以右手腕为轴做向前的小绕环。

5～8拍：下肢动作同上，同时左手于右胸前，右臂上举以右手腕为轴做水平小绕环。

6. 第五个八拍

1～4拍：右腿、左腿依次向前弹踢，同时双手分别握绳头做体侧"8"字绕环。

5～8拍：后屈腿跳，同时做4次体侧"8"字绕环。

7. 第六个八拍

1～4拍：高抬腿前摇跳。

5～8拍：后屈腿前摇跳。

8. 第七个八拍

1～4拍：高抬腿交叉前摇跳。

5～8拍：后屈腿交叉前摇跳。

9. 第八个八拍

1～8拍：同第五个8拍中的1～4拍。

10. 第九个八拍

1～4拍：右脚开始向前走4步，同时左手于右腰间，右臂上举以肘为轴绕绳（绳缠身）。

5～8拍：右脚开始向后退4步，同时左手于右腰间，右臂上举以肘为轴绕绳（放绳）。

11. 第十个八拍

1～4拍：左脚开始向左走4步，同时转体360°，双手握绳，头上摆动一周。

5～8拍：右脚开始向右走4步，同时转体360°，右手握两绳头，左手握在绳中段将绳四折，还原至预备姿势。

二、哑铃操的训练方法

（一）哑铃操概述

哑铃操是在徒手健美操的基础上，手持哑铃进行身体练习的一种体育锻炼形式。哑铃又称手铃，根据材质和制作手法等的不同，大致分为三种：木制或者铁制的哑铃、健美操用的外有软包装带护把的哑铃和不带护把的哑铃。

由于哑铃的材质不同，其重量也会有一定的差异。练习者一般根据自己的上肢力量来选择1磅、2磅或3磅重的。握把长度为10～12厘米，直径为3厘米左右，铃头直径为5～7厘米，圆形或圆柱形，护把的半径为4厘米左右。哑铃为短双器械，练习者两手各握一哑铃，动作灵活，不会受到限制。

哑铃操正确的握铃方法为：四指并拢环握握把，拇指握压在食指第一指关节上，握护把的四指应从半圆形护把中穿过，使护把套在手背处，然后握住握把。

哑铃操具有非常重要的作用和意义，具体来说，主要表现在两个方面：第一，由于哑铃本身有一定的重量，所以对发展上肢各部位关节的柔韧性、灵活性和肌肉的控制能力有较强的作用；第二，利用音乐配合哑铃操锻炼能够提高练习者的兴趣，使其降低疲劳感，提高身体的协调性。

（二）哑铃操的基本动作

1. 腿部动作

在哑铃操中，腿部的基本动作主要有提哑铃前冲、举哑铃蹲立。

（1）提哑铃前冲。双手各提一个哑铃放在身体的两侧，尽量让哑铃贴近身体。直立，保持背部平直，挺胸、收腹，骨盆略向前，双肩向后绷紧。

1～2拍吸气，同时右脚向前迈一大步。双脚脚尖向前，屈右膝使右膝的位置与右脚脚后跟和脚趾的中间位置处于一条假想的直线上。

3～4拍屈左膝，使其停在离地面5厘米处。

5～8拍呼气，同时收右腿并利用脚后跟发力，使自己直立起来。交换腿重复练习15～20次，共3组。

在做提哑铃前冲动作时，需要注意：要使脚后跟、足踝骨、大腿和臀部保持在一条直线上。这样可以使膝盖和后背避免因压力过重而受伤。

（2）举哑铃蹲立。双手各提一个哑铃放在身体的两侧，直立，保持背部平直，挺胸、收腹，骨盆略向前倾，双腿分开，脚尖向前，微微屈膝，膝盖和脚保持在一条直线上。两眼直视前方，将握在手中的哑铃举过肩部，屈肘。

1～4拍吸气，同时屈膝并慢慢向下蹲，将身体的重量放在足踝骨上，同时挺胸并保持背部平直，使自己的膝盖和脚处于一条直线上，两腿处于平行状态。

5～8拍呼气，同时慢慢站直，双臂放回身体的两侧，并继续保持背部平直，而且脚后跟不离地。反复练习10～20次，共4组。

在进行举哑铃蹲立的动作时，需要注意两个方面：一方面，不要让自己的蹲立高度超过椅子的高度；另一方面，动作过程中脚后跟不离地。

2. 肩部动作

哑铃操的肩部动作主要有双臂两侧平举哑铃、双臂两侧上举哑铃。

（1）双臂两侧平举哑铃。双腿分开站立，保持背部平直，挺胸、收腹，骨盆略向前倾，微屈。双手分别放在两条大腿前面，紧握哑铃，掌心相对，微微屈肘。

吸气，同时双臂分别以半圆形的弧度由下至上地向身体的两侧平伸出去，使双臂保持在与肩部齐平的一条直线上，要尽量使腕关节始终保持平直的状态。稍停2秒再呼气，同时将哑铃慢慢地放回到大腿前面的位置。

在做双臂两侧平举哑铃动作时，需要注意两个方面：一方面，哑铃的重量要适宜，动作不要太快；另一方面，腕关节要始终保持平直。

（2）双臂两侧上举哑铃。双腿分开站立，与肩同宽，双手放在身体两侧各提一个哑铃，举到与肩平齐的位置，掌心朝前，挺胸收腹，背部平直，吸气。

呼气，同时将哑铃举过头顶并让手臂伸直（但要微微屈肘）。稍停2秒再吸气，同时将哑铃降到与肩部平齐的高度，反复练习15～20次，共3组。

在做双臂两侧上举哑铃动作时，需要注意的是：在举哑铃时要保持背部的平直，如果使背部向后倾斜，有可能拉伤背部肌肉。

3.背部动作

哑铃操的背部动作主要有提哑铃耸肩、屈身提哑铃。

（1）提哑铃耸肩。双手分别放在身体的两侧，手中各提一个哑铃，分腿直立，微屈膝，挺胸、收腹，骨盆略向前，双眼向前看。

吸气，同时慢慢地耸起双肩，并向后转动，同时尽量使哑铃贴近身体，保持这一姿势2秒，再呼气，同时慢慢地落下双肩，反复练习20～25次，共3组。

在做提哑铃耸肩动作时，需要注意的是：练习时不要驼背，要收胯，注意使头部与脊柱保持在一条直线上。

（2）屈身提哑铃。双脚分开，比肩稍宽，脚尖朝前，从臀开始向前屈身，双手紧握哑铃吸气。

呼气，同时慢慢地将哑铃提向腹部上方并保持背部平直，保持这一姿势2秒，再吸气，同时慢慢地将哑铃放到地上，反复练习10～15次，共3组。

在做屈身提哑铃动作时，需要注意两个方面：一方面，在过程中一直保持屈膝状态；另一方面，哑铃重量要控制好。

4.胸部动作

哑铃操的胸部动作主要有平躺向两侧举哑铃、抬膝平躺屈臂举哑铃。

（1）平躺向两侧举哑铃。平躺在长凳上，收腹，使身体形成一个四方形，双手握哑铃，并将它们提到胸部附近上举，两脚分开并平踩在地上。

吸气，同时将双臂分别伸向身体的两侧，然后屈肘，双臂和肩部、胸部保持在同一水平位置，保持这一姿势2秒，再呼气，同时慢慢地让双臂一起回到胸部上方，反复练习8～10次，共3组。

在做平躺向两侧举哑铃动作时，需要注意的是：平躺的头部和脊椎骨要保持在一条直线上，并使后背紧贴在长凳上。

（2）抬膝平躺屈臂举哑铃。双手各提一个哑铃，放在大腿的前面，脸朝上向后平躺在长凳上，尽量保持背部的平直，使身体形成一个四方形，收腹。

将两个哑铃举到胸部的上方，再屈肘，并让双肘分别位于身体的两侧。吸气时双臂慢慢地伸过头顶，然后让双肘弯曲向下成45°角，并使握在手中的两个哑铃指向地面；呼气，同时慢慢地将两个哑铃举回胸部的上方，反复练习10～15次，共3组。

在做抬膝平躺屈臂举哑铃动作时，需要注意的是：在运动时不要让双肘弯曲的程度过大，以免使自己受伤。

（三）原地哑铃操

1. 第一节

第一个八拍：

1拍：左臂胸前屈，手贴右肩。

2拍：右臂胸前交叉屈，拳心向内。

3拍：左臂内旋至侧上举，拳心向前。

4拍：右臂内旋至侧上举，拳心向前。

5拍：双臂经侧至下举，击铃1次，同时屈膝成半蹲。

6拍：双腿伸直，同时两臂经侧至上举，击铃1次。

7拍：双腿屈膝成半蹲，同时左臂侧举，掌心向前，右臂胸前平屈，拳心向内。

8拍：双腿伸直成开立，同时右臂经前摆至侧举，拳心向前，左臂胸前半屈，拳心向内。

第二个八拍同第一个八拍动作，方向相反。

第三个八拍：

1拍：右臂肩上侧屈，拳心向前，左臂不动。

2拍：左臂内旋前伸至前举，拳心向下，右臂不动。

3 拍：右臂拉至肩上前屈，拳心向内，左臂不动。

4 拍：左臂肩上前屈，两肘相对。

5 拍：双肘上提至胸前平屈。

6 拍：双腿屈膝成半蹲，同时双臂以肘为轴向侧摆至侧举。

7 拍：双腿伸直成开立，同时左臂侧上举，拳心向外，右臂摆至侧下举，拳心向下。

8 拍：在臂向下摆至侧举，右臂向上摆至侧举，两拳心向下。

第四个八拍同第三个八拍动作，方向相反。

2. 第二节

第一个八拍：

1 拍：向左转体 90°，同时右臂摆至左侧举，两手掌心相对。

2 拍：向右转体 90°，同时右臂拉至胸前平屈，拳心向内。

3 拍：右臂以肘关节为轴向侧摆至侧举，拳心向前。

4 拍：双臂摆至上举，拳心向前。

5～6 拍：右膝内旋向左顶髋两次，同时两臂胸前屈向右侧摆，拳心向内。

7 拍：同 5～6 拍动作，方向相反，顶髋一次。

8 拍：还原成开立，同时两臂侧举，拳心向前。

第二个八拍同第一个八拍动作，方向相反。

第三个八拍：

1 拍：双臂前拳，拳心相对。

2 拍：双臂摆至上举。

3 拍：双臂侧上举，拳心向前。

4 拍：双腿屈膝成半蹲，同时双臂经侧绕至胸前平屈。

5 拍：双腿伸直，重心移至左腿，右脚侧点地，同时左臂摆至侧上举，拳心向外，右臂摆至侧上举，拳心向下。

6 拍：同 4 拍动作。

7 拍：同 5 拍动作，方向相反。

8 拍：重心移至双腿，成开立，同时双臂摆至下举。

第四个八拍同第三个八拍动作。

3. 第三节

第一个八拍：

1~2拍：重心向左移至侧弓步，同时左臂侧举，拳心向下，右臂不动。

3~4拍：重心移至右腿成侧弓步，同时左臂经上摆至上举，拳心向外，上体右侧倾，右臂不动。

5~6拍：重心移至左腿成侧弓步，同时左臂拉至肩上侧屈，拳心向外，右臂摆至侧上举，拳心向外，上体左侧倾。

7~8拍：重心移至右腿成侧弓步，同时右臂摆至胸前平屈，左臂内旋伸至前举，拳心向下。

第二个八拍：

1~2拍：重心移至左腿成侧弓步，同时双臂前举，掌心相对。

3~4拍：重心移至右腿成侧弓步，同时双臂外旋侧摆振胸1次至侧拳，拳心向前。

5~6拍：重心移至左腿成侧弓步，同时双臂向上摆至上举，拳心向前。

7~8拍：重心移至双腿成分腿开立，同时双臂经侧还原至下举。

第三个八拍同第一个八拍动作，方向相反。

第四个八拍同第二个八拍动作，方向相反。

4. 第四节

第一个八拍：

1~2拍：重心移至右腿，左脚侧点地，同时左臂肩上前屈向右侧上方摆，身体左侧屈，右臂不动。

3~4拍：重心移至左腿，右脚侧点地，同时左臂伸直经下绕至上举，拳心向内，上体右侧屈，左臂不动。

5拍：身体不动，右臂侧举，拳心向前。

6拍：身体不动，双臂头上屈，击铃1次。

7~8拍：还原成开立，同时双臂经侧还原成下举。

第二个八拍同第一个八拍动作，方向相反。

第三个八拍：

1拍：双腿屈膝成半蹲，同时左臂向右绕至肩上侧屈，拳心向内。

2拍：双腿伸直成开立，同时向右转体90°，左臂向前冲拳，拳心向下，右臂不动。

3拍：向右转 90°，同时双腿屈膝成半蹲，左臂向上摆至上举，拳心向前。

4拍：双腿伸直，同时左臂经侧还原成下举。

5～8拍：同 1～4 拍动作，方向相反。

第四个八拍：

1拍：重心移至左腿成侧弓步，同时左臂肩侧举，拳心向内。

2拍：重心移至右腿成侧弓步，同时左臂伸至侧上举，拳心向外，上体右侧屈。

3拍：重心移至左腿成弓步，同时左臂头后屈，拳心向内，右臂侧举，拳心向前。

4拍：重心移至两腿中间，成开立，同时双臂经侧还原至下举。

5～8拍：同 1～4 拍动作，方向相反。

5. 第五节

第一个八拍：

1拍：重心移至左腿成侧弓步，同时左臂肩上侧屈，拳心向内，右臂摆至左前下举，拳心向内。

2拍：重心移至两腿中间成开立，同时右臂拉至肩上侧屈，拳心相对。

3～4拍：同 1～2 拍动作，方向相反。

5拍：上体前屈，同时双臂侧举，拳心向下，抬头挺胸。

6拍：上体抬起，同时双臂摆至体前交叉，拳心向内。

7拍：同 5 拍动作。

8拍：还原成开立，同时双臂下举。

第二个八拍：

1拍：上体左前侧屈，同时双臂上举屈臂，拳心向下。

2拍：上体移至右前侧屈，手臂动作同 1 拍。

3拍：上体抬起，同时双臂腰侧屈，拳心向上。

4拍：同预备姿势。

5～8拍：同 1～4 拍动作。

第三个八拍：

1～2拍：双臂侧举，拳心向前。

3～4拍：双臂上举交叉，右臂在前。

5～6拍：重心移至右腿，左脚尖侧点地，同时上体左侧屈，手臂不动。

7拍：重心移至左腿，右脚尖侧点地，同时上体右侧屈，手臂保持不动。

8拍：上体还原，同时双臂上举，拳心向前。

第四个八拍同第三个八拍，方向相反。

6. 第六节

第一个八拍：

1拍：左脚向前一步，右脚后点地，同时双臂向前冲拳至交叉前举，右手在上，拳心向下。

2拍：左腿支撑，右腿前踢，同时双臂侧举后振，掌心向前。

3拍：同1拍动作。

4拍：左脚并于右脚成直立，同时双臂置于腰际，拳心向上。

5~8拍：同1~4拍动作，方向相反。

第二个八拍：

1拍：左脚前出一步，右脚后点地，同时双臂经前摆至侧上举，掌心向内。

2拍：左腿支撑，前踢右腿，同时双臂摆至前下举，腿下击铃。

3拍：右腿后迈一步，同时双臂经侧摆至上举，击铃1次。

4拍：左腿并于右腿成并立，同时双臂经侧还原至下举。

5~8拍：同1~4拍动作，方向相反。

第三个八拍：

1拍：左脚侧出一步成开立，同时双臂前举，拳心相对。

2拍：右腿向侧踢，同时左臂上举，拳心向前，右臂下举，拳心向内。

3拍：右腿侧迈一步，同时右臂肩上侧屈，拳心向前，左臂经前摆至体侧，拳心向内。

4拍：左腿并于右腿成并立，同时双臂还原成下举。

5~8拍：同1~4拍动作，方向相反。

第四个八拍：

1拍：左脚向右脚前迈一步，同时双臂向左侧摆，拳心向后。

2拍：左腿支撑，右腿屈膝向右侧踢，同时双臂经上向右侧摆臂，拳心向前。

3拍：右腿落于左腿后侧，同时双臂经上摆至左侧举，拳心向前。

4拍：左脚并于右脚成并立，同时双臂还原至下举。

5～8拍：同1～4拍，方向相反。

7. 第七节

第一个八拍：

1～2拍：左脚向侧一步，同时右腿向右屈扣顶左髋，弹振两次，左臂肩侧屈，拳心向内，右臂伸至上举，拳心向内。

3～4拍：同1～2拍动作，方向相反。

5拍：同1～2拍动作，右臂摆至侧举，拳心向前。

6拍：同5拍动作，方向相反。

7拍：向左顶髋，同时双臂上举，拳心向前。

8拍：左脚并于右脚成并立，同时双臂经侧摆至下举。

第二个八拍：

1拍：左脚向侧一步，向左顶髋，同时左臂侧举，拳心向前。

2拍：向右顶髋，同时左臂摆至胸前平屈，拳心向内。

3拍：向左顶髋，同时左臂上举，拳心向前。

4拍：向右顶髋，同时左臂侧举，拳心向前。

5拍：向左顶髋，同时左臂头后屈，拳心向前。

6拍：向右顶髋，同时左臂伸直上举，拳心向前。

7拍：向左顶髋，同时双臂前举，拳心向下。

8拍：重心移至两腿中间，成开立，同时左臂摆至下举。

（四）跑跳哑铃操

1. 第一节

预备姿势：直立，双臂屈肘置于腰际，拳心相对。

第一个八拍：

1～3拍：左脚开始原地走三步，手臂保持不动。

4拍：右脚并于左脚成预备姿势。

5拍：左脚侧伸，脚跟点地成右腿屈侧弓步，同时双臂经侧摆至上举击铃1次。

6拍：右腿伸直，左脚并于右脚成并立，同时双臂经侧还原成下举。

7拍：同5拍动作，方向相反。

8拍：还原成准备姿势。

第二个八拍：

1～4拍：左脚开始，原地走四步，同时双臂保持预备姿势。

5拍：左腿后伸，脚尖点地，成右腿屈前弓步，同时双臂以肘为轴伸至后举，拳心相对。

6拍：左脚并于右脚成并立，同时双臂以肘为轴拉至腰侧屈，拳心相对。

7～8拍：同5～6拍动作，方向相反。

第三个八拍：

1～4拍：左脚开始，原地走四步，同时手臂保持预备姿势。

5拍：左腿向前高抬，同时双臂经肩侧屈至上举，拳心相对。

6拍：还原成并立，同时双臂拉至腰侧屈，拳心相对。

7～8拍：同5～6拍动作，方向相反。

第四个八拍：

1～4拍：左脚开始，原地走四步，同时手臂保持预备姿势。

5拍：跳成分腿开立，同时双臂摆至侧举，拳心向下。

6拍：跳成并立，同时双臂摆至体侧成下举。

7～8拍：同5～6拍动作，方向相反。

2. 第二节

第一个八拍：

1～3拍：左脚开始，向前走三步，同时双臂前后自然摆动。

4拍：右脚并于左脚成并立，同时双臂伸直置于体侧。

5拍：右腿屈膝，左腿侧伸，脚尖点地成侧弓步，同时两臂经体前交叉绕至上举，头上交叉，左臂在前，拳心向前。

6拍：左脚并于右脚成并立，同时双臂经侧绕至体前交叉，右臂在前，拳心向内。

7拍：同5拍动作，方向相反。

8拍：还原成准备姿势。

第二个八拍：

1拍：左脚侧出一步成开立，同时双臂侧举，拳心向下。

2拍：右脚经左脚后向左迈一步，同时两手置于腰际，拳心向上。

3拍：同1拍动作，方向相反。

4拍：右脚并于左脚成并立，同时双手置于腰际，拳心向上。

5～8拍：同1～4拍动作，方向相反。

第三个八拍同第一个八拍动作，但1～4拍向后行进。

第四个八拍同第二个八拍动作。

3. 第三节

预备姿势：直立，双臂屈肘置于腰际，拳心相对。

第一个八拍：

1拍：跳起成分腿蹲立，同时左臂内旋向前冲拳至前举，拳心向下。

2拍：跳起成并立，同时左臂外旋拉至腰际，同预备姿势。

3拍：同1拍动作，方向相反。

4拍：同2拍动作。

5～7拍：跳起左脚向右跑三步，向左转体360°，同时双臂前后自然摆臂。

8拍：跳成并立，同预备姿势。

第二个八拍同第一个八拍动作，但5～8拍向右转体360°。

第三个八拍：

1拍：跳成分腿开立，同时双臂侧举，拳心向下。

2拍：跳成并立，同时双臂摆至体侧成下举。

3拍：跳成左弓步，同时双臂摆至左侧上举，拳心向下。

4拍：同2拍动作。

5～8拍：同1～4拍动作，方向相反。

第四个八拍：

1拍：跳起成右侧弓步，同时双臂经前拉至左臂侧举，拳心向前，右臂胸前平屈，拳心向内。

2拍：跳起成并立，同时双臂摆至体侧成下举。

3拍：跳起成左侧弓步，同时双臂经前摆至左臂肩上侧屈，拳心向前，右臂侧举，掌心向前。

4拍：同2拍动作，双臂经侧还原。

5拍：跳起成分腿开立，同时双臂摆至前举，拳心向下。

6拍：跳起成并立，同时双臂摆至体侧成下举。

7拍：跳起成分腿开立，同时双臂摆至侧举，拳心向下。

8拍：同2拍动作。

4. 第四节

第一个八拍：

1拍：上半拍右腿微屈，前吸左腿，同时双臂保持下举动作；下半拍右腿蹬直跳起，同时左腿向前弹踢。

2拍：左脚落地，腿微屈，同时前吸右腿。

3拍：同1拍下半拍动作，但弹踢右腿。

4拍：同2拍动作，方向相反。

5拍：同1拍动作。

6拍：跳成屈膝并立，同时向右转体90°。

7拍：左腿蹬直跳起，同时向右转体90°，右腿向前弹踢。

8拍：同4拍动作。

第二个八拍同第一个八拍动作，两个八拍共转体360°。

第三个八拍：

1拍：上半拍右腿微屈，侧吸左腿，同时双臂右侧摆；下半拍右脚蹬直跳起，同时，左腿向侧弹踢，双臂向左侧摆，拳心向内。

2拍：左腿落地微屈，侧吸右腿，同时双臂自然下摆。

3～4拍：同1～2拍动作，方向相反。

5拍：同1拍动作，唯左臂位下摆至侧举，拳心向下，右臂经侧摆至肩上侧屈，拳心向内。

6拍：同2拍动作。

7拍：同5拍动作，方向相反。

8拍：还原成准备姿势。

第四个八拍：

1～4拍：左脚开始，原地跑3次，同时双臂前后自然摆动。

5拍：并腿屈膝成半蹲，右髋向前摆，同时左臂摆至胸前平屈，拳心向内，右臂摆至侧举，拳心向前。

6拍：同5拍动作，方向相反。

7拍：同5拍动作，唯左臂摆至上举，右臂摆至侧举，拳心向前。

8拍：同7拍动作，方向相反。

5. 第五节

第一个八拍：

1～3拍：左脚开始，向前走3步，同时双臂前后自然摆臂。

4拍：右脚并于左脚成直立，同时双臂屈肘置于腰际，拳心相对。

5拍：左腿前伸，脚跟点地成右腿屈后弓步，同时双臂向前上冲拳至交叉前上举，拳心向外。

6拍：左脚并于右脚成并立，同时双臂屈肘置于腰际，拳心相对。

7～8拍：同5～6拍动作，但方向相反。

第二个八拍：

1拍：左脚向侧出一步成开立，同时双臂摆至侧举，拳心向下。

2拍：右脚经左脚后向左侧迈一步，同时双臂摆至体侧。

3拍：同1拍动作。

4拍：向左转体90°，左腿屈，右腿在左脚旁点地，同时双臂屈肘置于腰际，拳心相对。

5拍：左腿保持不动，右腿后伸点地，同时左臂向左上方冲拳，拳心向外。

6拍：左腿保持不动，右腿收至左腿旁点地，同时右臂拉至肩上侧屈。

7拍：同5拍动作。

8拍：向右转体90°，同时右脚并于左脚成并立，双臂摆至体侧成下举。

第三个八拍同第一个八拍，方向相反。

第四个八拍同第一个八拍，但1～4拍向后行进。

6. 第六节

第一个八拍：

1拍：跳起成分腿开立，同时双臂摆至胸前平屈，拳心向下。

2拍：跳起成并立，同时双臂经体前摆至下举。

3拍：跳起成开立，同时双臂经侧摆至上举，击铃1次。

4拍：跳起成开立，同时双臂摆至胸前平屈，拳心向下。

5拍：跳起向左转体90°前弓步，同时左臂摆至侧举，拳心向下，右臂摆至侧上举，拳心向外。

6拍：跳成并立，同时双臂摆至胸前平屈，拳心向下。

7拍：同5拍，方向相反。

143

8拍：跳成并立，同时双臂摆至下举。

第二个八拍：

1拍：跳起成开立，同时双臂经侧摆至上举，拳心向前。

2拍：跳起成右腿支撑，左腿后掖腿，同时双臂拉至肩侧屈，前臂外张，拳心向外。

3～4拍：同1～2拍动作，方向相反。

5拍：跳成分腿开立，同时双臂内旋，向侧下方冲拳至体前交叉举，拳心向内。

6拍：跳成并立，同时双手置于腰际，拳心相对。

7拍：跳起成分腿开立，同时双臂内旋，向前冲拳至前举，拳心向下。

8拍：跳成并立，同时双臂摆至体侧成下举。

第三个八拍：

1拍：上半拍双膝微屈；下半拍跳起成分腿开立，同时左臂摆至侧上举，拳心向前，右臂摆至侧下举，拳心向后。

2拍：跳成并腿蹲立，同时双臂经侧摆至下举。

3拍：同1拍动作，方向相反。

4拍：同2拍动作。

5拍：跳起向左转体90°，右腿后举，同时左臂摆至前上举，拳心向内，右臂摆至侧举，拳心向后。

6拍：跳起向右转体90°，成并腿蹲立，同时双臂经侧摆至体侧成下举。

7～8拍：同5～6拍动作，方向相反。

第四个八拍：

1拍：跳起成分腿开立，同时双臂胸前交叉屈，拳心向内。

2拍：跳起成并立，同时双臂摆至体侧成侧下举。

3拍：跳起成分腿开立，同时双臂经侧摆至上举，拳心向前。

4拍：跳成并立，同时双臂经侧还原至下举。

5拍：跳起前吸右腿，同时双臂经侧摆至侧上举，拳心向外。

6拍：跳成并立，同时双臂经侧摆至体前交叉，拳心向后。

7拍：同5拍动作，方向相反。

8拍：跳起成并立，同时双臂经侧摆至下举。

三、健身球操的训练方法

（一）健身球操概述

健身球操是一种新兴、有趣、特殊的体育健身运动。1963年健身球操最早出现在瑞士，因此也称为"瑞士球"。健身球当时只是作为一种康复医疗设备。之后，健身球又被传到澳大利亚、美国、欧洲等国家和地区用来治疗颈椎、腰背、膝盖、肩部酸痛和神经紊乱等疾病，以提高病人的平衡能力。由于健身球在纠正体态、提高肌肉力量、促进身体平衡、康复功能等方面的显著作用，20世纪70年代这项运动被逐渐推向社会，成为一种新兴的健身项目。

20世纪80年代以来，健身球逐渐开始在理疗诊所和康复中心普及，一些运动队也把它当成提高运动员平衡能力、预防运动损伤的训练工具。健身球走进健身房后逐渐为大众所接受。

健身球传到中国的时间并不长，只有一二十年的时间。1999年健身球出现在上海等大城市的健身中心，2001年开始进入广州的各大健身房，如今北京的一些健身俱乐部也纷纷开设了健身球课程。这种颜色鲜艳的大球越来越受到健身爱好者的欢迎。

（二）健身球操的基本动作

1. 适应性动作

在进行健身球操的练习之前，要进行一些动作练习来逐渐适应健身球操的力度和方式，具体来说，适应性的练习主要包括坐球、躺球和跪球。

（1）坐球。坐球是熟悉健身球的第一步。先把球置于靠近墙的位置，双腿尽量分开坐在球的正上方，而耳、肩、臀应在一条线上，做到上述要求以后，可以让球远离墙壁坐球。

（2）躺球。躺这个动作是许多胸部及臀部练习的重要组成部分，这个动作可以很好地锻炼人的臀部、腿部及后背部。双腿尽量分开坐在球的正上方。慢慢把腿前移，将球移至肩部，让臀部抬起与地面平行，颈部与头部很舒服地放在球上，感觉身体平放于平面上。

（3）跪球。跪球这个动作是高级平衡的开始阶段，自信并有效地完成这个动作是发展高级平衡的前提。双腿分开站在球前，轻轻地将双膝置于球上，并把双手放在球的上方，把球慢慢前移直到脚离开地面，尽量在上面平衡足够长的时间。

2. 稳定性动作

稳定性动作主要包括屈伸肩带、伸展肩带肌、背肌练习、背部伸展、臀部的抬伸练习、单腿稳定蹲坐、稳定蹲坐。

（1）屈伸肩带。像做俯撑一样把膝盖放在球上，双手扶地、夹臀、头与脊柱保持水平，让肩胛尽量展开再收缩。

（2）伸展肩带肌。使膝盖在球上，而手在地面，动作有点像俯撑，臀部不要下垂；让头部与脊柱平行，让肩带尽量往远处伸。

（3）背肌练习。腹前部置于球上，手与脚分别在前后置于地面，让脚离地并控制。

（4）背部伸展。俯卧于球上，脚尖触地并尽量分开双腿，双手置于体侧，抬起胸部使其离开球并将手翻转使手掌心朝上，尽量让肩胛骨靠拢。

（5）大腿根、臀部的抬伸练习。躺在地上，双脚放在球上，双手置于体侧，手心向下，抬起臀部，让脚、骨、肩在一条直线上。

（6）单腿稳定蹲坐。站在离墙 1～2 米处，把球放在下背部与墙之间，提起一条腿并让大小腿的夹角成 90°，慢慢下蹲，直到支撑腿大腿与地面平行，双手侧平举。

（7）稳定蹲坐。站在离墙 1～2 米处，然后转身把球放在身体下背部与墙之间，人往下蹲直到大腿与地面平行，膝盖对准脚尖方向，保持这个姿势，手不要放在大腿上，而是伸展在体前。

（三）健身球操组合动作

本组合共有 32 个 8 拍的动作。

预备动作：侧立，双手抱球于体前，面向 7 点方向。

1. 组合动作一（4×8 拍）

第一个八拍：

1～2 拍：左右脚依次原地踏步，一拍一动，同时双臂抱球前平举。

3～4 拍：脚同上，右转 90°，手还原。

5～8 拍：脚同上，同时两臂上举，还原。

第二个八拍：

1～4拍：左右脚依次原地踏步，同时双臂抱球，依次自左侧平举，之后还原，向右侧平举，之后还原，一拍一动。

5～8拍：左右脚依次原地踏步，同时双臂抱球从左侧开始绕环一周。

第三个八拍：

1～4拍：左脚向侧点地，还原，同时双臂抱球于右斜上方举，还原，两拍一动。

5～6拍：左脚向侧并步跳，同时双臂抱球从右侧开始绕环一周。

7～8拍：右脚并左脚。

第四个八拍同第三个八拍动作，方向相反。

2. 组合动作二（8×8拍）

第一个八拍：

1～2拍：双手持球放于地上。

3～4拍：左手拨球滚至身后，球贴近身体。

5～8拍：左脚向侧迈一步成马步，坐于球上，两拍一动。

第二个八拍：

1～8拍：左右手臂依次从体侧至上举，之后还原，两拍一动。

第三个八拍：

1～4拍：左脚伸直侧点地，左臂上举，右手扶腿，向右稍侧屈，还原。

5～8拍：同1～4拍动作，方向相反。

第四个八拍：

1～8拍：左右脚依次提踵，同时左右肩依次提肩，两拍一动。

第五个八拍：

1～8拍：双脚同时提踵，同时双肩向上提肩，两拍一动。

第六个八拍：

1～8拍：含胸时双臂胸前交叉，展胸时两臂向后振臂，手心向上。

第七个八拍：

1～4拍：向左右依次撅臀，同时带动球滚动，双臂侧平举。

5～8拍：臀部从右往左绕环一周，同时带动球滚动，双臂从前开始往后绕环。

第八个八拍同第七个八拍动作，方向相反。

3. 组合动作三（5×8 拍）

第一个八拍：

1～8 拍：坐于球上，向左慢慢移动身体，面向 7 点方向。

第二个八拍：

1～2 拍：双臂于体后侧触球。

3～4 拍：伸直两腿。

5～8 拍：双手于体侧撑地，同时身体后倒，躺于球上，控制平衡。

第三个八拍：

1～8 拍：左腿慢慢地向上抬起，之后还原，4 拍一动。

第四个八拍同第二个八拍动作，方向相反。

第五个八拍：

1～4 拍：双腿屈膝半蹲，带动球往前移动，球贴于后背，同时双臂胸前屈。

5～8 拍：仅腿伸直，带动球往后移动，躺于球上，同时双臂侧半举。

4. 组合动作四（5×8 拍）

第一个八拍：

1～2 拍：双手于体侧扶球。

3～4 拍：双腿收回成马步，同时身体慢慢抬起。

5～6 拍：身体立直。

7～8 拍：坐于球上。

第二个八拍：

1～4 拍：左腿前抬，同时右臂前平举，还原，两拍一动。

5～8 拍：同 1～4 拍动作，方向相反。

第三个八拍：

1～4 拍：左腿侧抬，还原。

5～8 拍：同 1～4 拍动作，方向相反。

第四个八拍：

1～8 拍：坐于球上慢慢向右移动身体，右转 90°，面向 1 点方向。

第五个八拍：

1～2 拍：直立。

3～4 拍：左脚并右脚，左手扶球。

5～6拍：半蹲，用左手拨球滚至体前。

7～8拍：两臂抱球，直立。

5. 组合动作五（8×8拍）

第一个八拍：

1～4拍：向前走4步，同时慢慢降低身体重心，同时双臂抱球从腹前慢慢上举。

5～8拍：同1～4拍动作，方向相反。

第二个八拍：

1～8拍：左右脚依次向侧迈出一步，或马步，双臂抱球侧举，两拍一动。

第三、四个八拍同第一、二个八拍动作。

第五个八拍：

1～4拍：左脚向侧迈出一步同时向后顶髋，右脚并左脚，同时双手抱球左侧前举，之后收回于体侧，一拍一动，面向7点方向。

5～8拍：左右脚依次原地做登山步，同时双臂抱球依次左右侧斜下举，面向1点方向。

第六个八拍同第五个八拍动作，方向相反。

第七个八拍：

1～4拍：右脚向左斜45°方向，行进间侧摆腿跳两次，同时双臂抱球于侧上，还原，一拍一动，面向8点方向。

5～8拍：左右脚依次原地做登山步，同时双臂抱球依次左右侧斜下，两拍一动，面向1点方向。

第八个八拍同第七个八拍动作，方向相反。

6. 组合动作六（2×8拍）

第一个八拍：

1～2拍：左脚向后侧一步成右弓步，同时双臂抱球前上举，面向3点方向。

3～4拍：左脚并右脚，同时双臂抱球于腹前，面向1点方向。

5～8拍：并腿半蹲，双臂持球头上举，之后收回。

1～2拍：面向3点方向，3～4拍面向1点方向。

第二个八拍同第一个八拍，方向相反。

第四节 高校特色健身健美操训练实践

一、有氧搏击操的训练实践

（一）有氧搏击操概述

1. 有氧搏击操的起源与发展

有氧搏击操（Kickboxing Aerobics）也常被称为跆搏（Taebo），起源于美国，是有氧健美操中的一个重要项目。它最大限度地吸取了拳击运动能耗大的特点，将拳击、散打、空手道等一些动作组合为基本内容，在音乐的伴奏下，进行的有氧锻炼。这一项目在传入亚洲后，又与东方的跆拳道、武术等动作的特点相结合。它的独到之处是使人在节奏清晰的音乐伴奏之下和英姿飒爽的拳脚之间进行身体锻炼，使锻炼在原有的科学、安全有效的基础上更具独有的特性与魅力。有氧搏击操创造了一个新的健身概念，增强乐趣和力量，燃烧脂肪，最重要的是具有很好的减脂健身效果，它可以使身体的各个部位尤其是腰、腹、臀等容易堆积脂肪的部位的形体很快得到改善。

有氧搏击操的步伐和姿势是由一系列的自我防卫动作演变而来的。例如，手臂动作主要借鉴了拳击的动作特点，腿部动作则以跆拳道的腿法为基本动作。有氧搏击操是由美国著名运动员比利·布兰克斯创造的，他曾获得7次空手道世界冠军，并创办了第一家"跆搏"形体锻炼俱乐部，在他的影响下，有氧搏击操越来越受到健身爱好者的欢迎，并很快风靡世界。

随着人们生活水平的提高和健康意识的增强，许多健身项目被人们认识。而有氧搏击操更是在十几年的推广和传播过程中，改变了人们心中健美操"女性化"的传统观念，越来越多的男性开始加入跳操的行列，尽情地挥洒着激情，为健美操运动增添了阳刚之气。近年来，有氧搏击操也成为健身房里的热点健身项目之一。

2. 有氧搏击操的特点

（1）科学安全，全面健身。有氧搏击操属于有氧运动中的一种，它可以科学地锻炼和提高人体的各个循环系统的功能，使机体保持健康并增强抵御疾病的能力。同时，它可以有效地消耗能量，减少体内多余的脂肪，从而达到减肥的目的。有氧搏击操的强度适中，可以有效控制运动量，在动作的选择上也遵守增进健康和避免伤害的原则。在进行搏击操练习时，只需臆想出对手，并没有面对面的搏击，提高了锻炼的安全性。

有氧搏击操既可以进行手臂、躯干、腿法等部位的分解练习，也可以进行综合套路的练习，虽然动作较为简单，但是也需要动用身体的各个部位参与，如直拳动作：首先通过右脚蹬地，将力量传递到大腿，再经过腰部转动将力量传递到胸、肩、手臂，最后才到拳。这就说明了有氧搏击操起到了全面健身的作用。

（2）简单易学。有氧搏击操动作：上肢以拳击中的直拳、摆拳、勾拳为主，再加上肘部、掌等动作；下肢以膝踢、弹踢、侧踢、后踢为主。这些动作不仅直观，而且要求也只限于用力的顺序与用力的正确位置，并不要求像拳击、搏击竞赛于实战中那样快速准确，因此，一般人都能够完成这些练习。此外，它不强调复杂的动作组合，而且运动中的变化特别是方向变化也较少，加之教学多采用分解及慢速的方法，这就更有利于练习者掌握动作。

（3）挑战性与娱乐性相结合。有氧搏击操伴随着强劲有力的音乐，练习者在教练员的带动下，激发热情，做出刚劲有力的动作。有氧搏击操在练习过程中会伴有整齐嘹亮的呐喊声，使整个课堂气氛变得异常火热。也使得练习过程更加娱乐，将许多具有挑战性的动作学习变得轻松愉快。当面对假想的敌人，投入激情时，练习者可以从中得到"挑战"的乐趣和获取胜利的喜悦。

3. 有氧搏击操的功能

（1）有益身心健康。有氧搏击操以有氧练习为基础，注重健身的全面性，能全面锻炼练习者的心肺功能和运动素质。持续进行有氧搏击操练习，可以提高速交感神经系统的兴奋性，促进相关腺体的分泌，对心血管系统和呼吸系统机能的改善有积极的影响。在有氧搏击操中，许多动作的幅度较大，可使肌纤维反复牵拉，增加肌肉的柔韧性和弹性。其灵活多变的移动，也可以提高机体的灵敏素质。在练习过程中，快速有力的踢、踹等动作可提高机体的协调性、平衡感和身体耐力，从而改善人体的综合健康水平。

（2）塑形美体。有氧搏击操的动作丰富多变，要求准确快速地做出踹腿、出拳、转腰等各种动作，还要求有爆发力，因此可使上下肢得到充分锻炼，雕塑出优美的肌肉线条。有氧搏击操中，动作几乎都要求腰腹在一定控制的基础上发力，因此不但可增强腰腹部的力量，也可美化腰腹部的曲线。

（3）减肥瘦身。有氧搏击操强调速度和力度的完美结合，快速的移动、迅速有力的挥摆，以及大幅度的肢体伸展，这些都会增加运动的强度和运动负荷，使练习者消耗大量的能量，达到全面有效的减肥效果。有氧搏击操练习，需要保持下肢灵活移动和腰腹肌的协调用力，所以对消耗腰腹和下肢部位的皮下脂肪有显著的效果。

（二）有氧搏击操的基本动作

1. 有氧搏击操的基本站姿

有氧搏击操的站姿可以分为正面站姿和侧面站姿两种。正面站姿为防御姿势，侧面站姿为格斗姿势。

（1）正面站姿：双腿平行开立，稍屈双膝，收腹立腰，双肩平行，下垂放松，双臂屈于胸前，小臂垂直于地面，双拳置于下颌部，身体重心在两腿之间。

（2）侧面站姿：双腿前后分立、稍屈膝，后腿外侧45°，双腿内扣，身体侧向前方，重心在两腿之间，手臂姿势同正面站姿。

2. 有氧搏击操的基本拳法

有氧搏击操的基本拳法大多参考拳击的动作特点。握拳要四指并拢，向内卷握，拇指向内扣在其他手指的第二指节处。

（1）直拳：有氧搏击操中最常用、最基本的拳法，一般分前手直拳和后手直拳。直拳可以在平行站立和前后站立两种站立姿势的基础上出拳，无论哪种站立姿势都要腿先发力蹬转，然后腰用力，最后是手臂用力。手臂直接打出的同时，旋转拳，拳心向下，注意手臂不要完全伸直，这样可以保护肘关节不受伤害。直拳按位置分为右拳或左拳，或侧拳的高、中、低三种。

（2）刺拳：刺拳与直拳相似，是直拳派生出的一种快拳招数，分前手刺拳和后手刺拳。动作轻快，点击，出拳时手臂不完全伸直，顺弹性收拳，上体和髋部移动极小。

（3）勾拳：勾拳的站立姿势和发力与直拳相同，不同的是腰部首先要向反方向扭转并压低上体，然后再发力出拳，手臂始终保持弯曲，拳心向后。

（4）锤拳：拳微外旋上举，由上向下呈半弧形斜下劈砸。

（5）摆拳：左脚蹬地，重心移向右脚，向左拧腰转体，同时右臂由下向上将肘部抬起，肘关节曲度大于 90°小于 180°，右臂由外沿小弧形向左摆至身体中心线位置。

（6）翻背拳：翻背拳是以拳背为力点的一种快拳法。脚掌蹬地，上体稍转，以肘关节为轴，拳背领先，快速反臂鞭弹。

（7）肘击：一般采用平行站立，用肘关节进攻，可以分为横击、后击和下击。以右手横击为例，左脚首先蹬地，移动重心至右脚，腰部发力向右移动，左手掌推右手拳至右侧，最后力量到达关节，而左下击时要先高抬手臂，右侧腰拉长，然后腰用力收缩，肘下压。

3. 有氧搏击操的基本肘法

有氧搏击操的肘法为一种屈臂的练习形式，是以屈臂形成的肘尖为最后力点的招数。

（1）抬肘：肘关节由下向上，从身体前上方抬起，拳心向下，肘尖受力。

（2）砸肘：肘关节提起，由上向下沿斜方向砸压。

（3）沉肘：身体下沉，提肘，由上向下沿直线出肘。

（4）提肘：扭腰转体，肘关节由下向上沿直线上提，脚尖蹬地挺腰。

4. 有氧搏击操的基本膝法

（1）直膝顶：左腿支撑，右腿迅速屈膝向上顶抬，力达膝尖，同时收腹，身体稍后仰，目视前方。

（2）横膝顶：横膝顶的基本运动路线呈弧形，具体为右膝关节由外向内呈斜线迅速提吸。

（3）跪膝：上体左转 90°，左腿屈膝半蹲，同时右膝直下跪，力达膝尖，同侧手可配合下击。

5. 有氧搏击操的基本腿法

（1）正蹬：一腿先屈膝上提，另一腿微屈膝支撑；屈膝上提腿以脚跟领先由屈到伸，快速发力，直线蹬击。上体略后仰，稍含胸，双手保持防护姿势。

（2）后蹬：身体稍转，一腿屈膝回收，小腿平行于地面，转头回视；向正后方强力挺膝伸展蹬出，身体前俯，眼视正后方，双臂自然弯曲，维持身体平衡。

（3）腾空前踢：左腿屈膝蹬地跳起，右腿在空中由屈到伸，绷脚面，向上弹踢，力达脚尖，眼视前方，双脚依次着地。

（4）侧踹：侧踹分为下段、中段、上段。一腿先屈膝上抬，小腿略外摆，膝盖向内收，支撑腿稍屈膝，提膝腿由屈到伸向侧踹击，力达脚跟或全脚掌，目视前方。

（5）腾空侧踹：可以单脚起跳也可以双脚起跳。主力腿猛地蹬地跃起，在空中向右拧转，右腿由屈到伸，直线方向踹出，力达全脚掌或脚跟，左腿屈膝收髋。动作完成后，两脚依次着地。

（6）横扫：腰髋部摆动，肩部拧转，集全力于一脚面或小腿胫骨，动作路线较长，高速拉弧形发出强大爆发力。

（7）弹踢：移重心至支撑腿，右腿屈膝抬平，大小腿折叠稍内旋，绷脚尖；以膝关节为轴，迅速屈伸弹动小腿，力达脚背或胫骨，眼视前方。

6.有氧搏击操的格挡动作

（1）上格挡：手臂由下向上防御，手臂离前额约一拳距离。

（2）下格挡：手臂由上向下防御，臂与身体约呈一线，手距大腿约20厘米。

（3）内格挡：手臂由外向内防御，拳背朝前，拳心对着自己。

（4）外格挡：手臂由内向外格挡，停于肩侧，手同额高。

（5）十字上防：双手腕交叉由下向上防御，双手离前额约一拳距离。

（6）十字下防：双手腕交叉由上向下防御，双手置于小腹前10～15厘米。

（三）有氧搏击操的组合训练方法

1.第一个八拍

双手捏拳。1～2拍身体右转，左膝内扣，左踝外展，面向1点方向，手臂动作为右直拳；3～4拍为1～2拍反方向，面向1点方向，手臂动作为左直拳。5～8拍屈膝左转，左弓步，5～6拍面向1点方向，7～8拍面向7点方向，5拍侧顶左肘，6拍左前臂屈并外旋，7～8拍为右直拳。

2.第二个八拍

双手握拳。1～4拍右侧踢，面向1点方向，手臂动作为防守姿势；5～6

拍身体左转，右膝内扣，右踝外展，面向 8 点方向，手臂动作为右摆拳；7～8 拍为 5～6 拍反方向，面向 2 点方向，手臂动作为左摆拳。

3. 第三个八拍

双手握拳。1～2 拍左转 90°开合跳，面向 7 点方向，手臂动作为右直拳；3～4 拍开合跳，面向 1 点方向，手臂动作为双臂上推；5～6 拍右转 90°。

二、有氧拉丁操的训练实践

（一）有氧拉丁操概述

1. 有氧拉丁操的起源与发展

有氧拉丁操是由拉丁舞演变而来的。拉丁舞的全称是拉丁美洲舞，这种舞蹈在拉丁美洲非常流行，最早起源于非洲，后来与欧洲南部的舞蹈音乐结合，并由拉丁语系的移民带到南美洲（又称拉丁美洲），与当地的土风舞相互融合，逐渐形成了如今的伦巴、恰恰、桑巴、牛仔、斗牛等新的舞种，如今拉丁舞已经风靡全球。而有氧拉丁操则是由火热动感的拉丁舞与极富活力的健美操进行有机结合形成的。它是在拉丁舞热情的音乐伴奏下，把颇具特点的舞蹈动作和有氧健身操动作进行结合而形成的一种全新健身方式。由于拉丁舞动作强调髋部的摆动，因此有氧拉丁操对练习者的腰部锻炼有着较为明显的效果。

2000 年，有氧拉丁健美操开始在北京流行。其引用了拉丁舞热情的音乐，使练习者在激情的拉丁音乐中，尽情展示自己美好的身段，并使练习者在扭动身体和淋漓的汗水中，减去腰腿部多余的脂肪。

拉丁健美操虽然来源于国标中的拉丁舞，但是在基本步法的要求上没有拉丁舞那样严苛。有氧拉丁操在人数上也没有特别的限制，单人、多人都可以进行。由于它属于健美操运动的一种，因此更多地强调能量的消耗，在动作细节上的要求并不是太高，在保持运动量的同时，做到髋、腰、胸、肩部等身体各关节的协调活动即可。相比于拉丁舞，有氧拉丁操的动作较为简单，以健身步法为主，更易于练习者学习和快速掌握相关技术动作。

2. 有氧拉丁操的特点

（1）热烈奔放。有氧拉丁操的风格特点是热烈奔放，在锻炼身体之外还可享受愉悦。拉丁操要求百分之百的情绪投入，越是淋漓尽致地把拉丁舞的感觉发挥出来，就越能放开，抛开顾忌，在音乐中释放身体。有氧拉丁操的音乐热情奔放，充满激情，通常用迪斯科的节奏加上拉丁风格的配器，能使练习者在锻炼的同时感受异域的风情和文化。

（2）锻炼全面。在进行有氧拉丁操运动时，练习者全身大部分的关节和肌肉都会参与锻炼，因此，全身减脂的效果非常好。有氧拉丁操的锻炼的重点在于腰部和髋部，同时能使大腿内侧得到充分的锻炼。

（3）负荷强度小。有氧拉丁操负荷强度较小，适合所有人群练习。但由于拉丁操具有自由随意、热情奔放、节奏明显等特点，因而更适合年轻人参加。

（4）具有健身性和普及性。有氧拉丁操在动作细节上减少了专业拉丁舞的规范和双人配合的要求，使其更具健身性和普及性。

3. 有氧拉丁操的功能

（1）有氧拉丁操以多关节运动为主，还增加了一般健身练习中较少练习到的髋部及腰腹部练习，故对提高髋部和腰部的灵活性和身体协调性有明显的作用。

（2）有氧拉丁操以拉丁舞为基础，吸收了拉丁舞的动作风格和特点，不但具备减脂和塑造身体线条的锻炼价值，同时具备较强的表演性和欣赏性。

（3）通过有氧拉丁操的练习，可使练习者达到减脂和塑形的目的，也可提高练习者创造美、欣赏美的能力。

（二）有氧拉丁操的基本动作

有氧拉丁操主要包括热身、有氧练习、放松和伸展三部分。其中，热身部分主要针对练习者身体局部灵活性的锻炼；有氧练习部分的主要目的是减脂和增加人的心肺功能；放松和伸展部分则主要为了放松练习者在练习过程中变得紧张的肌肉，舒展肌肉线条，避免运动后的疼痛。

从技术动作的角度来说，有氧拉丁操的动作难度并不大，但对动作的用力方法和节奏的掌握要求恰到好处。一般而言，有氧拉丁操动作的用力顺序是从下到上、由里向外，即所有力量来自地面对身体的反作用力，由脚传到腿到髋到腰再到躯干。而手臂的动作是由躯干内部发力向外延伸。另外全身各部位的协调用力是完成好动作的关键，如基本动作中，左膝内扣，髋右转动时躯干应左转，也就是左右两侧的对应动作要形成对抗状况，这样能积蓄力量来完成下面的动作。此外，有氧拉丁操基本动作在其技术动作中有着非常重要的地位，学习时一定要重视。下面介绍几项常见的有氧拉丁操基本动作。

1. 抖肩（Shaking of shoulders）

在做抖肩（Shaking of shoulders）动作时，练习者需双臂伸直侧下举，五指分开，掌心向前，左肩前顶，右肩后展，再右肩前顶，左肩后展。

2. 恰恰步（chacha）

恰恰步节奏形成1哒2，即两拍三动的形式。以右侧恰恰步为例，在练习者健身时右腿向右侧迈出1拍"哒"，左腿并步；右腿再向右侧迈出。应当注意的是，恰恰步的变化很多，可以向侧、向前、向后；可以并步或交叉步；可以单独做或结合别的步伐一起完成。

3. 曼波步（mambo）

曼波步（mambo）的节奏形成均匀的节奏，没有切分节拍，可以前后、向侧或结合转体动作。在传统健美操中也常用这个步伐。运用该技术动作时，左脚向前一步，重心前移，同时向左摆髋。随后，重心后移至右脚，同时向右摆髋。左脚向后一步，重心后移，同时向左摆髋。然后，重心前移至右脚，同时向右摆髋。做曼波步时，双臂屈肘于腰间自然摆动。

4. 桑巴步（Samba）

桑巴步（Samba）的节奏形式也是1哒2，两拍两动，但与恰恰步不同的是它的"哒"拍时间很短，并且完成动作时节拍要有短暂的停顿。以向右的桑巴步为例，练习者在健身时蹬左腿向右一步，重心右移，同时身体左转。"哒"左腿向右腿后点一步，同时右腿微微屈膝抬起，重心在左腿。把重心移至右腿，右脚原地点第一次。桑巴步也可用来做移动或连续多次使用，整个动作主要注意髋部随着重心的移动左右摆动。

（三）有氧拉丁操的组合训练方法

1. 有氧拉丁操组合训练一

第一八个拍：
面向1点方向，五指分开，手臂随身体摆动。1～2拍右侧并步，3～4

拍右侧,"恰、恰、恰",5~6拍右腿后伸,7~8拍左前,"恰、恰、恰"。

第二八个拍：

在1~4拍时身体面向1点方向,5~6拍时面向8点方向,7~8拍时面向2点方向。五指自然分开,1~4拍手臂随身体摆动,5~8拍手臂打开与伸腿方向相对。1~2拍右前,"恰、恰、恰",3~4拍左前,"恰、恰、恰",5~6拍右脚左前交叉点,7~8拍左脚右前交叉点。

第三八个拍：

面向1点方向,五指分开,手臂随身体摆动。1~2拍左右前进两步,3~4拍,"恰、恰"接后屈左膝,5~6拍后退左,"恰、恰、恰",7~8拍后退右,"恰、恰、恰"。

第四八个拍：

面向1点方向,五指分开,手臂随身体摆动。1~2拍左侧弓步,3~4拍收左腿,"恰、恰、恰",5~8拍与1~4拍动作相反,5~6拍右侧弓步,7~8拍收右腿,"恰、恰、恰"。

2.有氧拉丁操组合训练二

第一个八拍：

面向1点方向,五指分开,手臂随身体摆动。1~2拍出右腿转髋,3~4拍收右腿,5~6拍出左腿转髋,7~8拍收左腿。

第二个八拍：

面向1点方向,五指分开,手臂随身体摆动。1~2拍右侧桑巴步,3~4拍并腿,5~6拍左侧桑巴步,7~8拍并腿。

第三个八拍：

除3~4拍面向8点方向外,其他节拍都面向1点方向,五指自然分开,手臂随身体摆动。1~2拍右侧并步,3~4拍左后交叉恰、恰,5~8拍一字步。

第四个八拍：

面向1点方向,五指分开,手臂1~4拍随身体摆动,5~6拍左臂前伸,右臂后伸,7~8拍相反。连续进行左"V"字步移动。

三、有氧踏板操的训练实践

（一）有氧踏板操概述

1. 有氧踏板操的起源与发展

有氧踏板操（Step Aerobics）是健美操运动中出现最早的一项有氧运动。据说它最早是由一名膝部受伤的美国有氧操教练在1968年发明的，并迅速流行于美国，如今成为一项世界流行的有氧健身运动。

踏板操是有氧运动的一种，踏板操运动通常在一块长90～110厘米、宽40厘米的专用健美操踏板上进行。踏板的最低高度一般为10厘米，并且高度可以进行调节，一般以5厘米为一挡来进行调节。踏板高度越高，对脚的负荷越大，运动的强度就越大。踏板操是一种中高强度的有氧运动，它可以有效提高练习者的有氧运动水平。有氧踏板操非常具有挑战性和娱乐性，能提高练习者的协调能力和全身的力量控制能力。通常，练习者主要在自己的踏板周围运动，高级的有氧踏板操课程一人可以同时使用两块踏板。目前在较大的健身房都开设了踏板操的课程，有氧踏板操具有独特的健身效果，深受广大健身爱好者的欢迎。

2. 有氧踏板操的特点

（1）运动负荷可控。有氧健身要求运动强度始终保持在中、低水平，但如何控制好运动强度，对于经验不足的教练员和初级练习者都是一个难点，而踏板操则很容易达到这一要求。因为我们可以通过调整踏板下的垫板高度来调节运动强度。完成同样的动作，踏板高度高则运动强度大，能量消耗也大，反之，则小。这样，练习者就可以根据自身条件和锻炼目的选择不同高度的踏板。

（2）安全性好。可以通过改变踏板的高度，调节运动强度，有氧操中为提高强度常用的跑跳练习在踏板课上大大减少。跑跳练习对关节的冲击较大，而很多练习者因为技术动作掌握不好，特别是缓冲不充分，长期锻炼容易造成不同程度的损伤。而踏板练习中，要提高重心高度，必须用腿、臀部发力，这有利于保护关节和韧带。

（3）动作多变，娱乐性强。由于踏板的使用，动作内容大大增加，如原来简单的踏、点变成上下板，就变得更加复杂、有趣。我们可以充分利用踏板的板面以及四个角来完成板上、板下的连接动作或单纯板运动，还可以按需要将板摆成不同位置，如横板、竖板。另外，我们甚至可以在条件允许的情况下同时利用两块或三块板进行练习。这样，随着一个立体的全方位的活动空间的产生，踏板动作变化更多样、更有趣。

3. 有氧踏板操的功能

（1）大量消耗能量、增强心肺功能。由于要克服重力做功，所以完成同样动作，借助踏板进行有氧操练习，比在平地上练习健美操消耗能量更多，同时运动负荷的合理增加也有利于心肺功能的提高。

（2）培养良好的方位感。由于踏板是一个立体物，有高度、长度、宽度，所以借助它进行练习时，就不能像在平地上一样随心所欲。比如，离板太近或抬腿不够容易将踏板踢翻；离板太远又踏不上板；迈步过大或踩在踏板边缘容易摔倒等。这都需要我们有良好的位置感觉，包括对自身位置及踏板位置的感觉。另外，踏板的形状接近于一个长方体，我们在踏板上完成组合动作时，经常会有方向的变化，如果方向把握不正确，往往会踏不到正确位置或赶不上节拍，而通过长期踏板练习将帮助我们提高这方面的能力。

（3）对腿和臀部的塑形作用。完成所有的上、下踏板的动作，其主动肌都是大腿（股四头肌）及臀部肌肉（臀大肌），也就是主要用力的肌肉是大腿及臀部肌肉，它们要克服的阻力为重力，而这个阻力相对最大力量要小很多。因此，踏板练习属于长时间的小重量抗阻肌肉练习，能够起到消耗腿部、臀部多余脂肪，突出肌肉线条而又不增加肌肉围度的作用，对塑造健美的腿部和臀部线条很有帮助。

（二）有氧踏板操的基本动作

有氧踏板操基本动作可以根据需要，自己进行创新和练习，下面介绍几种比较常见的基本动作。

预备姿势为面对踏板，直立，双腿并拢，双手叉腰。

1. 上下板

练习者面对踏板，双脚依次上、下板。左脚上板，右脚上板，双腿并拢。左脚下板，右脚下板，双腿并拢。上下板可以变形为"V字步"和"A字步"。

"V字步"是练习者站在地上，双腿并拢，成立正姿势；板上，双腿分开，同肩宽。

"A字步"是练习者站在板上，双腿并拢，成立正姿势；地上，双腿分开，同肩宽。

2. 点板

点板是练习者面对踏板，双手叉腰；左脚脚跟点在板上，然后收回，成立正姿势。重心落在地面的脚上，点板脚为虚点步。

3. 单腿支撑

单腿支撑是一种交替上板的动作，每次上板都改变引脚。单腿支撑，另一腿为动力腿或做动作腿。单腿支撑可以变形为提膝、侧踢、后抬腿、前踢。

4. 转板

转板是一种转体180°的交替步伐或是转体的交替"V字步"。在板的一侧经过板上到板的另一侧下板。健身时，练习者右脚上板，1/4转向前面，左脚上，右脚下，然后再左脚下。转板可以在第四拍变形为前提膝或后屈腿。

5. 过板

过板是在板的一侧经过板上到板的另一侧，方向不变；可横板可竖板。过板可以变形为在板上小跳或小吸腿跳。

6. 板上落

板上落是一种交替落脚的着地步伐。练习者在板上开始动作，要注意以较慢的速度开始，落地时前脚掌落地。板上落可以变形为单单双、后脚落、倒蹲。

7. 跨板

可以在板上下板，双脚跨在板两侧，从板两侧上板。注意脚落板和上板的位置。跨板可变形为单侧落下，上板时前吸、前踢、侧踢，从板侧开始跨板。

(三) 有氧踏板操的组合训练方法

1. 有氧踏板操初级组合训练

有氧踏板操初级组合训练的每个动作重心和全脚掌都要落在板上, 离板近的脚先上板。每个组合均为 32 拍的右、左脚组合, 即右脚先开始, 32 拍组合动作结束时的最后一拍动作落在右脚上, 接着左脚开始完成反方向的 32 拍组合动作。

(1) 初级组合训练一

第一个八拍: 面向 1 点方向, 双手握拳。1～4 拍双臂体侧屈肘, 前后摆动, 右脚一字步上下板; 5～8 拍同 1～4 拍。

第二个八拍: 1～2 拍面向 8 点方向; 3～4 拍和 7～8 拍面向 1 点方向; 5～6 拍面向 2 点方向。双手握拳, 双臂体侧屈肘前后摆动。1 拍右脚上板, 2 拍左脚后屈, 3～4 拍下板; 5～8 拍同 1～4 拍。

第三个八拍: 1～2 拍面向 8 点方向; 3～4 拍和 7～8 拍面向 1 点方向; 5～6 拍面向 2 点方向。双手握拳, 双臂体侧屈肘前后摆动。1 拍右脚上板, 2 拍左脚前吸腿, 3 拍左脚下板, 4 拍右脚点地, 5 拍左脚点板, 6 拍左腿前吸, 7～8 拍下板。

第四个八拍: 1～6 拍面向 3 点方向, 7～8 拍面向 1 点方向。双手握拳, 双臂体侧屈肘前后摆动。1～4 拍向右 45° 上板吸腿一次, 5～8 拍向左 45° 上板吸腿一次。

(2) 初级组合训练二

第一个八拍: 1 拍右脚点板, 2 拍右脚下板, 3～4 拍相反, 5～8 拍右脚一字步上下板 1 次。1～4 拍双臂在体前击掌, 5～8 拍双臂体侧屈肘握拳前后摆动。

第二个八拍: 1～2 拍右腿上板 "V 字步", 3～4 拍下板内转 90°; 5～8 拍同 1～4 拍, 方向相反。双臂体侧屈肘握拳前后摆动。

第三个八拍: 1～2 拍右脚上板 "V 字步", 3～4 拍下板, 5～8 拍同 1～4 拍。双手握拳, 双臂自然前后摆动。

第四个八拍: 1 拍右脚上板, 2 拍左脚前吸腿, 3 拍左脚点地, 4 拍左腿前吸, 5 拍左脚点地, 6 拍左腿前吸, 7～8 拍下板。双手握拳, 双臂自然前后摆动。

2. 有氧踏板操中级组合训练

有氧踏板操中级组合训练每个组合均为32拍的右、左脚组合，即右脚先开始，结束时的最后一拍动作也落在右脚上，随后左脚开始完成反方向的32拍组合动作。

（1）中级组合训练一

第一个八拍：1拍右脚上板，2拍左脚前吸腿，3～4拍脚下板；5～8拍左脚上板"V字步"，下板后内转90°。双手握拳，1～4拍双臂自然前后摆动，5～8拍双臂体侧屈肘前后摆动。

第二个八拍：1拍右脚上板，2拍左脚上板同时右腿跳吸，3～4拍过板下板，5拍右脚向前一步，6拍左脚上步，7拍转体180°，8拍向前走一步。1拍双臂胸屈，2拍双臂上伸，3拍双臂胸屈，4拍双臂体侧，5～8拍双臂自然前后摆动。其中，手形1～4拍为拳或掌；5～8拍为拳。

第三个八拍：1拍右脚侧上板，2拍左脚前吸腿，3拍左脚下板，4拍右腿后伸，5拍右脚上板，6拍左脚后抬，同时后绕过板，7～8拍左转90°下板。1～4拍双臂自然前后摆动，5拍双臂胸前弯曲，6拍双臂上伸，7～8拍双臂落在体侧。其中，手形1～4拍为拳，5～8拍为拳或掌。

第四个八拍：1拍右脚上板，2拍左腿侧抬，3～4拍下板；5～8拍同1～4拍，方向相反。1～2拍双臂侧举，3～4拍双臂自然落下；5～8拍同1～4拍。注意练习时掌心要向前。

（2）中级组合训练二

第一个八拍：面向1点方向，1～4拍双手五指自然分开，双臂侧平举；5～8拍双手握拳，双臂自然前后摆动。1拍右脚上板，2拍左腿侧抬，3～4拍下板，5拍左腿跳上板同时右腿侧抬，6拍板上跳左腿侧摆一次，7～8拍左脚下板。

第二个八拍：1～2拍面向2点方向，3～4拍面向3点方向，5～6拍面向1点方向，7～8拍面向7点方向。1～4拍五指自然分开，掌心向外，双臂斜上举；5～8拍左手握拳，左臂前伸侧落，右手叉腰。1拍左脚上板，2拍右腿后抬，3～4拍下板，5拍左脚上板，6拍右腿后屈跳并左转90°，7拍右脚先下板，8拍左脚并拢。

第三个八拍：1～2拍面向7点方向，3～4拍面向6点方向，5～6拍面向1点方向，7～8拍面向3点方向。1～4拍五指自然分开，掌心向外，双臂斜上举；5～8拍右手握拳，右臂前伸侧落，左手叉腰。1拍右脚上板，

2拍右腿后抬，3～4拍下板，5拍右脚上板，6拍左腿后屈跳并右转90°，7拍左脚先下板，8拍右脚并拢。

第四个八拍：1～2拍面向3点方向，3～4拍面向1点方向，5～6拍面向2点方向，7～8拍面向1点方向。双手握拳，双臂上伸。1拍左侧双腿跳上板，2拍板上小跳一次，3拍左脚先下板，4拍右脚并拢，5拍右侧双腿跳上板，6拍板上小跳一次，7～8拍下板。

3.有氧踏板操高级组合训练

有氧踏板操高级组合训练的每个组合均为32拍的右、左脚组合，即右脚先开始，结束时的最后一拍动作也落在右脚，随后左脚开始完成反方向的32拍组合动作。

（1）高级组合训练一

第一个八拍：1拍右脚上板，2拍左脚前吸腿，3～4拍左侧下板，5～8拍左脚左侧上板同时侧并步横过板。1～4拍双臂体侧屈肘前后摆动，5～8拍双臂胸前交叉向外绕。1～4拍手形为拳，5～8拍注意掌心要向外。

第二个八拍：1拍左脚从右侧上板，2拍右腿前吸上板，3～4拍下板，5～6拍板下右脚左斜前慢步，7～8拍右脚侧并步。双手握拳，1拍双臂弯曲，2拍右臂侧举，左臂胸前平屈，5～6拍左臂前举，右臂上举，7～8拍双臂侧平举。

第三个八拍：1拍左脚尖板上左侧点，2拍右脚尖板上右侧点，3～4拍下板，"恰、恰"，5拍右脚上板，6拍左腿侧抬，7～8拍下板。双手握拳，双臂自然前后摆动。

第四个八拍：1拍右脚侧上板，2拍左腿侧抬跳同时后绕，3～4拍过板下板，5～6拍左腿绕板左转45°："恰、恰"，7～8拍右腿绕板左转45°："恰、恰"。1～2拍双臂上举，3～4拍双臂自然落下，5～8拍双臂自然前后摆臂。注意1～4拍时掌心要向外，5～8拍时握拳。

（2）高级组合训练二

第一个八拍：1～4拍面向1点方向，5～6拍面向2点方向，7～8拍面向7点方向。1～4拍五指自然分开，掌心向外，5～8拍双手握拳。1拍时双臂斜上举，2拍双臂下拉胸前屈，3～4拍自然放至体侧，5～8拍两前臂向上屈。1拍右腿跳上板同时左腿后抬，2拍左腿前收，3～4拍下板，5～6拍左腿板上，"恰、恰"，7～8拍下板同时左转90°。

第二个八拍：1～4拍面向7点方向，5～8拍面向1点方向。双手握拳，双臂体侧屈肘前后摆动。1拍右腿侧上板,2拍左腿后屈跳,3拍左脚后交叉点地,4拍左腿后屈,5~6拍下板,同时右转90°,7~8拍左脚尖点板一次。

第三个八拍:面向1点方向,双手握拳,双臂自然前后摆动。1拍右脚上板,2拍左腿向板左侧迈一步,重心在左侧,3~4拍右侧横过板,5拍重心在右腿,6拍重心落在左腿板上,7~8拍下板。

第四个八拍:1~3拍和6~8拍时面向1点方向,4~5拍面向3点方向。双手握拳,双臂体侧屈肘前后摆动。1拍右脚上板,2拍前吸左腿,3拍左脚板前点地,4拍前吸左腿,5拍下板,6拍右脚跟点板,7拍右腿前吸,8拍下板。

四、健身街舞的训练实践

(一)健身街舞概述

1. 健身街舞的起源与发展

街舞诞生于20世纪60年代的美国,它被归为嘻哈文化的一部分,与涂鸦、打碟、说唱这些同时代产生的黑人地下文化并称为嘻哈四大元素。

在20世纪六七十年代,街头舞者主要是生活在纽约布鲁克林区的美国人和墨西哥裔。由于受到社会的歧视和不公正待遇,生活在这一地区的许多黑人青少年因不能接受正常的教育而流浪于街头。他们急需找到一种合法的方式来表达和宣泄内心的压抑情绪,他们身上具有的音乐和舞蹈天赋促使了街舞的形成。街舞这种表达情感、发泄压抑的活动,逐渐发展成了一种街边文化。他们常常在街边聚会、娱乐、跳舞,有时还要比舞助兴,形成了各种流派和不同风格的街舞。街舞文化精神实质最突出的表现形式就是"自由",每个人都可以自由、放松地按照自己喜欢的方式移动身体,因而深受现代年轻人的喜爱,迅速流传并普及开来。

随着街舞在欧美的流行,街舞运动在20世纪90年代中期传入中国。在1996年,北京体育大学的孟宪军老师率先制作了一张只有18个8拍的街舞动作光盘。1998年,中央电视台体育频道《健美5分钟》介绍了街舞,为街舞在我国的宣传与普及起到了积极的推动和引导作用。之后,在各种新闻媒体及不同层面赛事的大力宣传下,街舞在我国得到了广泛的普及与发展。目前,中国学生健美操艺术体操协会已出台了街舞的规定动作套路及竞赛评分规则，国家体育总局体操运动管理中心也出台了街舞竞赛评分规则。随着群体健身活动的兴起，街舞作为健身运动的一个项目，已进入各高校、中学、各个城市的街头广场和健身中心。由于街舞动作的难度不大，强度适中，又有很好的健身价值，很快成为国内流行的一种健身运动方式，备受健身爱好者的青睐。

2. 健身街舞的特点

（1）街舞并非一般意义上的纯体育项目。它是以体育健身为核心，以流行舞蹈动作为素材，体现时尚、活力并带有欣赏性和娱乐性的新兴运动方式。

（2）街舞的风格性强，富于变化。不同的Hip-Hop（嘻哈）音乐风格所匹配的动作除了具有基本的随意、松弛的动作感觉外，也会有不同的动作表现形式，而且少有对称的动作，变化多样，继而形成不同的风格。

（3）街舞给老师和学员更大的发挥空间，具有创造性。在街舞老师动作编排过程中，不同风格Hip-Hop音乐会带给他不同的灵感与发挥空间。在教授的过程中，学员除了学习老师的基本动作外，还可以在手臂、头部等部位做一些自己喜欢的简单变化，尽情做出自己的风格，进行再创造。

3. 健身街舞的功能

（1）街舞具有有氧运动的功效。街舞的动作虽然以流行舞蹈动作为素材，但它能够充分活动身体的各个部位，且老师所编的动作对关节、肌肉无伤害性。成套街舞在教学和练习过程中，运动持续不断，而且强度适中，除改善心肺功能外，同样能达到去脂减肥的目的。

（2）街舞的重要意义在于对心理的调节作用。街舞的训练多以群体练习的形式进行，再配以动感十足的Hip-Hop音乐，这无疑营造了非常轻松、愉快的练习氛围。好的街舞老师会让学员既是一个学习者，又是一个表演者。在镜子面前，充分展现自我，所有压力、自卑、郁闷都会尽抛脑后。在现代都市生活中，来自学习、工作、家庭等方面的竞争、压力会给很多人的身心带来不良影响。街舞这一独特的锻炼方式，对不良心理状态所起到的放松、调节作用是非常大的。这就是为什么曾经很多人给街舞的评价是："它是唯一让人带着笑容进行锻炼的项目。"

（二）健身街舞基本动作训练

1. 基本步伐

（1）踏步。右腿屈膝抬脚，上体收腹向下压。

（2）侧向踏步。屈膝抬脚，上体收腹向下压，向右侧落右腿，同时上体展腹抬起。

（3）侧滑步。右腿向右侧跃出一步，双臂自然打开，同时左腿向右跟步侧滑；左腿原地踏步一次；换腿重复上述动作，回到起点。

（4）交叉步。右腿向右侧踏步一次，左腿踏步落在右腿后侧；右腿继续向右侧踏步，提左膝，同时前压上体，然后并步落地，换腿换方向重复上述动作。

（5）开合步。双腿向外跳成分腿屈膝，向内跳成合腿。

（6）前侧点步。以右脚为例，右脚前点，同时双臂体前直臂交叉；右脚侧点，同时双臂向侧打开。

2. 肢体动作

（1）珍妮特转髋。以右脚脚跟为轴，前脚掌向右侧转动，左脚以脚尖为轴脚跟向左侧转动；两脚转动还原成全脚掌着地；左脚以脚跟为轴向左侧转动，右脚以脚尖为轴向右侧转动。

（2）头转。用头转，注意要用手和脚去旋转。

（3）单臂分腿转。该动作要求整个身体做完整的旋转，旋转动作依靠手臂转换完成，一只手做圆形的动作而不运用身体的力量，另一只手再做同样的动作。

（4）扣膝转踝。右腿向右侧一步，膝关节向外转，脚跟顶起向内转动，同时右前臂外旋；右脚跟向外转动，膝关节向内扣，同时右前臂内旋。

（5）倒立手转。用一只手倒立，尽可能地旋转直到脚着地为止。

（6）波浪。由下到上的波浪，从膝关节开始波浪，经过髋、躯干直到胸部。

3. 基本技术

（1）弹动。在街舞中，最基本的动作就是身体的弹动。这个过程是通过膝关节的弹动、踝关节的缓冲和髋关节的屈伸来实现的。在街舞的动作中，每一个动作都包含了两个以上的关节配合动作,其中首要的就是身体的弹动,然后才是其他的配合动作。例如,街舞的原地踏步练习,首先是膝关节的弹动,有了弹动的感觉后,再配合其他不拘一格的身体动作(如甩头、摆手等),就构成了原地踏步动作。当练习者能够随心所欲地做到身体弹动时,接下来就要增大动作幅度,使身体的每一个部位都有弹动的感觉,这时练习者的动作就会自然而松弛,节奏感强烈且韵味十足。

(2)缓冲。街舞的缓冲技术主要表现在膝关节的弹动、踝关节的缓冲和髋关节的屈伸3个方面。该技术与动作息息相关,可以使练习者把握街舞的动作特色。在街舞的练习中,膝关节几乎很少伸直,练习者多数是在微屈或弹动的状态下完成动作的。

(3)控制力。街舞属于技巧性较高的运动项目,要求练习者具有较高的力量、柔韧性和协调性,特别是肢体的自我控制力。在街舞动作中,同样的一个动作,力度和侧重点不一样,呈现出来的效果也不一样。在有的动作中,当需要体现上肢的爆发力时,手臂肌肉力量就要加强;当需要体现腿部动作时,就要有侧重地控制腿部肌肉,让腿部的力量达到要求。

(4)重心转换技术。街舞在重心的移动技术方面主要表现在动作方向的变化上,通过前、后、左、右的移动,使身体运动的路线发生丰富的变化。街舞的重心转换技术主要靠左右脚支撑的变化来实现,可以说除了上肢和躯干的动作之外,这一技术动作占据了街舞技术动作很大的比例,它使街舞动作具有律动感和技巧性,从而展现了街舞的基本特色。

(三)健身街舞组合动作训练

1. 街舞初级组合动作训练

第一个八拍:

步伐:1~2拍右脚前点,挺胸;3~4拍左脚前点,挺胸;5~6拍,挺胸两次;7~8拍上体下压绕环。

手臂:1~2拍直臂下压;3~4拍屈前臂;5~6拍放松下垂;7~8拍扶大腿支撑。

手型:1~4拍五指分开,屈腕;5~8拍五指分开。

面向:1~4拍1点方向;5~6拍2点方向;7~8拍8点方向。

第二个八拍:

步伐:1~2拍右腿后交叉双膝同时屈;3~4拍左腿后交叉双膝同时屈;

5~8拍屈膝弹动同时转体4次。

手臂：1~4拍直臂放于体侧，随身体摆动；5~8拍直臂左右抬起。

手型：1~4拍放松打开；5~8拍半握拳。

面向：1~2拍、5~7拍2点方向；3~4拍、6~8拍8点方向。

第三个八拍：

步伐：1~2拍右膝内扣，身体左转；3~4拍同1~2拍，方向相反；5拍提右膝；6拍提左膝；7~8拍后并腿。

手臂：1~2拍右臂伸直向右展开；3~4拍左臂向左展开；5~8拍屈臂下压。

手型：1~4拍半握拳；5~8拍五指分开下压。

面向：1~2拍8点方向；3~4拍2点方向；5~8拍1点方向。

第四个八拍：

步伐：1~2拍迈左腿并右腿；3~4拍迈右腿并左腿；5~6拍左侧身体波浪，7~8拍右侧身体波浪。

手臂：1~4拍直臂左右摆动；5~8拍屈前臂随身体内收外展。

手型：1~4拍五指分开；5~8拍半握拳。

面向：1点方向。

2.街舞中级组合动作训练

第一个八拍：

步伐：1拍"哒"分腿；2~4拍分腿屈膝；5拍直腿抬右腿；6拍直腿抬左腿；7~8拍分腿屈膝向前跳。

手臂：1拍右大腿，"哒"拍左大腿；2~4拍双臂屈扶大腿；5拍左臂直臂后绕；7~8拍自然下垂。

手型：五指分开。

躯干：3~4拍身体波浪。

面向：1点方向。

第二个八拍：

步伐：1~2拍右踝内收两次；3~4拍左膝放、抬、放；5拍上右腿；6拍"哒"左膝外展内收；7~8拍屈膝弹动。

手臂：1~2拍双臂下垂；3~4拍屈臂伸、屈、伸；5~6拍自然下垂；7~8拍双臂放头后。

手型：五指分开。

面向：1～5拍1点方向；6拍8点方向；7～8拍5点方向。

第三个八拍：

步伐：1拍出右腿；2拍收右腿；3～4拍左转90°；5拍上左腿；6拍上右腿；7拍跳步双腿后撤；8拍分腿左转。

手臂：1、3拍双臂侧下压；2、4拍放体侧；5拍自然摆动；6拍双臂前伸；7拍双臂后伸；8拍屈臂。

手型：五指分开。

面向：1拍7点方向；2拍5点方向；3～7拍3点方向；8拍7点方向。

第四个八拍：

步伐：1～2拍侧恰恰步；3～4拍收右腿并左腿；5～6拍并腿左转髋；7拍右弓步；8拍左弓步。

手臂：1拍右前臂绕环；2拍右肩绕环；3拍屈臂向上；4拍屈臂后提；5～6拍双臂屈臂；7拍双臂右侧伸；8拍双臂左侧伸。

手型：五指分开。

面向：1～4拍3点方向；5～6拍5点方向；7拍6点方向；8拍4点方向。

3.街舞高级组合动作训练

第一个八拍：

步伐：1～2拍左右上两步，"哒"左后屈膝；3拍左腿伸"哒"吸压腿；4拍伸左腿；5～6拍左腿前迈并步；7～8拍由下向上波浪。

手臂：1～2拍前后屈臂；3～4拍自然下垂；5拍双臂后拉；6～8拍自然下垂。

手型：五指分开。

面向：1～3拍1点方向；4～8拍8点方向。

第二个八拍：

步伐：1拍左腿前伸屈腿蹲；2拍并腿；3～4拍左右膝外展；5～6拍吸右腿前弓步；7拍左膝侧后屈，"哒"左腿侧伸；8拍并步。

手臂：1拍双手下压；2拍双手放头后；3拍右臂打开；4拍左臂打开；5拍右手扶左大腿，"哒"左手扶右大腿；6拍右臂侧伸；7拍右手摸右脚，"哒"侧伸；8拍屈臂。

手型：五指分开。

面向：1点方向。

第三个八拍：

步伐：1~2拍左腿屈伸；3~4拍左腿后撤，"恰、恰、恰"；5~6拍屈左右膝上步；7~8拍吸腿后撤步。

手臂：自然摆动。

手型：五指分开。

面向：1、2、8拍1点反向；3~7拍8点方向。

第四个八拍：

步伐：1~2拍并步；3~4拍分腿屈膝；5~7拍屈膝弹动；8拍吸右腿。

手臂：1~2拍依次伸左右臂；3~4拍双手依次拍左右大腿；5拍双臂右摆；6拍双臂左摆；7~8拍屈前臂左绕。

手型：1~2拍拳；3~4拍五指分开；5~6拍拳；7~8拍五指分开。

躯干：5拍含胸；6拍挺胸；7拍右绕肩；8拍左绕肩。

面向：1点方向。

五、健身瑜伽的训练实践

（一）健身瑜伽概述

1. 健身瑜伽的起源

健身瑜伽起源于印度，流行于世界，至今已有5000多年的历史，是东方古老的强身术之一。它是古印度先贤在最深沉的静定状态下，领悟、认知生命的方法，是人类智慧的结晶。"健身瑜伽"是梵文词Yoga的音译，它的意思是"连接、统一"，原意是"结合、合一"，具体是指通过练习达到一种大脑活动和身体机能和谐统一的状态，以帮助人们发挥其最大的潜力，并以达到最佳精神状态为目的，因此，具有结合、联系之意，这也是健身瑜伽的宗旨和目的。起源于古印度的健身瑜伽是古代印度六大哲学派别中的一系。关于健身瑜伽的起源有很多种说法，很多人认为健身瑜伽可追溯到很久以前的史前文明时期。但是，据可查的考古研究表明，在公元前300年以前，人类文化史上就出现了健身瑜伽的雏形。

最初，人们把健身瑜伽作为掌握咒法的一种手段，试着静坐。约公元前500年，随着农耕文化兴起，印度阿里西人在祭祀时曾用多种方法来集中和统一精神，健身瑜伽有可能就是由此开始的。

在印度很难区分健身瑜伽与印度教的关系，在寺庙典籍、生活中等多方面，两者的关系都是彼此融合的。

简单地说，健身瑜伽是一种有意识调整呼吸、以身体姿势达到身心平衡，恢复身体自愈能力的训练。健身瑜伽主要讲求身心及灵魂上的平衡合一，包括静坐、冥想、呼吸和肢体伸展，可以使人在繁忙、快速的现实世界中放慢脚步，了解身体与心灵的奥秘。健身瑜伽可以锻炼一个人的耐性及情商情绪，也可以锻炼肌肉的柔软度及平衡。

近年来，健身瑜伽已成为世界最流行的健康新风潮，从只有少数练习者的运动到时尚的最前沿，健身瑜伽以其舒缓优雅的动作、修身养性的魅力，吸引着越来越多的爱好者。

2. 健身瑜伽的发展

（1）印度健身瑜伽运动的发展。健身瑜伽思想作为反殖民、反封建斗争的思想武器在印度民族资本主义兴起时期就已经出现。传统的健身瑜伽思想在当时的社会环境之下仍积极吸收新思想和新文化，并得到了进一步的发展。在近现代，健身瑜伽在印度获得了快速的发展与传播，出现了丰富的健身瑜伽著作与各种修习法分支。

如今在印度，健身瑜伽已成为普及性的心灵智慧的运动，成为人们生活中必不可少的重要组成部分。在印度，具有一定规模的健身瑜伽学校和学院高达4000多家。在印度，比较有名的培养健身瑜伽教师的学校是孟买的kaivalyadhama和瑞斯凯斯的parmarthniketan。印度是健身瑜伽爱好者的练习圣地，很多有一定基础的健身瑜伽爱好者会从世界各地前往印度深造。目前，在印度还没有统一的健身瑜伽协会，只有民间自发成立的各种协会和俱乐部。著名的印度健身瑜伽节在每年的3月，这时，世界各地的瑜伽练习者会来印度参加聚会，盛况空前。印度的健身瑜伽学校的课程种类繁多，时间也有多种选择，有一周、一个月、三个月、半年、一年、三年等。健身瑜伽课程包括健身瑜伽的理论知识、呼吸、冥想、健身瑜伽体位姿势、人体结构和宗教信仰等。目前，在印度除了传统健身瑜伽之外，还有大量的世俗健身瑜伽——抛弃宗教神秘色彩，以防治疾病、修身养性以及延年益寿为目标的健身瑜伽修习活动。

（2）西方国家健身瑜伽运动的发展。健身瑜伽运动在西方国家也得到了广泛的传播与发展，它跨越了印度教、佛教、西方哲学等多种文化，涉及印度语、梵语、孟加拉语、藏语、泰米尔语、巴利语等多种语言。语言的广泛性也是健身瑜伽大范围传播的基础，为它在世界各地的发展提供了一定的有利条件。

20世纪，健身瑜伽因西方人开始对东方宗教哲学文化产生兴趣而开始被熟知和接受。当时流行于西方的文化如"披头士"，率先对健身瑜伽的坐姿表现出了浓厚的兴趣，于是健身瑜伽这种健康运动形式逐渐被西方人认识和接受，并使西方人开始理解健身瑜伽是一种在不平静的世界里寻求内心平静的有效方式。

在印度有许多专门研究健身瑜伽的机构和培养健身瑜伽专业人才的学校，众多的健身瑜伽教师漂洋过海到欧美收徒授艺，为健身瑜伽向西方国家广泛传播做出了很大的贡献。

印度著名的健身瑜伽大师斯瓦米·希瓦南达及其追随者在20世纪六七十年代就已经在欧洲和美洲弘扬健身瑜伽事业了，他们开办健身瑜伽学校，并将现代健身瑜伽总结为正确地呼吸、正确地饮食、正确地练习、正确地休息、正确地思想和冥想这五项原则，并建立了国际希瓦南达健身瑜伽韦坦达中心，宣传与弘扬他们的主张。

目前，美国的健身房中都开设有健身瑜伽课程，而且有数量众多的健身瑜伽俱乐部。各大企业都聘请健身瑜伽教师前往公司给员工做训练，以减轻员工的工作压力，提高其工作效率。健身瑜伽在美国的发展具有一定的高职业性，非常规范，但没有统一的健身瑜伽协会。美国的健身瑜伽市场很大，主要包括健身瑜伽训练工具、健身瑜伽服装、健身瑜伽饮食、健身瑜伽旅游、健身瑜伽专业杂志等。

（3）我国健身瑜伽运动的发展。健身瑜伽运动于约公元4世纪随着佛教的传播传入中国。在唐代时，中文"健身瑜伽"一词就已经出现。印度大乘佛教时期的中后期，出现健身瑜伽行派，而唐玄奘在这一时期入印求法，归国后创建了"唯识宗"，印度健身瑜伽行派是其理论思想根源的主要来源。中唐以后，佛教著论中多见"健身瑜伽"一词。中国佛教"禅观"、法相唯识宗的"止观"、天台宗的"六妙法门"，都是对健身瑜伽静坐、冥想的变通说法。此外，据有关学者考证，从印度传入中国的健身瑜伽术还有中国南北朝时期的《易筋经》、流行于唐朝的《天竺按摩法》与宋代的《婆罗门导引法》等。

而广大中国人民认识健身瑜伽运动是自1985年中央电视台连播的张蕙兰的健身瑜伽术教学片开始的。通过中央电视台，一台和二台每天早晨和晚上都播放张蕙兰每练30分钟的电视系列节目——蕙兰瑜伽，健身瑜伽也由此走进了中国的千家万户，并深受现代人的喜爱。

中国国内的健身瑜伽大多选取健身瑜伽的健身修心功能的一面，而丢弃了印度八典健身瑜伽中深层次的宗教学理念，因此，健身瑜伽多被我国健身瑜伽者作为放松身心、塑身美体、改善身心状态的一种健康运动方式。

进入21世纪，健身瑜伽作为人类的精神遗产被重新重视起来。健身瑜伽不仅是一种生活方式，而且是一门正确生活的科学，对人体的生理、精神、情感等各个方面都有着良好的作用。这是因为练习健身瑜伽能够平衡人的神经系统和内分泌系统，从而使人体的其他系统得到平衡。健身瑜伽姿势能够消除疲惫，有助于放松身心，恢复体力。适宜练习健身瑜伽的人群很多，无论是年轻人、老年人还是身体有疾病者都可以有规律地练习健身瑜伽，从而获得良好的身体状况。

3. 健身瑜伽运动的特点

（1）抛除杂念，净化心灵。在健身瑜伽运动中，冥想是一个重要的组成部分，它是在排除杂念之后，静虑、沉思的过程。健身瑜伽要求练习者在宁静的心境下，抛弃世间的一切烦恼，排除杂念，放松大脑，释放压力和紧张情绪，使身心平衡和安宁，使心灵更易产生反思、直觉、灵感和创造意识。健身瑜伽的神奇之处是能给练习者带来更多的快乐，甚至能够改变练习者为人处世的观念，帮助练习者在处理事情时换个角度看问题，思维更加开阔，解决问题更加得心应手。

（2）集中注意，调整呼吸。健身瑜伽姿势、健身瑜伽松弛功、健身瑜伽洁净功法、超脱于心灵功、调息法、健身瑜伽冥想收束法和契合法、健身瑜伽语音冥想等组成了整个健身瑜伽体系。但是健身瑜伽不是单纯的功法和姿势练习，而是作为一种手段，使人在优美安静的环境中通过调整呼吸来清洁肺部及加速消除体内的毒素，同时能让人的心更平和与安静，把注意力集中于这项练习在体内所产生的感觉上，达到人神合一的境界。

（3）结合自然，愉悦身心。结合自然、愉悦身心是健身瑜伽的一个显著特点。健身瑜伽的各种姿态配合呼吸，通过对穴位和经络的刺激，能够达到增进气血的流通，调体、调心的作用。

健身瑜伽中的调气，对于提高身体的自然治愈力，给衰退的体细胞送去新鲜血液，按摩体内各个器官，并使其恢复功能有着重要的作用。健身瑜伽具有使人褪去心浮气躁，渐渐安静下来的作用。健身瑜伽讲究天人合一，要求练习者融入大自然的怀抱，呼吸自然新鲜的空气。健身瑜伽修行者在大自然中仔细观察动物的习性，模仿动物的典型姿态，创造出健身瑜伽体位法，并有许多姿势被冠以动物的名称，如猫式、狮子式、鱼式等，意在获取动物身上神秘的力量——自然康复能力，以使人的精神和肉体保持健康状态。

（4）方便易行，安全有效。从运动学的规律来看，健身瑜伽的一些姿势是反关节的练习，是不利于健康的违例动作，但健身瑜伽姿势要求动作做得缓慢、用力均匀、步骤分明，每做一个练习都是放松、有控制的，是以自身能承受的角度、力度、幅度进行练习的，不超出自身的极限，没有强迫性，从而将伤害减小到最低限度。此外，健身瑜伽练习不需专门的器械和场地，只需保持空气流通、新鲜，周围安静即可，因此十分便于练习。

4. 健身瑜伽运动的功能

（1）保持健康平和的身心状态。一个人的行为、情绪甚至心理状态都与内分泌腺体的活动有直接的关联。当内分泌腺体释放太多或太少激素到血液中时，人的身心健康就会受到不良的影响。健身瑜伽练习能够帮助调整这些腺体的活动，从而防止内分泌系统工作的失常，由于内分泌系统是受主神经系统支配影响的，所以健身瑜伽对神经系统调整的同时也间接地帮助调整内分泌系统，而健身瑜伽练习给予这些腺体的轻柔按摩和刺激，也直接使它们保持健康状态。练习者通过意念和自我内心对话的方法减少忧虑和烦扰。健身瑜伽中的伸、弯、推、挤、扭，可以舒缓、柔和体内神经，使练习者内心有一个良好的环境，从紧张、焦虑、急躁、恐惧中解脱出来，从而提高自信心，消除烦恼，心理得以放松，内心达到平和的状态。

（2）改善内脏器官和消化系统的功能。经常正确地练习健身瑜伽，能使交感神经系统和副交感神经系统平衡起来，这意味着受这两个系统影响或支配的各内脏器官不会因活动亢奋而恢复不足。健身瑜伽的各种姿势也是一种辅助治疗的运动，通过身体的扭转与挤压姿势，可以加强肠道的蠕动，增加消化液的分泌量，从而加强消化与代谢功能。同时使肾脏供血充足，代谢加强，对胃病和脊椎疾病的辅助治疗起到促进作用，使这个系统的工作效率增加。

（3）消除抑郁情绪和预防疾病。大学生要面对紧张的学习与生活压力，心态变化比较大，使得大学生患有心理疾病的可能性增加。健身瑜伽冥想的练习会使人们内心变得更平静、更平和，没有怒气，没有怨言，这意味着练习者将较少患上可能由于紧张与忧虑引起的疾病。健身瑜伽的一些姿势是轻柔的按摩和伸展身体，对身体的每一个部位都有益。

（4）改善身体柔韧性和美化身体线条。健身瑜伽的姿势可以帮助身体的每块肌肉慢慢地伸展，给身体带来无限的能量。按照正确的方法练习健身瑜伽，把注意力集中在身体变化所产生的感觉上，通过呼吸和伸展的过程可使肌肉、结缔组织以及其他组织得到伸展，使身体的肌肉、身体的柔韧性和肌肉血液循环得到改善。同时，增强肌肉和结缔组织的灵活性，防止肌肉组织功能下降，消除肌肉萎缩和关节僵直，使肌肉的肌纤维拉长、变细。身体僵硬的部分得到了舒缓，虚弱的地方也变得强劲有力。

（5）改善身体的平衡能力。健身瑜伽练习对保持人体生理功能，如呼吸调整、流汗、心率、血压、新陈代谢的频率、体温和其他一些重要的机制的平衡很有好处。健身瑜伽重建人体功能的平衡效果显著，有些姿势是针对提高人的身体平衡能力的。通过有规律的练习，可使人获得灵活性、坚韧、平衡，以及对疾病的抵抗力，还可以消除疲劳和安定神经，从而使人在睡眠中得到真正的安宁，释放能量，使大脑放松来提高身体的敏感度。

（二）健身瑜伽运动的基本动作

1. 基本坐姿

（1）简易坐。坐在地上或垫子上，将右小腿弯曲，放在左大腿之下，将左小腿弯曲放在右大腿之下。双手放于双膝之上，头、颈、躯干都保持在一条直线上。

（2）半莲花坐。坐在地上或垫子上，弯曲右小腿，让右脚底板顶紧左大腿内侧，弯起左小腿并将左脚放在右大腿上，头、颈、躯干都保持在一条直线上。交换两腿的位置，继续坐下去。患坐骨神经痛的人不宜做此练习。

（3）莲花坐。坐在地上或垫子上，双手抓住左脚，将其放于右大腿上，脚跟放在肚脐区域下方，左脚底板朝天。双手抓住右脚，扳过左小腿上方，放在左大腿上，右脚底板朝天，脊柱保持伸直。尽量长久地保持这个姿势。交换两腿位置练习。

这个姿势较难，但它是一个很有用的松弛练习，掌握好之后，能使呼吸顺畅，促进上半身的血液循环，对患哮喘和支气管炎等疾病的人有益。每次打坐之后，要按摩双腿、双膝和脚踝。

（4）雷电坐。双膝跪地，两小腿胫骨和脚背平放于地面。两膝靠拢，大脚趾相互交叉，使双脚跟向外指。伸直背部，将臀部落在两脚脚跟之间。

雷电坐有助于心灵的宁静平和，特别是在饭后 5～10 分钟练习，能良好地促进消化系统功能，缓解胃部不适。它也是极好的冥想姿势。

（5）至善坐。弯曲左小腿，右脚抵住左脚使左脚跟顶住会阴，左脚板底紧靠右大腿。屈右小腿，将右脚放于左脚踝之上。右脚跟靠紧耻骨，右脚板底放在左腿的大腿与小腿之间。背、颈、头部保持挺直。闭上双眼，内视鼻尖处，保持若干分钟之后交换两腿位置。

2. 坐姿体位法——以牛面坐为例

（1）坐姿。双膝弯曲，膝盖重叠，脚尖向后，脚背着地，手掌放在脚掌上，调匀呼吸。

（2）吸气。右手肘弯曲，慢慢往右肩向背后上举，手掌贴在背后，左手由下方绕到背后，与右手交握，十指紧扣。右手肘尽量置于颈后，背部挺直，挺胸，眼望前方，自然呼吸5次。

（3）吐气。手指松开，双手放下，回复到做法（1），放松，调匀呼吸。左右各重复练习3次。

注意事项：双腿交叠，膝盖不离开，上下对齐。如右脚在上，则右手在上，反之亦如此。

3. 站立体位法

（1）风吹树式

站姿。双脚并拢，合掌于胸前。吸气，双手向头顶高举，手臂轻轻夹住耳际，上身有往上延伸之感。

吐气。上身弯向左侧，与此同时，将髋部向右侧推移，保持5次呼吸。

吸气，还原向上。吐气，再弯向右侧，将髋部向左侧推移，保持5次呼吸。

（2）三角转动式

保持双膝伸展的同时，将右脚向右方转90°，左脚向右方转约60°。

呼气，双臂伸直，将上身躯干转向右方，让左手在右脚外缘碰触地板。右手臂向上伸展，与左手臂成一直线。双眼注视右手指尖，伸展双肩及肩胛骨。保持约30秒。

恢复时吸气，慢慢先将双手、躯干还原，最后将两脚转回各自原来的伸展状态，再转回基本站立式。

（3）鱼式

把腿盘成莲花式平放于地面上，背贴地仰卧。

抬高颈部和胸膛，拱起背部，把头顶放在地面上。

用手抓住大脚趾，以便增加背部的拱弯程度。

用鼻做深呼吸，保持2分钟，然后放开脚趾。

（4）腰躯扭转式

站姿。双脚向外打开60～70厘米。吸气，双臂向两侧伸展与肩部保持水平，手心向下。

吐气。腰部向左方向转动至自身极限，脚不动，右手搭在左肩上，左手放置于后背，眼睛注视左后方，保持自然呼吸5次，相反方向进行练习，重复3次。

4. 蹲姿体位法——以花环式为例

蹲坐着，双脚并拢，脚心和脚跟要完全贴在地面上。

分开大腿和膝盖，身体向前，双手由两腿中间向前伸。

手臂弯曲往后，双手握住脚踝后面的部分。

握紧脚踝之后，呼气，头向下碰触地面。

停留1分钟，自然呼吸。

吸气，头抬起来，手松开，休息。

5. 平衡体位法

（1）树式

站姿。双脚并拢，挺身直立，合掌于胸前。吸气，身体重心放在左脚，脚趾施力压住地面，骨盆向左推移。提起左脚横置右脚背上，脚跟向外。双手同时向上伸展，高举至头顶。眼睛注视前方一固定点，保持自然呼吸5次。

吐气。双手慢慢还原至胸前，脚同时放回地面。两侧交替做，重复练习3次。

（2）壮美式

站姿。右膝向手弯曲，右手握住脚背。吸气，将左手伸直高举到头顶，眼睛注视前方，集中意识。

吐气。右手慢慢将右脚提高，保持片刻。

吸气。上身微微向前倾，放松后腰背部位，眼睛注视前方右手指，保持身体平衡，自然呼吸5次。

吐气。手脚放下还原站立，调整呼吸，换脚再进行练习，左右各做3次。

6. 跪姿体位法——以猫式为例

金刚坐姿，双掌置于膝盖上，伸直背部，调匀呼吸。

吸气，臀部离开脚跟，俯身向前，抬臀凹腰；膝部、脚背贴地面，手臂伸直，指尖对膝盖，下颌抬高，背部收紧，保持片刻。

吐气，手掌施力收腹，拱起背部，头部向下，下颌尽量抵住胸部锁骨处，动作静止，自然呼吸5次。

再次吸气，下颌向上抬，头部后仰，凹腰部，挺臀部。动作静止，自然呼吸5次。上、下各重复练习3次。还原金刚坐姿，调匀呼吸。

7. 仰卧体位法

（1）船式

仰卧，双脚并拢，双臂平放于体侧。

吸气，同时将上身、双脚和双臂向上抬起，只有臀部着地，并以脊椎骨为支点，保持身体平衡。双手、双腿伸直，手指指向脚尖，保持此姿势，屏息约5秒。

吐气，慢慢将身体放回地面，调匀呼吸，全身放松。

注意事项：身体上抬时，要收缩腹部，并紧张全身的肌肉。如果腿部发生痉挛，做将脚踝用力蹬出的动作，伸直脚跟韧带。

（2）仰卧放松式

仰卧，轻轻闭上眼睛，双腿屈膝，脚掌置于臀部下，双手放置于身体两侧，掌心向上，手指微屈，下颌微微引向胸部。

缓缓吸气，胸廓慢慢扩张，双肩放松，双膝向外。

想象头顶、手指尖、尾椎、脚跟、脚尖向外延伸。

双手从地板上滑动到头上方，吸气，伸展双手带动身体坐起，再把上半身靠向双腿，伸展背部。

8. 俯卧式体位法——以眼镜蛇式为例

（1）俯卧，双脚并拢，脚背着地，收下颌，额头触地，弯曲手肘，双手平放于胸侧，调匀呼吸。

（2）吸气，下颌慢慢抬高，头部向上后仰，同时上身慢慢离开地面（感觉是把脊椎一节一节向后弯曲，用腹肌的力量而不是用臂力），肚脐与腹部着地，眼望前方。保持此姿势，自然呼吸5次。

（3）继续吸气，双臂伸直，继续将背部向后弯曲，头部尽量后仰，腹部仍然贴地，眼望上方，眼球可同时左右转动（改善视力）。意识集中在喉部、尾椎，同时收缩臀部，大腿放松。

（4）吐气，上身按从骨盆、腰椎、胸椎、颈椎、下颌到额头的顺序慢慢还原到（1）。调匀呼吸，全身放松。重复练习3遍。

注意事项：眼睛蛇式是一种健身瑜伽体位法的代表性的姿势。练习时，不可以用爆发力，尽量使身体处于舒适状态。初学者先熟悉做法（2）后，才可以练习做法（3），以免身体超负荷。甲状腺机能亢奋者，结肠炎、胃溃疡和疝气患者不适宜练习。

（三）健身瑜伽运动的组合动作

1. 平衡技术组合动作

平衡技术动作可以改善体态，提高身体平衡稳定能力，使内心平静，加强腹部器官的收缩，强壮双腿。

（1）站立，右腿弯曲放在腹股沟上，吸气，双手上举，掌心相对；呼气，左腿弯曲，双臂侧举，保持正常呼吸，腿慢慢放下，再反方向做，重复2～3次。

（2）站立，右脚后点地，双手上举，掌心相对，吸气，手臂向前伸的同时右腿上抬，使手臂、臀、腿保持在一个平面上，正常呼吸，吸气，慢慢起上身，腿落下，再反方向做。

（3）双腿开立，手臂侧平伸，右脚尖向右转45°，右腿弯曲，右侧身体向右腿靠，右手慢慢撑地，同时左腿侧抬，左手向左脚方向伸，吸气，慢慢还原，之后反方向做，每个方向做2～3次。

2. 腿部组合动作

腿部伸展动作，每个姿势保持20～30秒，吸气时腹部向外，呼气时腹部向内收，在停顿中体会身体伸展的感觉。

（1）分开腿慢慢蹲下，身体前屈，手放在两脚底之下，保持自然呼吸，双腿伸直，停20～30秒慢慢还原，重复2～3次。

（2）坐在地面上，将双腿伸直，吸气的同时双手相对上举，呼气，身体下压，手抓住小腿，身体放松，保持正常呼吸，停20～30秒，吸气的同时抬身，重复2～3次。

（3）坐在地面上，右腿弯曲，脚掌紧贴左腿内侧，吸气，双手上举，呼气，身体下压抓脚，头上抬，让腹部紧贴左腿，正常呼吸，吸气慢慢抬起身体，反方向做，每个方向重复3～4次。

（4）坐在地面上，双腿分开，吸气，两手侧举，呼气，身体下压，双手抓住脚踝，正常呼吸，吸气慢起，重复3～4次。

（5）站立，双手在身体后相交，吸气，抬头挺胸，呼气的同时身体向前弯曲，头向腿方向贴，双手上抬，正常呼吸，停20～30秒，吸气，慢慢抬身，重复2～3次。

（6）跪撑，吸气，臀部上抬，呼气，肩下压，腿伸直，脚跟向地面沉，正常呼吸，停20～30秒，吸气还原，重复3～4次。

3.髋、腹部组合动作

健身瑜伽的髋、腹部动作有助于消除肠道中的气体，使骨盆的血液流通，使髋部灵活。

（1）两腿前伸，一腿弯曲，脚掌贴于另一大腿内侧，膝关节下沉，反方向做，重复3～4次。

（2）双手抱起一条腿，靠近胸部，保持正常呼吸，停20～30秒，反方向做，每个方向重复3～4次。

（3）吸气，腿向内转，呼气向外，重复3～4次。

（4）身体躺平，两腿弯曲离开地面，两腿依次向下做蹬自行车的动作，该动作结束后再换反方向做，每个方向15～20次。

（5）身体躺平，单腿上抬，顺时针做画圈运动，再逆时针方向做，每个方向1次。

（6）身体坐直，两脚向对撑，吸气，头向上，脊柱立直；呼气，身体向前压，保持呼吸，停20～30秒，重复2～3次。

4.腰部组合动作

做腰部动作时力求每个姿势做到最舒服的位置，每次只一个脊柱做姿势（下移到第4个动作后），使整个背部得到充分的锻炼和伸展，加强背部的力量，同时可保护腰部，消除轻微的脊柱损伤。

（1）两腿开立，吸气，双手头上伸，十指相交，呼气，身体前屈，两眼注视手背。吸气，身体向右转动，呼气，身体转向左侧，重复4～6次，吸气，身体上起、立直。

（2）两腿分开坐在地面上，吸气，两臂侧举，呼气，身体右后扭转，左手指尖触右脚趾，吸气，转正，呼气，反方向做，重复4～6次，眼睛注视后手。

（3）趴在地面上，两臂在身体两侧，吸气的同时头抬起，身体上抬，头、肩、胸离开地面，保持正常呼吸，停30～40秒，吸气，抬身，重复4～5次。

（4）跪撑，臀部后坐，手臂伸直，吸气，下颌带动身体由下到上移动，身体向上时呼气。双手上撑身体，保持呼吸之后按原路线吸气撑回来，重复4～5次。

（5）趴在地面上，双手抓住脚踝，吸气并将头和脚同时上抬保持正常呼吸，吸气，慢慢放下，重复2～3次。

（6）趴在地面上，双手撑起身体，吸气，头上抬，同时弯曲双膝，自然呼吸，吸气，慢慢还原，重复2～3次。

（7）趴在地面上，吸气，头和腿同时上抬，双手在背后，十指交叉，停住，正常呼吸，吸气慢慢还原，重复3～4次。

（8）趴在地面上，双手在额头下，吸气，右腿上抬，呼气，右腿向左侧压，眼睛从左侧看右脚，停10～20秒，吸气，慢慢还原，再换反方向做，重复2～3次。

5.腹部组合动作

健身瑜伽腹部动作有助于促进肠道蠕动，加强腹部的力量，减少多余的脂肪。

（1）躺在地面上，吸气，单腿弯曲，双手抱住腿；起上身，下颌触膝，尽量呼气；吸气落下，反方向再做；之后双腿同时弯曲，每个动作重复4～6次。

（2）躺在地面上，吸气，上身抬起，两臂前伸，同时两腿离开地面上抬，保持2～3次呼吸，吸气，慢慢落下，手放在腿的两侧，重复2～3次。

6.脊柱部位组合动作

健身瑜伽脊柱动作有助于脊柱更加柔韧、更加灵活，伸展脊柱，增加脊柱中的血液流量，对腹部起到按摩的作用，对消化和排泄有好的效果，促进肠道的自然蠕动。

（1）跪撑，吸气，低头整个背部上拱，低头，收腹；呼气，背部下塌，头上抬，臀上伸，腰放松，重复 10～12 次。

（2）跪撑，吸气，低头，右腿收到腹前；呼气，抬头，右腿后伸上抬重复 10 次，之后换左腿，每个方向重复 2～3 次。

（3）身体站直，吸气，两腿分开，两臂侧平举，呼气的同时身体右后转并将右手放在腰后，左手扶在右肩上，保持呼吸，吸气，身体转正，两臂放下，之后反方向。

（4）身体坐直，两腿伸直，左膝弯曲，左脚在右腿外侧，吸气；右手臂交叉在右腿外侧，手撑地，左手在臀后支撑，脊柱直立，呼气；上身向左后扭转，在最舒服的位置停住，保持缓慢呼吸；吸气身体转回还原，之后反方向，每个方向重复 3～4 次。

（5）身体坐直，两腿伸直，左腿弯曲，脚放在右腿的髋部；吸气，左手抓住右脚，呼气，身体和头向右后扭转，右手放在腰背后，保持呼吸，吸气还原，之后反方向做，每个方向重复 2～3 次。

7. 胸部组合动作

健身瑜伽胸部动作可纠正驼背和两肩下垂的不良体态，有助于发展胸腹部和喉部，使神经系统得到改善，加强血液循环。

（1）坐地面上，双腿伸直，双手侧撑在身体两侧，吸气时胸腹向上，抬头，自然放松，重复 2～3 次。

（2）跪地，吸气胸腹向上，脊柱后弯；呼气，手掌压在脚掌上，自然呼吸，保持 5～10 秒，然后吸气慢慢还原，重复 2～3 次。

（3）仰卧，慢慢把头上抬，头顶地，背部伸直，吸气的同时双腿上抬，双手合掌撑起，正常呼吸，保持 5～10 秒，慢慢还原，重复 2～3 次。

（4）跪撑，两肘撑地弯曲相抱，呼气，下颌、胸部下沉向地面，同时臀部上提，保持正常呼吸，慢慢吸气，臀部后坐。重复 2 次，每次保持 30～60 秒。

8. 肩部组合动作

健身瑜伽肩部动作可帮助扩展胸部，放松两肩关节，补养肩部，防止肩周炎，使肩部更灵活。

（1）绕肩。两指尖轻轻点肩上，两肘向前绕圈，由小圈过渡到大圈，绕 12 圈；两肘向后绕圈，由小圈过渡到大圈，绕 12 圈。

两指尖轻轻点肩上，吸气，手背在头后相对，呼气，手背分开两肩下沉，重复 12 次。

两指尖轻轻点肩上，吸气，两肩向内含，呼气的同时挺胸，重复 12 次。

（2）两手肩后握。两膝跪地，同时两脚分开，手臂在两小腿中间，吸气同时双手上举，两手相交，呼气，并将一只手臂弯曲，肘关节向上，手在头后，另一只手从身体后上屈，抓住头后的手，之后反方向，每个方向重复 3～4 次。

（3）绕环。两腿开立半蹲，两臂体前绕环 12 圈，两臂向后绕环 12 圈，呼吸配合手臂。

9. 头部组合动作

健身瑜伽的头部动作能够增加流向头部的血流量，滋养面部和头皮，使腹腔内脏器官受到挤压，促进排泄，对整个脊柱神经系统极为有益。注意不要使肌肉过分用力。

（1）跪坐，身体向前弯曲，把前额放在地面上，两手放在腿的两侧，呼气，臀部慢慢抬起，大腿与地面垂直。头部和颈部承受身体一定的重量，保持正常呼吸，停 20～30 秒。慢慢吸气，臀部坐在脚跟上，重复 2～3 次。

（2）平仰卧，吸气收腹，双腿上抬慢慢下压，呼气，两腿自然下沉；双手撑住腰部，臀部上抬，双手慢慢放在地面上，停住，保持正常呼吸，停 20～30 秒，吸气慢慢还原，重复 2～3 次。

（3）平仰卧，吸气收腹，双腿上抬，双手托起腰部，两肘关节撑住地面，使双腿向上伸，慢慢伸直躯干，保持 1 分钟左右，慢慢吸气，放下背、腰、腿，身体躺平，重复 2～3 次。

第七章　高校竞技健美操创新训练与实践

第一节　高校竞技健美操创编概述

一、高校竞技健美操创编的原则

（一）适应性原则

竞技健美操的比赛规则是衡量动作编排及完成情况的标尺，它对于判断竞技健美操成套动作艺术性、完成、难度等各个方面具有至关重要的作用和意义。因此，健美操创编者在进行创编的过程中必须遵循竞技健美操的规则，适应不同阶段竞技健美操规则的变化和比赛环境的变化。

国内外各地区竞技健美操发展情况各异，我国自1987年举行第1届"长城"杯健美操邀请赛至今已举办了多届竞技性健美操比赛，国内竞技健美操规则版本较多、变化较快，应引起创编者的重视。以下以近几年竞技健美操规则的变化为例说明竞技健美操创编的适应性。

（1）1994—1996年，竞技健美操规则要求健美操创编套路的时间为1分50秒～2分10秒，用两个八拍组合动作（一组对称动作，另一组由5个基本步伐、3个连接步伐组成的动作组合）与6类难度动作（平衡、跳跃、踢腿、柔韧、静力性力量、动力性力量）。取消了其他国际组织通用的4次俯卧撑、4次仰卧起坐、4次大踢腿的规定动作。

（2）1997—2000年，竞技健美操规则取消了对称及组合性动作，保留了6类难度动作，发展为7个层次，对难度数量加以限制，一个成套动作中最多有16个难度动作，以12个最高难度动作计分。此外，还对操化动作的运用、场地空间的运用、动作的连接、艺术性、创新性做出了具体的规定。

（3）2001年以来，竞技健美操的规则把6类难度动作合并为4类难度动作，即 A 类（倒地、俯卧撑、旋腿与分切）、B 类（支撑与水平）、C 类（跳与跃）、D 类（柔韧与平衡）。难度动作数量限制为 12 个，只能出现两次腾空成俯撑动作，地上动作不得超过 6 个，同时取消艺术加分等。

（4）2009—2016 年，在 FIG 竞技健美操规则中，更加细化了裁判评分的内容，对集体项目的托举、配合的规定更加清晰，同时加大了减分力度。

（5）2017—2020 年，FIG 健美操规则有了一些重大的变化，调整了严格的艺术评分以及技巧和托举评分，有氧舞蹈取消难度动作，单人项目的成套难度动作保持 10 个不变，混双、三人和五人等集体项目的难度动作减少至 9 个，难度组别从四个减少至三个。这样的变化就规定了运动员必须拿出一套高质量的成套动作，时间的减少意味着强度的加大，更加考验运动员的能力。

从规则修改的情况来看，新规则中量化和质化的成套动作的艺术分评判更为具体和客观，不再以裁判员个人的主观评判打分。动作的完成质量得到了高度重视，取消了大部分半周难度动作，意味着选手需要进一步提高自己的能力，同时增加了大量其他项目的高难度动作，也预示着健美操项目借鉴了其他项目，使健美操成为更受大众欢迎的项目。

通过以上竞技健美操的变化，我们可以得出结论：高校竞技健美操创编者在进行创编前必须明确所要遵循的规则，对规则中的各项条款、特定规则、补充规则的具体要求进行认真的分析和理解，以使健美操的创编适应竞技规则的变化。

（二）竞技性原则

竞技健美操的最终目的是通过比赛取得理想的成绩，分出优劣，赛出水平。因此，在遵循健美操竞技性原则的基础上创编出高水平的竞技健美操是每个健美操创编者创编的出发点和前提。

约翰·艾特肯森（Jhon Atkesion，国际体联健美操委员会前主席）在国际体联会议上指出"我们要严格维护健美操特色"，即在身体姿态的控制技术基础上的有节律的弹动控制技术；动作的难度与配合，动作形式的多样性与连贯性，运动负荷的高强度；运动员的身体素质（力量、灵敏、协调、无氧耐力、速度柔韧、平衡能力）、独特的吸引力（动作设计、动作、表现、表情与气质）、智慧（战略战术、成套动作的不同层次表现）、心理素质（情绪的稳定性）等。

因此，在竞技健美操编排中必须提高强度动作编排，体现运动员的竞技能力，重视对影响竞技健美操强度因素的分析，如动作速度（完成单个动作的时间长短，展示动作力度）、动作幅度（大幅度地完成动作的能力）、动作频率（单位时间内完成动作的数量，快速动作的能力）、运动能力（抵抗重力时的爆发力、腾空高度，连续完成空中动作的能力）、运动耐力（在整套动作中保持心血管系统运动强度的能力），根据这些因素在编排实施中的影响，按照竞技性原则进行创编。具体如下：

（1）上肢动作在1个8拍内必须出现一次最大极限的上肢伸展，即出现一次垂直方向的最高点，注意不能只有单臂运动。

（2）下肢步伐要多采用高强度步伐，如采用后踢腿跑、弹踢腿、开合跳或步伐的组合形式，使下肢一直处于弹动状态。

（3）在成套动作中，必须出现1个8拍的动作节奏变化，即提高动作频率的编排，避免出现停顿性休息。

（4）增加区域移动的编排，增加身体运动的方向、面和转体。

（5）集体竞技健美操应减少队员间配合前的准备动作。

另外，创编者在追求健美操竞技性的同时，要充分考虑运动员的运动水平和承受能力，不要冒险尝试没有把握的动作。

（三）整体性原则

竞技健美操的整体性原则是指创编者在健美操成套动作的创编过程中，通过合理的组合和过渡使各类难度动作能够达到一种最佳组合状态，使某一类难度动作不过分地集中出现。整体性是竞技健美操创编的根本，它的运用在创编过程中主要表现为对难度动作的选择方面。目前，在竞技健美操中，共有323个难度动作，具体如下：

（1）俯卧撑、倒地、旋腿：占总难度动作的23%。

（2）分切：占总难度动作的53%。

（3）支撑：占总难度动作的12%。

（4）水平：占总难度动作的38%。

（5）跳：占总难度动作的53%。

（6）跃：占总难度动作的25%。

（7）柔韧：占总难度动作的10%。

（8）平衡：占总难度动作的84%。

因此，创编者在进行竞技健美操的创编过程中，必须考虑到怎样的编排才能更好地展示运动员整体的力量、柔韧、灵敏、耐力等身体素质。在竞技健美操中，不同的难度动作体现着不同人体的身体素质，所以创编者在进行难度动作选择时，还应考虑所选择难度动作组别的数量比值的均衡性。

（四）针对性原则

在竞技健美操的创编过程中，针对性原则是指创编者针对运动员的特点和项目的特点进行具体的创编。

（1）竞技健美操的创编应针对运动员本身的特点，根据运动员与运动员之间存在的各种差异（运动能力、身体素质、技术、外形等方面的差异）进行。在竞技健美操的创编中，创编者应充分掌握运动员的个体特性及各方面的情况，并充分挖掘运动员个人特点，只有这样才能达到预期的目的。例如，对于柔韧性好的运动员，可编排难度较大的劈叉、平衡、多种方向的大踢腿等动作，充分地展示其舒展优美的体型和健美高超的身手；对于弹跳能力好的运动员，可适当多编排一些跳跃性强、难度大的动作，以充分展示其富有弹性的跳跃步伐、轻盈的空中姿态。

（2）竞技健美操的创编应针对项目的特点进行。目前，竞技健美操比赛一般设有5个项目：男子单人操、女子单人操、混合双人操、三人操、六人操。以集体性项目的创编为例，集体性竞技健美操强调整体性和一致性，讲究队形画面感（对称或均衡及整套动作造型的全景效果），重视运动员之间的同步与配合动作的巧妙组合。再以竞技健美操的单人项目为例，创编者只需要考虑核心运动员动作语汇的丰富性和特定动作的难度性即可。

（五）艺术性原则

竞技健美操是通过人体的动作来表情达意的艺术，以人体动作作为表现自己的手段，以具体可视感的形象显示出人的灵巧、力量、智慧、精神风貌、思想感情等。在比赛中，运动员通过面部表情和动作的展示来感染观众、超越自我，表现艺术之美。具体来说，竞技健美操的艺术表现美体现在以下三个方面。

1. 动作

能轻松地完成各种动作，且动作舒展优美，有力度感，节奏感好。

2. 音乐

音乐韵味十足，能充分地展现美，能感染观众和裁判，使人印象深刻，使人得到美的享受。

3. 动作和音乐的完美配合

竞技健美操作为体育竞赛项目，其对艺术性方面的要求更加复杂。因此，创编者更应该注重遵循艺术性原则，可从以下几个方面入手。

（1）整体结构设计的艺术性：张弛有序、高潮迭起，有节奏感。

（2）音乐选配的艺术性：使音乐为健美操的整体效果服务，锦上添花。

（3）队形设计的艺术性：选择最能展示动作美的队形，使整套操的风格更加鲜明、统一，体现出美感。

（六）创新性原则

创新是竞技健美操的生命，要想在竞赛中脱颖而出，就必须有新颖、独创的动作和音乐选配。

在竞技健美操的创编中，可以从动作的创新、音乐的创新、队形的创新、连接的创新等多个方面着手。其中，动作的创新是其他创新的基础，应该予以重视。创新性原则体现在竞技性健美操创编过程中是突出其编排的独特性。创编者只有在创编中有目的、有方向、有尺度，才能充分展现竞技健美操的魅力，达到预期的效果。

二、高校竞技健美操创编的音乐选择

音乐是竞技健美操创编的灵魂。竞技健美操中音乐的作用主要是烘托动作气氛，通过音乐与动作的完美结合，使成套动作在音乐的伴奏下，更完美、更艺术化。在竞技健美操成套动作创编中，仅有一首好听的音乐远远不够，还必须有符合音乐情绪与节奏变化的成套动作编排，使动作与音乐相吻合，使成套动作在音乐中表现出来。高校竞技健美操创编的音乐选择具体有如下几方面。

（一）音乐选择的影响因素

1. 竞技健美操规则的相关规定

以2005—2008年国际体操联合会的健美操竞赛规则为例，其中对健美操音乐方面做出了如下规定：

（1）音乐必须有利于表现运动员的个性特点与技术风格。

（2）健美操风格必须与音乐的理念和谐一致。

（3）动作必须与音乐的特色和谐一致。

（4）经剪辑的音乐必须表现情感自然、转换流畅。

（5）音乐中的动效，应视为音乐的一部分，音质高、音量适宜。音乐动效必须有相应的动作配合。

2. 运动员的风格和气质

每一个健美操运动员都是一个独立的个体，他们所处的生活环境、社会环境、教育经历、运动水平、身体素质等因素不同，因此会有不同的个性和各自特有的风格与气质。竞技健美操创编者在选择成套音乐时应注意这一点，根据运动员的风格与气质特点，做到扬长避短，发挥出运动员最优秀的一面。

3. 项目特点

竞技健美操包括男子单人、女子单人、混合双人、三人操、六人操五个项目。比赛项目不同，音乐的选择也应有所差异，即创编者应根据不同的项目特点来选择不同的音乐。例如，男子单人项目的音乐应该宏伟、有气势、鼓点节奏较强，而女子单人项目的音乐应韵律较强、柔中带刚，能体现女性阴柔的美。

（二）分析音乐风格

音乐风格是展现动作与艺术性的动力，它可以成为创编者创作的源泉、激发创编者的灵感。与健美操整套动作相符的音乐风格能恰如其分地表现出动作特点，突出健美操的艺术效果，并给动作带来生命。创编者在高校竞技健美操的创编过程中应对音乐的结构、节奏、旋律、配器等诸多因素进行分析，找出动作与音乐的完美结合点。

音乐风格可分为民族风格、乐派风格、曲式风格等，不同风格的音乐有着不同的色彩。在健美操这一艺术表现形式中，音乐的风格引导控制着动作的风格，音乐风格受时代、民族、地域、环境、作者等诸多因素的影响。因此，创编者应该认真分析不同音乐的风格特点，反复感受和体验音乐的风格特征，为创编整套健美操动作和促成动作与音乐的契合做好充分的准备。

（三）音乐的剪辑制作

1. 剪辑音乐

对分析、选择好的整套音乐进行分段，从中选取所需要的段落，然后将各个段落进行自然、流畅、有特点的衔接，开始与结束应设计新颖。

以时间为 2 分 28 秒，原创音乐为前奏（8×8 拍）—A 段（8×8 拍）—B 段（4×8 拍）—间奏（4×8 拍）—A 段（8×8 拍）—B 段（8×8 拍）—结束（2.5×8 拍），共计 42×8 拍为例，可将音乐剪辑后如下：

时间：1 分 48 秒。

节奏：前奏（2×8 拍）—A 段（8×8 拍）—动效音（0.5×8 拍）—B 段（8×8 拍）—A 段（8×8 拍）—结束（4×8 拍）—动效音（0.5×8 拍）。

2. 制作音乐

Gold Wave 是一款很好的数码录音及编辑软件，它不仅可以对音乐进行效果处理，还能将编辑好的文件存成 WAV、AU、SND、RAW、AFC 等格式，还可以不经声卡直接抽取 CD-ROM 中的音乐来录制编辑。用 Gold Wave 制作音乐的一般过程如下：

（1）打开已选音乐。先打开 Gold wave 的界面，在窗口右下方打开播放声音以及录制声音的设备控制窗口。使用 File 菜单中的 Open 命令或使用工具栏上的 Open 按钮打开已选好的音乐。单击设备控制面板上的 Play 按钮，播放音乐文件。

在播放波形文件的过程中，可以随时暂停、停止、倒放、快放，使用方法与普通的录音机一样。设备控制面板上的录音按钮可以录制人的声音，甚至可以把人的声音录制到一个已有的声音文件中与原有的声音混合，或覆盖原声。另外，通过属性按钮，可以定义自定义播放按钮的功能。用鼠标单击设备控制面板上的属性按钮，进入设备控制属性窗口，制作者可以定义设备控制面板中的自定义播放按钮的功能，如播放整个波形、选中的波形、未选中的波形，在窗口中显示波形，从波形开始处播放到选中部分的末尾处和从波形开始处播放，循环播放选中的波形等。

（2）处理音乐波形段。根据最新的国际体操联合会竞技健美操规则中的规定，一套完整的竞技健美操的动作时间为 1 分 40 秒～1 分 50 秒。因此，需要对音乐进行科学的处理：选择音乐的波形—拷贝音乐波形段—裁剪音乐波形段—粘贴的几种形式—使用声道切换试听。

（3）修饰波形文件。修饰波形文件是制作竞技健美操音乐的一个很重要的环节，是使波形文件成为一首高质量竞技健美操音乐的关键所在。在Gold wave中，可运用功能键对音乐波形文件进行偏移、改变播放时间、增加回声、声音渐弱、交换声音等修饰。

（4）成品处理。将制作完成的竞技健美操音乐刻录到光盘中，一首竞技健美操音乐便制作成功了。

（四）添加音乐动效

添加音乐动效是为了增强成套竞技健美操的艺术效果，是竞技健美操的重要组成部分。健美操创编者在构建好成套动作的基本框架后，要不断对动作进行修改和润色，使每一个难度动作都能与音乐有机结合。高校竞技健美操创编者在为音乐添加音乐动效时，要注意添加的音乐动效必须与动作有紧密的联系，能够体现音乐动效的含义、体现音乐风格的个性。

三、高校竞技健美操创编的程序

通常将竞技健美操总体设计的过程描述为：总体设计—制定目标—选择难度动作—选择与制作音乐—选择动作素材—过渡与连接—配合—动作组合—搭建结构—组装成套—修改。其中选择与制作音乐上文已经讲过，不再赘述，其他过程具体如下。

（一）总体设计

与高校健身健美操相同，进行整套体操的总体设计也是高校竞技健美操成套动作创编的第一步，一般来说，竞技健美操的总体设计方法如下。

（1）根据整体设想划分为若干部分或若干段，如分为开始部分（造型或入场）、主体部分和结束部分（造型或退场）。

（2）设计出各部分或各段的主要队形和运动路线，确定各部分或各段大体的节拍数。

（3）根据体操的风格、结构、长度及速度等选择剪辑音乐。

（二）制定目标

制定目标是竞技健美操成套动作创编的第二步。因为只有目标明确，才能使竞技健美操的创编具有目的性，才能少走弯路、提高创编成功的概率，具体地讲，高校竞技健美操成套动作的创编目的如下。

（1）竞赛类型：竞赛类型不同则比赛规则不同，创编者必须根据竞赛规则合理选择和编排难度动作。

（2）比赛对象：分析比赛对象的特点是比赛的重要组成部分，如果健美操创编者能根据不同的比赛对象有针对性地进行创编，就能合理制定比赛战术。

（3）比赛目的：比赛目的直接影响健美操创编者的创编想法。如果想赢得比赛，创编者就应尽力发挥创新能力进行创编；如果想积累比赛经验，创编者则应结合运动员的实际情况进行合理创编。

（三）选择难度动作

难度动作是竞技健美操的重要组成部分，竞技健美操创编者在创编一套成熟的竞技健美操动作时，应充分考虑运动员的特点，选择适合运动员的12个难度动作，在整套健美操中，难度动作要体现出多样性特点。

目前，竞技健美操的难度动作分为4个组别，共有323个难度动作，各组别的难度动作比例如下：

（1）A类动作：占总难度动作的23.53%。

（2）B类动作：占总难度动作的12.38%。

（3）C类动作：占总难度动作的53.25%。

（4）D类动作：占总难度动作的10.84%。

因此，竞技健美操创编者在进行难度动作选择时，要考虑所选择难度动作组别的均衡性，使成套动作的难度动作数量比值合理、不重复。同时，难度动作的选择要符合竞技健美操规则的具体规定，如难度动作必须是12个；不能出现超过6次地面的难度动作；难度动作不能缺组；不能超过两次成俯撑落地的动作；不能重复难度动作等。

（四）选择动作素材

一套优秀的竞技健美操区别于其他竞技健美操的重点就在于有独特的个性特点，即健美操的风格。每个创编人员所编的健美操都有自己的风格和特点，在动作素材的选择、动作形态的设计上都有所不同。一套完整的竞技健美操的风格主要是根据创编者的特长、项目特点、运动员特点等来确定的。

竞技健美操动作素材的选择和健身健美操动作素材的选择不同的是，创编者必须分清楚哪些动作适合作为难度动作，哪些动作应该衔接为过渡动作，哪些动作能编排成个性动作，哪些动作可以作为独创动作等。如果有必要，创编者应将动作素材（尤其是难度动作）先放到组合动作中进行检验，看看是否可行。

竞技健美操动作素材的来源是十分广泛的，它主要源于身体各个部位可形成的动作，以及不同形式、不同类型、不同组合的系列动作。一般情况下，只要不违背生理结构，符合规则的身体动作都可以被创编者纳入竞技健美操中。创编者可以先找出基本动作，再派生出多个动作，从而形成许多动作组合，形成一系列动作。例如，头部动作的屈、伸、转、绕等基本动作，通过方向、方位、面向的改变，可以派生出许多连串动作、组合动作、对称与不对称动作。

值得关注的是，创编者在选择竞技健美操的动作素材时，可以吸收邻近项目动作，通过改编将其运用于成套动作之中，如竞技体操中的自由体操动作、武术中的动作、舞蹈中的变形动作等。

（五）过渡与连接

在成套的健美操动作中，竞技健美操的特色内容、难度动作、托举动作、配合动作等的过渡和衔接是非常重要的，它不仅能增加竞技健美操的艺术性还能减少训练或比赛过程中运动损伤的发生。

竞技健美操的不同动作通常是以动力性的方法连接在一起的，一个动作必须自然轻松地引导另一个动作，体现成套动作的整体连续性。一般来说，过渡动作是指连接空间变化的动作，如从地面到站立的动作就是过渡动作。连接动作是指操化动作与配合动作，或托举动作，或难度动作在同一空间的连接。

首先，新颖的过渡动作更能吸引裁判员和观众的注意，能给人留下深刻的印象。创编者在成套动作的编排过程中，应在遵循规则的基础上尽可能地运用不同的过渡动作，创编出新颖独特的过渡动作。

其次，连接动作能充分体现竞技健美操成套动作的动感美。竞技健美操规则大多要求在成套动作中避免相同的衔接动作，尽量采用复杂的动作衔接来体现竞技健美操的多样性，并通过复杂动作的完美完成体现运动员的竞技能力。因此，创编者在动作的编排上应尽量减少停顿感，使连接动作流畅、自然。

（六）配合

竞技健美操的规则规定：竞技健美操动力性和身体上的配合是动作的表演或音乐的体现，是通过两名或更多运动员共同完成的，要求运动员之间是主动性的身体接触，不允许任何一名运动员身体出现腾空。对于高校竞技健美操而言，新颖、优秀的配合动作应紧密围绕成套动作主题和风格，通过配合动作使人印象深刻，充分体现健美操成套动作的创造性，将音乐和成套动作的主题恰当地表现出来。

因此，创编者必须具备丰富的艺术内涵和艺术灵感。在成套动作中，竞技健美操的动力性配合必须至少出现两次，但在编排中建议创编者尝试采用两次以上的动力性配合动作，以增加运动员间感情的交流，体现整体效果。

应特别指出的是，托举动作是竞技健美操成套动作中很重要的一部分。托举是指在成套动作中一名或多名运动员被托举、支撑或抬离地面，其结构不能超过两个人的站立高度，同时在完成动作过程中，被托举者必须与同伴保持接触。创编者要想设计一个新颖的托举动作，就必须在充分收集动作素材的基础上发挥想象，结合集体项目运动员的个人特点进行创编。

（七）动作组合

竞技健美操的整套动作从开始到结束应是一个完美的整体，运动员在任何位置都要有强烈而明显的节奏和韵律，动作做到紧张与松弛交替，时时刻刻都应该像一尊优美、生动的艺术雕像来表现形体艺术。

首先，竞技健美操要求动作与音乐达到完美统一，体现出成套动作的艺术性。创编者在进行成套动作的设计的过程中，对于难度动作、小巧的联合动作和造型动作的设计以及在场上的移动等，都要充分考虑音乐体裁的风格、旋律和音乐形式，使音乐的选配与成套动作做到完美结合。

其次，竞技健美操动作组合的创编是在总体布局与动作设计的基础上进行的。因此，创编者应根据整套健美操的风格特点，合理地进行动作组合。以根据音乐结构创编成套动作为例，可将竞技健美操分为开始部分、发展部分和结束部分，具体操作如下：

（1）依据创编原则构建结构，同时考虑音乐对结构的制约。

（2）创编成套动作时，可以先将开始和结束部分重点编排，再根据音乐结构创编其他部分。

（3）确定成套动作风格特点，选择素材，构建结构，进行动作组合。

（八）搭建结构

竞技健美操的结构就是整套健美操的骨骼，它支撑起健美操的整个成套动作。竞技健美操的结构应当根据通常使用的三个基本部分来构建，即开始部分、发展部分和结束部分。竞技健美操的结构划分通常以音乐开始的部分为序，结束部分为终止。

首先，在音乐的序与终止中，音乐的节奏与配合具有非常重要的作用和意义。创编者应该抓住这个机会，尽力发挥想象力，编排新颖、有吸引力的动作。

其次，发展部分是整个健美操成套动作的主体部分，也是体现运动员竞技能力的重要部分，在这个部分中，创编者应该尽力在遵循规则的情况下进行个性化创编，体现成套竞技健美操动作的创新性。

（九）组装成套

当创编者基本完成对竞技健美操的分段动作组合后，可以按结构框架把分段动作组合排列起来，审视其连接是否顺畅合理。

在将分段动作组合成成套动作时，可以先以 4 个 8 拍为一段进行组合，对该组合动作满意后再进行下一个 4 个 8 拍组合动作的编排，直至成套动作完全编排结束。在组装成套动作时，创编者应该注意以下两点。

1. 难度动作的确定

创编者对竞技健美操难度动作的安排必须根据音乐的结构、运动员的实际能力、难度动作的空间运用等各方面因素来确定。然后，安排难度动作在成套动作中出现的先后顺序。在安排难度动作时，应考虑场地和空间的使用，在实际的编排过程中，创编者尽量不要将两个地面难度动作放在一起完成。

2. 空间利用的和谐

竞技健美操规则规定运动员在完成成套动作的过程中，必须均衡地使用比赛场地与空间。通常把竞技健美操的比赛场地分为 4 个角和中央地区，运动员必须移动到每一个区域至少一次。创编者在竞技健美操的编排过程中，要每一个区域运用一次非常容易，但必须考虑如何以新颖独特的方式到达每一个区域，以及在每一个区域做什么样的动作，以使裁判员或观众获得最佳的视觉享受。

（十）修改

创编者在初步完成一整套竞技健美操动作的创编后，要先进行初步的实践，再根据规则及创编原则进行评价与修改，使成套动作更趋于合理与完善。在进行实践检验的过程中，如果成套动作有不足，则应参考创编原则进行修改。修改工作一般在成套动作创编完成之后进行，但有时修改工作也可与创编同步进行。

在对整套健美操进行修改的过程中不要过分地停留在细节问题上，过分纠结细节问题会使创编陷入困境，停滞不前。因此，对成套创编的修改，可以在进行整体、全面的分析后逐步完成。

四、高校竞技健美操创编的要求

（一）符合进步性

在人类社会的历史发展进程中，任何一种生活现象都有两种趋势，即肯定趋势与否定趋势。肯定趋势就是美，竞技健美操是一种肯定生活趋势的形式。

竞技健美操是在规定的空间与时间内以展示人体活动机能为主要形式来表现人体美的，它以动作为主要形式来展现生活的进步性，它以"动"和"情"相结合的主要形式来表现人类生活中的美。

因此，竞技健美操在今后的发展中要突出以"健"和"动"为主，创编者编排的一般进程应是从动作创编的动作表象到形成部分套路与渗入生活情思的意象再到整套动作形象的过程，使竞技健美操的创编体现出生活的进步性，使之在发展中表现出生活进步性的独特特征，从而不断促进竞技健美操运动本身的不断发展。

（二）符合目的性

美是人类社会历史发展的客观必然要求，是合乎目的的一种美好的生活追求。自然界及动植物是无所谓目的的，有目的是人的活动的特点。客观世界不会主动满足人，而人也不能违背自然规律。因此，人可以在不违反规律的前提下改变世界、满足自我。

竞技健美操的产生反映了人类对抗现代文明病，求得自身协调发展以及塑造自我形象的目的，是人类向自身机能挑战和对健康与自由的不断追求。

虽然现在有很多运动项目都有健身强心的作用，但竞技健美操更强调参赛者的健身作用，是其他健身项目所无法比拟的，它的健身效果已经超越了一般意义上的健身，是向生理极限的挑战。

健美操竞技要存在与发展，就要在按照美的规律来塑造人类自己的规律性中求得自己的特性，以区别于其他运动项目的形式，从而跻身于竞技体育之林，使之在人的生活目的性的满足方面有所收益。因此，对竞技性健美操的创编非常重要，这是竞技健美操创编者不断地提高创编水平、适应人类需求，促进竞技健美操发展的重要思路。

（三）符合创造性

事物是在不断的"创造—破坏—再创造"的过程中发展起来的，从某种意义上讲，在社会生活中具有破坏性的东西大多是丑的东西，具有创造性的东西大多是美的东西。而美的东西就是人类按照美的法则包括目的性法则创造出来的。

第二节　高校竞技健美操基本动作训练与手段

一、身体基本姿态训练方法

竞技健美操的基本姿态是指做动作时，头、手、臂、躯干、腿和脚等身体各个部位所处的位置符合标准姿态。标准的基本姿态是高质量地完成竞技健美操专项动作的基本条件，高校学生要掌握标准的基本姿态，必须经过长期训练。

比赛中，优美标准的身体姿态不仅是评分因素之一，直接影响比赛的成绩，也可以给裁判员留下美好的印象。因此，要对基本姿态的训练给予足够的重视。

（一）规则要求

基本姿态方面，规则要求完成动作时的正确形态和身体的标准位置，包括躯干、后背、骨盆的稳定性和腹肌的收缩，没有关节的过分伸展。

（二）训练内容与方法

1. 站立姿态训练

站立姿态是竞技健美操最简单也是最基本的动作姿态，是所有动态专项运动的基础。竞技健美操站立姿态为正直挺拔，抬头挺胸，沉肩夹背，大腿、腹部、臀部内收，要求表现出气宇轩昂、富有朝气的良好气质和形态。站立姿态训练中，要通过直观教学，使学生对站立姿态的正确位置有一个清晰的动作表象。每次训练课必须安排 10 分钟左右的基本站立姿态训练的针对性训练。训练中教师应该及时纠正学生的错误动作。

（1）颈部练习：颈部自然挺直，微收下颌，眼视前方，头部保持正直。可放一本书在头上，保持平衡，并能在保持平衡的基础上进行移动练习。

（2）肩部练习：将双肩垂直向上耸起，直到双肩有酸痛感后再使双肩用力下垂。反复练习，练习结束后再充分放松。

（3）臀部练习：双脚并拢站立，躯干保持直立。脚掌用力下压，臀部和大腿肌肉用力收紧，并略微向上提髋。进行反复练习。

（4）腹部练习：在收紧臀部的同时，使腹部尽量用力向内收紧，并用力向上提气，促使身体提高，坚持片刻，然后放松。进行反复练习。

（5）背靠墙站立姿态练习：双脚并拢，同时头、肩胛骨和臀贴墙壁，足跟离墙 3 厘米左右。注意用胸式呼吸，在提气中做此动作。做此练习时，双腿夹紧，收腹挺胸，立腰立背，紧臀，肩胛骨下旋，同时双肩下沉，下颌略回收，头向上顶，背部成一平面。

（6）站立姿态练习：在背靠墙站立姿态练习的基础上，脱离墙的支撑，体会站立时肌肉的细微感觉。进行反复练习，注意呼吸的均衡。

2. 头部姿态训练

头部姿态往往能表现出竞技健美操专项动作的韵味。有准确优美的头部姿态，与身体各部位动作的协调统一，再配合眼神和面部表情达到神态美和形态美的有机结合，动作才会富有表现力。

（1）低头练习：双手叉腰，立正站好。挺胸，下颌贴住锁骨窝处，颈部伸长，然后还原。速度先慢后快，注意体会低头时肌肉的控制感觉。

（2）抬头练习：双手叉腰，立正站好。头颈后屈，然后还原。速度先慢后快，注意体会抬头时肌肉的控制感觉。

（3）左转练习：双手叉腰，立正站好。头向左转动，下颌对准左肩，然后还原。速度先慢后快，注意体会左转头时肌肉的控制感觉。

（4）右转练习：双手叉腰，立正站好。头向右转动，下颌对准右肩，然后还原。速度先慢后快，注意体会右转头时肌肉的控制感觉。

（5）左侧屈练习：双手叉腰，立正站好。头向左侧屈（左耳向左肩的方向），然后还原。

（6）右侧屈练习：双手叉腰，立正站好。头向右侧屈（右耳向右肩的方向），然后还原。

3. 上肢姿态训练

上肢姿态非常重要，有直臂和屈臂两种，表现直线和曲线两种基本动作形式。手臂的表现力通过手臂的线条、力度的变化以及由静到动的节奏形式体现。它是高校学生最难驾驭和体会的。训练中，可采用把杆或其他形体训练中的上肢姿态训练，同时应该强调上肢动作力度、幅度和控制能力，使学生体会正确的上臂肌肉感觉、动作发力方法和发力顺序。

（1）基本掌型练习：基本掌型分为五指分开和五指并拢两种类型。在竞技健美操中，五指分开手型的基本要求是五指伸直用力到指尖，尽量分开至手掌的最大面积且在一平面上；五指并拢手型的基本要求是五指并拢，大拇指第一指关节略弯曲，其他四指伸直，五指保持在同一平面内。在训练过程中，首先要根据基本掌型的要求将掌型控制好，再进行不同平面上的掌型训练。

（2）拳的练习：拳在竞技健美操中也是比较常用的一种手型，相对于其他的手型更加能表现出动作的力度，常用的是实心拳。

（3）指的练习：随着竞技健美操的发展，其动作越来越丰富，开始出现指的手型。常用的有剑指，即大拇指、无名指和小拇指弯曲，食指和中指并拢伸直。

（4）特殊风格手型练习：竞技健美操音乐的多样化，决定了表现其风格的手型动作的多样化。由于吸收了不同的文化，出现了西班牙手型和阿拉伯手型等特殊风格的手型，这些手型练习在训练中是十分必要的。

（5）双臂前举练习：双臂由下举向前绕至前举，双臂间距与肩同宽，五指并拢或分开，掌心相对或向上、向下、握拳等。

（6）双臂上举练习：双臂经前绕至上举，双臂间距与肩同宽。

（7）双臂侧举练习：双臂经侧绕至侧举。掌心可向上或向下。

（8）双臂后举练习：双臂经前向后绕至后下举，手臂尽量向后，臂距与肩同宽。

（9）双臂前上举练习：双臂经前绕至与前举、上举夹角为45°的位置或前侧上举。

（10）双臂前下举练习：双臂经前绕至与前举、下举夹角为45°的位置或前侧下举。

（11）双臂胸前平屈练习：收臂屈肘至胸前，上臂和前臂都与地面平行，前臂平行于额状轴，前臂距胸10厘米左右。

（12）双臂侧举屈肘练习：双臂侧举同时屈肘，使前臂和上臂成90°。

4.躯干姿态训练

躯干姿态主要包括胸、腰和臀部的动作姿态，因而训练也主要针对相应的部位。竞技健美操专项动作要求躯干挺拔，在完成动作过程中腰腹收紧，不能松懈，背部、臀部夹紧内收。躯干姿态训练要集中于腹肌的力量训练和胸部的柔韧性训练上，同时注意提高对动作的控制力。

（1）躯干稳定性训练

负重仰卧起坐：仰卧，两手持实心球控制于胸前，使球尽量接近下颌。可根据学生的实际肌力水平，采用不同重量的实心球，一般采用2千克或3千克的。经过一段时间训练，可以逐步增加实心球的重量。由仰卧至起坐的过程是腰腹肌做克制（向心）工作的过程，完成时速度要稍快些，由坐起再返回到仰卧姿势，腰腹肌则是做退让（离心）工作，身体回倒时速度放慢，一般是控制在起坐时间的一倍为宜；如果速度过快，动作的实质是以重力来完成的，这样腰腹肌锻炼效果就大大减小。这种练习腰腹肌的方法收缩强度较大，训练时要注意负荷重量和起坐的适宜速度。

健身球俯卧撑：俯卧，双手撑地支撑起身体，双脚背放于健身球上，含胸收腹。可根据学生的实际肌力水平，调整双臂和健身球的距离，一般是一臂半的距离。经过一段时间的训练，可以逐步增大距离。双臂由直臂到屈臂，躯干做退让（离心）工作，身体下降时速度放慢，一般是控制在向上时间的一倍为宜，如果下降的速度过快，动作的实质是以重力来完成的，这样对躯干稳定性的锻炼效果就大大减小。双臂由屈臂到直臂的过程是躯干做克制（向心）工作的过程，完成时速度要稍快些，这种练习躯干稳定性的方法要求控制强度较大，训练时要注意躯干的稳定和俯卧撑的适宜速度。

（2）躯干灵活性训练

首先做左右依次提肩、同时提双肩、左右依次前后绕肩和双肩间时绕等肩关节运动，再做顶髋、绕髋等髋关节运动。然后做躯干前后左右的移动练习。以提高躯干、肩、髋关节的灵活性。

5. 下肢姿态训练

下肢姿态应为腿内收、开胯、直膝、绷脚尖。训练下肢姿态，可选用把杆练习，发展腿部肌肉的力量、速度和下肢关节的灵活性。在训练中，应注意结合竞技健美操的特征，发展肌肉快速用力的感觉，动作的控制力和表现力等。

竞技健美操基本姿态可以利用徒手体操练习来进行训练，因为徒手体操动作横平竖直的特点与竞技健美操动作的用力感觉有相同之处。

二、基本技术训练方法

（一）基本轴的控制训练

人体基本轴分为垂直轴、额状轴和矢状轴。控制基本轴，不仅是为了提高动作的观赏性，正确地完成技术动作，也是完成难度动作时自我保护的一种方法。竞技性健美操各种轴的控制中，人体垂直轴的控制最重要，其控制训练方法如下。

1. 背靠墙站立控制训练

双脚并拢，背靠墙站立，同时后脑、双肩、背、臀和小腿紧贴墙壁，足跟离墙 3 厘米左右。体会身体垂直轴控制的感觉。要求双腿及臀部夹紧，收腹挺胸，立腰立背，肩胛骨下旋，同时双肩下沉，下颌微收，头向上顶，背部成一平面。初学者 1 分钟一组，每次练习两组。

2. 站立控制训练

双腿夹紧，收腹挺胸，立腰立背，肩胛骨下旋，同时双肩下沉，在没有墙壁支撑的情况下进行练习。身体用力感与有墙面支撑物时相同，不断体会这种身体姿态的感觉。初学者 1 分钟一组，每次练习两组。

3. 双手叉腰提踵站立控制训练

在站立控制练习的基础上，双手叉腰，同时双足提踵，在提高重心的情况下进一步提高身体垂直轴的控制能力。体会后背的感觉和身体垂直轴的控制。初学者 1 分钟一组，每次练习两组。

4. 双手叉腰，提踵行进间垂直轴控制训练

在双手叉腰提踵站立控制训练的基础上，提踵行进间走，可向前或向后行走。在移动重心的情况下进行垂直轴控制练习；单手扶把杆进行练习；徒手练习。初学者 10 米一组，每次练习 1～2 组。

5. 原地纵跳控制训练

在站立控制练习的基础上，双膝微屈，蹬地向上，借助踝关节力量，向上纵跳。在动作过程中，体会腰腹、臀部收紧的感觉，身体成一条直线，感受身体垂直轴的控制。做该动作时要注意提气、收腹、立腰，头尽量往上顶，同时注意落地缓冲。初学者 8～10 个一组，每次练习 1～2 组。

6. 负重原地纵跳控制训练

在原地纵跳控制练习的基础上，踝关节上绑上沙包，在增加负荷的情况下进行身体垂直轴控制练习。初学者 8～10 个一组，每次练习 1～2 组。

7. 原地纵跳转体 90° 控制训练

在原地纵跳控制练习的基础上，起跳腾空后向左或右转 90°，同时手臂可以做一些辅助的动作，如借助起跳手臂顺势上举等。轴的控制能力增强后，可增加转体的角度进行训练。做该动作时要注意身体的基本姿态，在转体的瞬间注意垂直轴的控制。初学者 3 个一组，每次练习两组。

8. 小组合训练

安排一些左右移动的组合动作和重心上下移动的组合动作进行垂直轴的控制练习，同时配合一定的音乐，要求在运动过程中保持身体垂直轴的稳定。随着控制能力的增强，可以适当加快音乐速度进行训练。初学者安排简单的组合动作进行练习，4×8 拍组合，练习 1～2 组。

（二）弹动技术训练

弹动技术是竞技健美操重要的技术之一，其主要依靠踝、膝、髋关节的屈伸缓冲，作用在于减少运动对关节的冲力，从而减少运动对人体造成的损伤。弹动屈伸的过程中，腿部肌肉要协调用力控制才能有效地防止损伤与产生流畅的缓冲动作，参与运动的肌群在整个运动过程中要受到控制，使运动变得流畅。

在弹动缓冲动作训练时，可以先练习踝关节的屈伸动作：双腿原地直立，身体正直，立踵，落踵。在充分掌握了踝关节的屈伸之后是膝与髋关节的弹动训练：双腿原地直立，身体正直，屈膝半蹲，膝关节垂线不要超出脚尖，同时髋关节稍屈。在做髋关节运动时，身体稍向前倾，但臀部不要向后翘。这两部分的动作练习熟练了，可以连起来，使之形成完整的弹动与缓冲。在踝关节的缓冲时主要参与运动的是小腿后部肌群，而膝关节、髋关节的运动主要由大腿、臀部、腹部、腰部肌群参加。完成各关节原地的弹动训练后，再配合健美操的基本步法进行弹动训练。

竞技健美操的弹动体现在动作节奏与音乐节奏的相互吻合。成套动作过程中，重心的上下有节奏感的起伏是流畅完成成套竞技健美操动作的基础和前提。基本技术水平越高，体现出的弹动的技术越扎实。学生的音乐节奏感与动作的节律协调一致，才能够体现健美操风格。弹动技术训练的主要方法如下。

1. 踏步训练

首先进行一般性踏步训练——直立，由脚尖过渡到全脚掌落地，支撑腿落地时膝关节伸直，双臂屈肘于体侧，前后自然摆动。然后进行弹动性踏步训练，脚尖接触地面后，踝关节有控制地过渡到全脚掌，支撑腿落地时膝关节微屈，使双腿有同时屈膝的过程，双臂屈肘于体侧前后自然摆动。

2. 蹬伸训练

一脚踏在踏板上，然后用力快速向上蹬直，保持身体垂直轴的控制，双腿依次进行。

3. 负重蹬伸训练

小腿绑沙包做蹬伸练习，使身体在增加负荷的情况下进行练习。两腿依次进行，反复练习。

4. 负重提踵训练

单脚或双脚站在踏板上，并在踝关节绑上沙包做提踵练习，做该动作时要借助踝关节的力量往上提。

5. 原地屈膝弹动训练

根据音乐节拍有节奏地屈伸踝、膝关节，脚尖不离地面。手臂随下肢做一些辅助动作（如叉腰或手臂同时前后摆动）。音乐节奏可先慢后快，进行反复练习。

6. 弹动纵跳训练

1～2拍原地屈膝弹动，手臂配合下肢前后摆动。3拍向上纵跳，手臂顺势上摆至上举。4拍落地缓冲，手臂顺势下摆至体侧。

7. 负重连续纵跳训练

在踝关节上绑上沙包，然后半蹲，手臂后摆，足蹬伸时往上纵跳，手臂顺势往上摆动，落地后屈膝缓冲，紧接着继续往上纵跳，连续不断进行，落地时注意缓冲，起跳后身体收紧。

8. 踏步训练

上体直立，脚踏下时脚尖过渡到全脚掌落地，支撑腿落地时膝关节伸直，双臂屈肘，在体侧自然前后摆动。再进行弹动性踏步训练，脚尖接触地面后踝关节有控制地过渡到全脚掌，支撑腿落地时膝关节微屈，使双腿有同时屈膝的过程，双臂屈肘，在体侧自然前后摆动。

9. 弹踢训练

支撑腿膝、踝关节弹动的同时，另一条腿有控制地弹踢小腿，要求膝、踝关节有控制地伸展。可进行单腿不间断的弹踢，也可两条腿交替练习。在两条腿交替弹踢的过程中，支撑腿踝关节始终保持有弹性地屈伸，原地动作练习熟练且有一定弹性后，可以进行行进间的弹踢训练。

10. 吸腿跳和跳踢腿训练

吸腿跳和跳踢腿主要训练支撑腿的膝、踝关节弹动性，支撑腿膝、踝关节发力弹动的同时，另一条腿提膝或大踢腿，支撑腿踝关节始终不完全落地，有控制地弹动，膝关节也没有完全伸直的过程，始终保持微屈的弹动状态。先连续吸或踢一条腿，之后再进行交换腿、吸腿跳和跳踢腿的练习。

11. 开合跳训练

开合跳的弹动性体现在双腿分开与双腿并拢的两处弹动上。先做双腿开立位置上的弹动训练，再做双腿并拢位置上的弹动训练，最后做一开一合的连续开合跳练习。

12. 原地连续小纵跳训练

双脚并拢，脚跟随音乐节奏抬起、落下，脚尖稍离开地面，双臂屈肘于体侧前后自然摆动，做踝关节屈伸训练。

13. 原地膝、踝关节弹动性训练

双脚并拢，脚尖随着音乐节奏抬起、落下，同时膝关节伸直、弯曲，脚跟始终不离开地面，双臂屈肘于体侧，前后自然摆动做踝关节屈伸练习。进行竞技健美操身体弹动技术训练时，要注意将身体弹动的节律性与音乐的节奏相吻合，弹动时还要保持标准的身体姿态。

（三）身体控制技术训练

竞技健美操整套动作过程中，无论动作多复杂、多变幻，整个身体都应该控制在标准位置上。就算在长时间复杂多样的组合动作或难度动作过程中或动作完成后，整个身体的标准姿势也不能被破坏，这是比赛时完成技术的关键。

竞技健美操身体控制技术训练包括身体姿态控制训练、操化动作控制训练与难度动作控制训练。

1. 身体姿态控制训练

竞技健美操运动中身体要保持自然挺拔，头部稍稍昂起，颈椎、胸椎、腰椎在保持正常的生理曲线的情况下要挺拔（不包括特殊动作与难度缓冲等动作），四肢要按照具体的动作要求在相应的位置上。竞技健美操的动作千变万化，但每个动作都有具体的要求，从总体上讲，伸展时尽可能平直，弯曲时有明确的角度。身体姿态控制常采用舞蹈训练的方法，如采用芭蕾的训练方法来培养学生的躯干与四肢的正确姿态和控制能力。在训练时，应注意竞技健美操与芭蕾的区别：芭蕾要求头部是昂起的，而健美操则要求头部与躯干保持在一条直线上；芭蕾要求手臂动作出现柔和的弧线，而健美操的基本动作则要求平直；芭蕾要求双腿外开，而健美操则要求双腿保持在正常的生理位置上。

2. 操化动作控制训练

在操化动作过程中，无论动作怎样复杂多变，身体都要控制在标准、健康的位置上。即便在长时间复杂多变的步法组合过程或动作中，整个身体的标准姿态也不能被破坏，还要在其中体现出操化动作的力度、幅度和速度。每一个操化动作应该有清晰的开始与结束。动作开始时位置准确，结束时有明显的停顿。肌肉的用力要做到有力而不僵硬，松弛而不松懈。操化动作控制训练的方法主要如下：

（1）剪刀跳。左右剪刀跳连续进行，身体重心始终保持左右平移而没有上下起伏。在训练时，首先双脚都不离开地面，通过双腿膝关节的依次屈伸向左右平移身体重心，然后加上跳步进行剪刀跳的训练。

（2）原地纵跳。双脚并拢，屈膝发力向正上方跳起，双臂顺势从腰间向上摆动，落地于原起跳位置，此训练方法着重训练对身体重心上下移动的掌握与控制。

（3）改变动作幅度和方向。通过改变动作的幅度和方向来提高对身体的控制。首先采用小幅度向单一方向进行练习，逐渐加大动作幅度仍向单一方向进行练习，在动作幅度加大而不影响重心位置控制的情况下改变动作的运动方向。

（4）改变动作数量。增加动作数量，要求每个动作都做到最后一遍身体重心控制仍保持与做第一遍动作时一样。例如，训练时要求学生做一组 8 拍组合动作，在学生掌握动作的前提下先做两遍，如果学生对身体重心的位置控制得很好，那么增加练习的组数、次数，连续做 8 拍组合四遍，后两遍组合动作的完成是为了提高学生对身体姿态的控制。

（5）改变音乐节奏。先采用节奏慢的音乐来完成组合动作，再采用节奏较快的音乐完成同样的组合动作。另外，可采用音乐节奏不变，但加快动作速度的方法。例如，用某一音乐节奏完成 1 个 8 拍动作，然后加快动作速度，仍用原音乐节奏，完成 2 个 8 拍动作，以此来提高对身体姿态的控制能力。

3. 难度动作控制训练

（1）俯卧撑类。这类动作主要用力肌群在手臂、胸部、背部，肌肉要始终控制用力来把动作的起伏过程表达清楚。颈部、腰部、腹部、臀部、腿部属于辅助控制肌群，它们使身体保持正确的位置，肌肉的牵拉使机体保持一种平衡的状态。

（2）跳跃类。跳跃动作可分为三个部分：第一部分为起跳，起跳时腿部的发力直接决定了腾空的高度与方向。腿部在瞬间屈膝蹬地，强力伸展，尽量使人体给地面的作用力达到最大值，从而产生尽可能大的反作用力。第二部分为空中姿态的控制，空中姿态是多姿多彩的，肢体运动部位的发力要与其他部位协调配合与控制，如转体540°成俯撑，在空中时，手臂、肩、髋、腿、脚要同时向旋转方向内扣，使身体产生旋转力，同时可以很好地控制转体的角度与方向。第三部分为落地缓冲，主要目的是减少地面对关节、肌肉、内脏的冲力，避免造成损伤与动作失败。竞技健美操的落地动作主要有以下几种：

①双腿同时落地或单腿落地。这类落地主要由腿支撑与缓冲，落地过程为：脚尖—全脚—屈膝—屈髋，在瞬间依次完成，用以化解地面对人体的反作用力。同时，躯干与手臂保持好姿态，肌肉用力控制以保持动作的正确与稳定。

②落地成俯撑。这类动作必须手脚同时落地，以加大支撑面，同时手臂以手指—手掌—肘—肩的顺序弯曲缓冲。胸、背肌的用力收缩在缓冲中的作用是不容忽视的。

③落地成叉。双腿由脚带动向两侧快速分升，腿必须伸直，有控制地滑叉，以免对膝关节造成损伤，绷脚可以减少摩擦力，同时手臂可以辅助支撑加大支撑面，保证落地的稳定性。

（3）平衡动作。平衡动作主要有静力性平衡与动力性平衡两种，都由主力腿（支撑腿）与动力腿（运动的腿）参与动作。主力腿在动作中起着稳定重心与支撑身体的作用，重心和主力腿纵向保持一致，用以稳定身体，保证动作的平衡。动力腿是展示动作的部分，它的形态要正确、完美，且两条腿协调配合。

（4）转体翻转动作。技术环节是身体垂直轴与水平轴的建立与控制，转体的轴主要是腿、躯干、头部的组合，这些部位应该始终保持在一条直线上。转体与翻转的动力来自身体两侧（左、右），这些部位包括手臂、胸、背、髋、腿，它们同时反向收缩并带动产生旋转力。

（四）移动重心训练

竞技健美操运动过程要稳定，平衡是保证运动安全、平衡与流畅的重要因素之一。重心随着人的运动产生变化，运动中应尽可能地保持重心平稳。以下是重心训练的一些练习方法。

（1）半蹲移重心练习：双手叉腰成半蹲姿势。第1拍向左移重心，屈膝，膝关节朝着脚尖的方向，同时右腿蹬直；第2、4拍还原成预备姿势；第3拍向右移重心，动作同第1拍，方向相反。做此练习时要求上体保持基本姿势，挺胸、收腹、立腰、紧臀。

（2）向前移重心练习：双手叉腰，立正站好。左腿前擦地，右腿蹬地，重心迅速前移成右腿后点地。收右腿还原成预备姿势。反方向重复做一次。做此练习时，双腿伸直，蹬地移重心。保持上体姿态，脚面外翻。

（3）向侧移重心练习：双手叉腰，立正站好。左腿侧擦地，右腿蹬地，重心迅速侧移成右腿侧点地。收右腿还原成预备姿势。反方向重新做一次。做此练习时，双腿伸直，蹬地移重心。保持上体姿态，脚面向侧。

（4）向后移重心练习：双手叉腰，立正站好。左腿后擦地，右腿蹬地，重心迅速后移成右腿前点地。收右腿还原成预备姿势。反方向重复做一次。做此练习时，双腿伸直，蹬地移重心。保持上体姿态，脚面外翻。

（5）向侧移重心转体练习：双手叉腰，立正站好。左腿擦地侧移，双腿屈膝半蹲。从右向左后转成右脚侧点地。收右脚成预备姿势。反方向重复做一次。做此练习时，保持挺胸、收腹、立腰、立背的上体形态。双腿伸直，蹬地移重心。保持上体姿态，脚面外翻。移重心转体时要控制重心的稳定，脚面向侧。

（6）交叉步移重心练习：双手叉腰，立正站好。第1拍左腿向侧擦地；第2拍右腿蹬地同时重心左移，右腿交叉于左腿后，两腿四位蹲；第3拍两腿伸直，左腿向侧擦地；第4拍右腿蹬地同时重心再一次左移，右腿并左腿成预备姿势；第5~8拍同1~4拍，反方向再重复做一次。做此练习时，上体保持基本姿势，向侧擦地时，双腿伸直，脚面向侧。

（7）"V"字步移重心练习：双手叉腰，立正站好。第1拍左腿向斜前方擦地，着地后双腿屈膝；第2拍右腿蹬地向斜前方擦地，成半蹲姿势；第3拍左腿向右后方擦地；第4拍右腿并左腿成预备姿势；第5~8拍同1~4拍，反方向重复做一次。做此练习时，上体保持基本姿态，每做一拍动作，重心都将移至双腿之间，屈膝时膝关节朝着脚尖方向。擦地时注意绷脚尖。

（8）并步跳移重心练习：左脚前三位站立，双臂侧举。左脚向前上步，同时稍屈膝，重心随之前移。接着左脚蹬地跳起，同时右脚向左脚并拢，空中成三位脚，右脚落地。做此练习要注意保持好上体姿态，挺胸、收腹、立腰，控制好重心。

（五）配合与交流训练

1. 配合训练

进行配合训练时，应先采用一些比较简单的专业辅助性练习，增加学生之间的默契。如先做简单的舞步配合练习和简单的动力性配合，然后逐渐加大难度进行训练。默契的形成依靠学生平时的相互了解。

训练时注意，配合训练前期主要进行学生间的默契训练。当学生之间的默契形成后再进行专业的配合训练。进行配合训练时，教师应注意保护和帮助，先在垫子上完成，直到学生配合成功率较高时再到地面上完成，以防止学生受伤。

2. 交流训练

首先要进行音乐情绪表达的一致性训练。学生听到音乐后，通过自己理解的与音乐情绪相符的眼神将音乐的内容表达出来，尽可能达到眼神与音乐情绪相一致。然后进行学生之间的眼神交流，学生相互观看表演，了解同伴的特点，统一表演风格。在进行成套动作训练时，加强学生间的眼神交流，以丰富成套动作的内涵。当学生之间可以进行一定的眼神交流时，可组织观众观看，训练学生与观众的交流。

三、动作方位训练方法

（一）动作方位的定义和意义

动作方位是指动作在完成过程中相对于空间和身体部位的方向和位置。提高学生的动作方位也就是要提高学生空间感的准确性。竞技健美操作为大学体育课的一种，可以沿用体操中动作坐标系来判断动作方位，帮助学生分析动作完成的角度和方向的准确性。在训练时，应该明确每个动作在完成过程中的角度和方位，如手臂所走的平面、角度和高度，下肢的站位和空间位移的角度、弧度、高度等，这样才能准确完成每一个动作，使动作标准规范。动作方位对于完成成套动作中的每一个动作都是十分重要的，竞技健美操中强调动作"准确到位"，就是指动作方位的准确性。高校竞技健美操基本动作的方位控制不仅表现在肢体准确地到达某一预定位置，而且表现为动作过程路线的准确清晰。动作方位的控制能力体现着大学生自身对空间位置及运动时间的感知能力。许多观点认为，多次重复训练能够有效地提高人体对时间和空间的感知能力，从而形成准确的方位控制能力。

（二）动作方位训练

1. 镜面方位校对性训练

高校竞技健美操运动镜面方位校对性训练不仅是指学生面对镜子练习动作的准确性，也指学生相互或面对教师完成操化动作的训练。镜面方位校对性训练可以清楚、准确地帮助学生建立正确的动作方位感，使学生对自己容易犯错的动作角度、高度、弧度和动作方位有清晰的认知，这样可以及时纠正和调节学生的方位错觉，使学生在较短的时间内提高动作的准确性，建立标准的方位感。

2. 定位训练

定位训练在高校竞技健美操运动中，是指高校学生在训练操化动作的过程中，对每一拍上肢动作和下肢动作都要求达到规定位置的训练。开始训练时可放慢动作节奏，使学生充分感觉动作在规定位置的感觉，等学生能够习惯性地达到定位点后，再加快动作节奏直至比赛要求的速度。此外，教师还可以在定位点设置障碍物帮助学生建立方位感。定位训练容易出现生硬的动作和机器式的动作感觉，所以定位训练应该注意调动学生的动作表现力，在定位中强调动作发力和制动的感觉。

3. 正确的感知觉训练

动作是否准确到位的一个决定因素是学生动作感知的准确性，学生形成正确的感知觉是完美完成动作的先决条件。在日常训练中，正确的感知觉训练首先是让学生对动作的方位建立一个准确的表象，对每个动作的每个环节都形成清晰的表象，再通过支配身体具体部位在自我感知的情况下完成动作，最终以镜面校对检查自我感知觉的准确性。通过反复训练学生的这种正确方位的感知觉能力，可以使学生的神经支配肌肉的能力更准确、精细，从而提高学生的神经支配肌肉的能力。

四、动作幅度训练方法

（一）动作幅度的定义和意义

动作幅度是指动作构成的空间位置，体现为动作的开始和结束之间的动作路线的长短。动作路线长，动作幅度相应增大；动作路线短，动作幅度相应减小。动作幅度的大小取决于学生关节、韧带和肌肉的灵活性与弹性，其次与动作路线的选择和学生个体的表现力也有着直接的关系。

竞技健美操属于技能主导类表现难美性特征的评分类运动项目，所以对动作的规范性和艺术性要求很高。动作幅度是艺术性的一个重要组成部分，竞技健美操竞赛规则中明确指出："竞技健美操的动作完成质量取决于心血管系统耐力和肌肉耐力，成套动作完成质量取决于运动强度。"而强度又取决于动作幅度、动作速度等各种因素。在比赛中，动作幅度减小、降低动作强度是要扣分的。因此，提高动作幅度是表现竞技健美操项目特征的重要因素。

（二）运动幅度训练

1. 皮筋训练法

（1）上肢动作训练

①腕屈伸。双脚站在橡皮筋中央，双手握住橡皮筋两头，侧举，拉紧橡皮筋。腕屈时，拳心向上，双手克服橡皮筋的拉力向上屈；腕伸时，拳心向下，双手克服橡皮筋的拉力向上伸。腕屈伸训练可发展前臂肌肉力量。腕屈伸训练应注意拳心的方向，使屈伸方向与橡皮筋拉力方向相反。

②腕外展内收。双脚站在橡皮筋中央，双手握住橡皮筋两头，侧举，拉紧橡皮筋。外展时，立拳，拳心向前，手腕用力方向与拉力方向相反；内收时，立拳，拳心向后，手腕用力方向与拉力方向相反。腕外展内收训练可发展前臂肌肉力量。腕外展内收训练应注意手腕与前臂在同一平面内运动。

③臂外展。双脚站在橡皮筋中央，双手握住两头，双臂放于体侧，拉紧橡皮筋，双臂经体侧向上运动，再放下。臂外展运动时可发展三角肌、胸大肌等肌肉的力量。臂外展训练应注意两臂始终与身体在同一平面内。向上和

放下的速度应有所控制，匀速上下。

④前臂屈伸。双脚站在橡皮筋中央，双手握住两头，放于体前，拉紧橡皮筋，上臂固定，前臂屈，再伸至原位。前臂屈伸训练可发展肱二头肌、肱三头肌等肌肉的力量。前臂屈伸训练应注意上臂固定，不可跟随前臂运动，以免降低锻炼效果。运动速度应有所控制，匀速屈伸。

⑤上臂屈伸。收脚站在橡皮筋中央，双手握住两头，双臂放于体侧，拳心相对。臂屈时，直臂向前抬起，拉紧橡皮筋，再放下；臂伸时，直臂向后抬起，拉紧皮筋，再放下。直臂屈伸训练可发展胸大肌、肱二头肌等肌肉的力量。上臂屈伸训练应注意臂屈伸时，向前屈和向后伸的幅度应尽量增大，以增加训练效果。此外，运动速度应有所控制，匀速运动。

（2）腹背部动作训练

①体侧屈。双腿分开站在橡皮筋中央，一只手握住橡皮筋一端，另一只手放松于体侧，拉紧橡皮筋。上体向另一侧屈，还原，再换另一只手握住橡皮筋练习。体侧屈训练可发展腹直肌、腹外斜肌、腹内斜肌的肌肉力量。体侧屈训练应注意两腿伸直，身体和手臂在同一平面内。

②体前屈。双腿分开站在橡皮筋中央，橡皮筋经体后至头后，双臂屈肘，头后握住橡皮筋两头，上体向前屈，再起来。体前屈训练可锻炼腹背肌力量。体前屈训练应注意双腿伸直，上体向上起时运动速度不可太快，应有控制地匀速上下。

（3）下肢动作训练。双腿分开站在橡皮筋中央，橡皮筋经体后至头后，双臂屈肘，头后握住橡皮筋两头，拉紧橡皮筋，双腿屈膝下蹲，再站起。下蹲动作可发展脚部、腿部力量。下蹲训练应注意下蹲时橡皮筋拉紧，腰腹收紧，下蹲速度应有所控制，不可太快。起来时可加快速度。

2. 不同幅度的动作组合训练

提高运动幅度的训练首先应该使学生明确动作幅度大与动作幅度小的区别，体会和理解这种区别是提高运动幅度的关键。在具体的操作过程中，一般选择不同运动幅度的操化动作进行反复多次的重复性的练习，以提高学生的运动幅度。同时，应该注意的是，在训练过程中，教师应该强调，使学生尽量体会大幅度运动的动作知觉，体会完成大幅度动作的过程，体会正确的动作路线以及各关节、肌肉和韧带或关节撑位和伸展程度，建立大幅度运动的正确动作路线和关节韧带的牵拉程度动作知觉，从而提高运动幅度。动作幅度小，对机体的刺激会较小，而较大幅度的动作会给机体较大的刺激，运动强度也较大，所以，在学生完成同样的动作时，动作幅度小则感觉会轻松，而动作幅度大则感觉会比较吃力。通过大小运动幅度给机体产生刺激的不同以及完成同样动作后的感觉的不同，使学生充分体会大小运动幅度的差异，以加深学生对大幅度运动的感觉，有效提高其运动幅度。

3. 身体柔韧性训练

高校竞技健美操运动幅度的大小与学生各关节的柔韧性也有着密切的联系，加强柔韧性训练是提高运动幅度的有效方法之一。提高运动幅度的训练中以发展肩关节、髋关节的柔韧性为主。通常采用的训练方法有以下几种：

（1）发展上肢柔韧性的训练方法。①各种徒手体操中活动肩、肘、髋关节的动作。②双手向后握肋木向前探肩。③双手握肋木直臂压肩。④与同伴互扶俯身正侧压肩。

（2）发展下肢柔韧性训练方法。①正压腿。支撑腿脚尖朝正前方，膝关节伸直，髋关节摆正，抬头挺胸屈上体。②侧压腿。支撑腿脚尖膝盖所朝方向与被压腿方向成90°，膝关节伸直，髋关节充分展开，抬头挺胸侧屈上体。③后压腿。髋关节摆正，屈支撑腿，抬头挺胸上体后仰压胯。④劈叉控腿。左腿在前或右腿在前，以劈叉的姿势保持不动，控制5分钟。水平高的练习者可架高劈叉控腿。

（3）发展躯干柔韧性训练方法。①体侧屈。双脚并拢或开立与肩同宽，双手举起于头顶上互撑，由手带动躯干侧屈直到最大极限，保持该拉伸状态10秒。②体后屈，双手握肋木，双脚并拢或开立与肩同宽，抬头挺胸上体后仰到最大限度位置保持10秒。③体转。双脚并拢或开立与肩同宽，双肩侧平举，向左转动时以左肩带动躯干左转到最大限度控制10秒，向右转动时以右肩带动躯干右转到最大限度保持10秒。

五、动作速度训练方法

（一）动作速度的定义和意义

动作速度属于速度素质的一种，是指人体或人体的某一部分快速完成某一个动作的能力。动作速度是技术动作不可缺少的要素，表现为人体完成某一技术动作时的摆动速度、击打速度、踢腿速度和蹬身速度等，也包括连续完成单个动作在单位时间里的位移或重复次数的多少。

竞技健美操中，强调动作速度训练，主要是提高学生快速发力的动作感。动作速度训练是提高成套运动强度的主要环节。竞技健美操运动中，动作速度主要表现在动作完成的快慢和动作发力的快慢。动作速度是在完成动作的过程中得以体现的，而动作力度不仅体现在动作过程中也体现在完成动作的瞬间制动上。

（二）动作速度训练

1. 利用外界助力提高动作速度

在进行基本的高校竞技健美操动作训练过程中，教师可利用外界助力提高学生完成某一动作的速度，使学生体会快速运动的动作感觉。教师在使用助力训练时，应该掌握好提供助力的时机，同时，应该使学生体会在助力作用下，动作完成的时间和用力的大小，以便更好地帮助他们独立达到动作速度的要求。

2. 变奏训练

变奏训练是指通过改变音乐节奏，使学生同步进行动作练习，体会快节奏完成动作与慢节奏完成动作的训练方法。训练中，应该注意的是学生在较快节奏下动作容易变形，或者动作表现力降低，因此，健美操教师应该在训练中注意及时提醒学生完成动作的质量。变奏训练的另一层意思是音乐速度没有变化，改变动作的练习速度，或将高速度动作练习与变换速度练习的动作结合起来，这种训练就是力争避免动作停留在同一稳定的速度水平上。

通常可以将变换节奏训练法分为以下两个阶段：

（1）阶梯式负荷增加阶段。通过逐渐提高负荷强度，发展机体的运动机能和运动素质工作强度，并对运动技术形成稳定的动力定型。负荷以音乐速度为单位，以周为时间单位，表现出斜线上升的趋势，为允许跳跃式的变换负荷强度做好全面的训练准备。

（2）跳跃式负荷变化阶段。通过跳跃理想速度的固定定型模式，采用突然增加负荷的方法，对机体给予强烈的刺激后再恢复到理想速度，使学生承受负荷的能力产生突破性提高，同时使机体掌握肢体姿势控制技术，提高控制能力。

综上可知，变奏训练法整体负荷量度变化基本形式表现为：阶梯式和跳跃式负荷形式的结合，在负荷域相对稳定的情况下，通过改变负荷强度训练来实现训练效果，逐步增加负荷强度到某一水平上，使肌体承受一种逐步增加的负荷刺激；然后突然增加到超高水平的负荷，使肌体的承受能力达到一个新的水平；最后保持一段比赛需要的负荷水平，使机体对这一负荷产生必要的适应。变奏训练法是适应负荷原则在竞技性健美操训练中的运用，结合该项目特点，使机体对运动负荷产生一个适应的过程，以巩固和提高学生的基本动作技术水平。

3. 高频重复性训练

高频重复性训练是指学生在规定的时间内高速重复具体动作的训练。如果说高速度训练是提高学生速度素质的一般训练，那么高频重复性训练是针对性提高具体动作的速度训练。在竞技健美操比赛中，经常会看到一些学生有个别动作总是速度过慢，而进行高频重复性训练则是解决此类问题的最好方法。高频重复性训练要求教师规定具体动作训练时间，要求学生以重复速率的提高为标准提高学生的具体动作的运动速度。重复性训练并不是对质量没有严格要求，而是强调每次重复都应该使学生在原有的基础上通过对动作技术和对运动路线的熟悉，最终达到高质量自动化完成的效果。

4. 高速度训练

高速度训练各种操化动作是有效提高学生动作速度的措施之一。但要注意：首先，应该调动学生的兴奋性，同时采用较强劲、快节奏的音乐来调动学生的热情；其次，这种训练方法不应该持续时间过长，一般保持在30秒，间歇时间为45秒（也不应太长），否则学生的兴奋性会下降，不利于后面的训练。此外，高速度训练强度大，学生容易疲劳，动作幅度容易减小，动作容易变形，因此应该进行积极纠正。

六、动作力度训练方法

（一）动作力度的定义和意义

1. 动作力度的定义

动作力度是指完成动作过程中按照动作的要求和用力的紧张程度，肌肉收缩与放松相交替的节奏，在技术上表现为动作的加速与制动。一般由于学生的形态特征、身体素质、技术水平、个性特征的差异，动作力度在个人的体现上不是统一的，它没有一个固定的衡量标准。

2. 动作力度的意义

竞技健美操集"健"与"美"为一体，"美"是通过动作的舒展、协调和动作的准确到位来体现的，而"健"则是通过动作的刚劲有力、快速舒张、收缩和制动的动作感觉来体现的。如果动作力度不够，成套动作就会变得软弱无力，也就失去了竞技健美操的活力与生机。在成套动作中，强劲的音乐节奏配合充满力度与感染力的动作，才能体现朝气蓬勃、激情四射的竞技健美操特色。可见动作力度赋予竞技健美操生机与活力，是衡量竞技健美操项目特征的标准之一，也是体现竞技健美操风格与特色的重要标志。

（二）动作力度训练

1. 语言刺激训练法

在高校竞技健美操的动作训练中，动作力度是体现健美操特征的重要方面。训练时，运用语言的刺激给予学生强化，如在做动作的过程中，对于肌肉的"用力""控制力""对抗""力度"等以语言的形式进行强化，给学生以"刺激"，使其神经系统和肌肉运动系统协调一致。

2. 协助训练法

协助训练是最直接的指导训练，适用于运动初期建立动作感知能力。在高校，这种方法主要是通过教师对学生即将完成的竞技健美操动作进行控制和调整，纠正其动作的用力大小、速度、方向以及动作制动时机掌握的准确性。例如，在做"左臂上举，右臂前举"动作时，为了使学生快速有力地摆至标准位置制动，教师可用双手握住学生的手腕带动其摆动，并使学生体会到位后制动的肌肉用力的感觉，也可以借助哑铃来练习，根据学生的体重举起与其体重适宜重量的哑铃，以提高肌肉的感受力。同时，可以采用标准位置的限定训练，教师可采用将双手放在前举位置和上举位置或用线绳等其他物品来代替的方式，让学生双臂摆动到该位置快速制动，反复练习可以提高学生对动作的感受力。

3. 对抗训练法

对抗训练是一种可由单人或多人进行的对抗阻力的训练方法。在高校竞技健美操训练中，可采用两人一组的练习方式进行用力与对抗的练习方法，如一名学生做两臂前举练习时，另一名学生使其两臂前举受阻或减慢前举的运动速度，使参与练习的学生感受两臂前举时肌肉的对抗感觉。

4. 负重训练法

使用适宜重量的哑铃在规定的时间内完成一定次数的屈、伸、摆、绕环等动作并类推到其他动作练习上，可以提高肌肉运动感觉。在高校竞技健美操的训练实践中，采用10～15RM（也可以采用体重比，选择负重的重量）的重量连续做各种举、屈、伸等动作，既可以提高学生的力量素质，也可以更有效地提高学生完成动作的力度。负重训练的强化练习，可以选择在不同音乐节奏的伴奏下进行各种基本动作的练习，同时，学生可以站在镜子前纠正动作。这样既可以帮助学生理解音乐，也可以有效提高学生的动作力度感。

5. 表象训练法

经过协助训练阶段就进入了表象训练法阶段。表象训练就是回忆协助训练的过程，是在不借助外力帮助的情况下，学生依靠自己对动作感受能力的记忆，准确判定动作的发力顺序、动作速度、动作的方位以及动作制动。表象就是在自己头脑中想象动作训练的过程，使自己回忆训练的画面、动作用力的感觉。长时间的表象训练对于提高学生的力度感有非常明显的效果。在表象训练时，需要注意的是，教师应该及时纠正学生的错误表象，否则就会出现负诱导的现象。教师应该及时用口令或提示，如"用力再大些""节奏再加快点"或用手帮助学生协调用力。表象训练的同时可以穿插一些镜面练习的训练，使学生形成正确的运动表象。

七、基本组合动作训练方法

（一）上肢组合训练

1. 组合练习一

第1拍双臂经体前交叉向外绕至侧上举；第2拍双臂握拳胸前交叉；第3拍向侧打开成侧举，五指分开，掌心向前；第4拍左臂前平举，五指分开掌心向上，右臂屈肘，五指分开放于头后；第5～6拍两臂从下向内绕环至头上击掌；第 7 拍双臂侧平举，同时前臂握拳向上屈肘并成 90°；第 8 拍还原成预备姿势。

2. 组合练习二

第 1 拍双臂前举，五指并拢掌心相对；第 2 拍右臂前举同时前臂向上屈肘并成 90°，手型不变，左臂胸前平屈，同时五指并拢搭于右上臂肘关节处；第 3 拍左臂侧平举右臂胸前平屈，五指并拢掌心向下；第 4 拍双臂前平举交叉，右臂在上；第 5 拍左臂后举，五指并拢掌心向内。右臂握拳前举，同时前臂向上屈肘并成 90°；第 6～7 拍向内绕环胸前叠屈，右臂在上，左臂在下；第 8 拍还原成预备姿势。

3. 组合练习三

第 1 拍左臂前上举，右臂前下举，五指并拢掌心向内；第 2 拍双臂胸前平屈，五指并拢掌心向下；第 3 拍双臂向侧打开成侧举，五指并拢掌心向下；第 4 拍左前臂向上屈肘，右前臂向下屈肘，五指并拢掌心向内，前臂与上臂成 90°；第 5 拍动作同第 4 拍，方向相反，左臂向下，右臂向上；第 6 拍胸前击掌；第 7 拍左臂侧下举，右臂侧上举；第 8 拍还原成预备姿势。

4. 组合练习四

第 1 拍双臂体前交叉经前举至左臂侧举，右臂胸前平屈，五指并拢掌心向下；第 2 拍左臂上举，右臂放于体侧，五指并拢掌心向内；第 3 拍双臂交换位置，左臂上举，右臂下举；第 4 拍左臂不动，右臂往下拉并屈肘，前臂位于胸前，腕关节与肩同高，五指分开掌心向后；第 5 拍双臂侧下举，五指分开掌心向前；第 6 拍双臂握拳胸前交叉；第 7 拍左臂屈肘向侧打开，手位于头上方，右臂侧举，五指分开掌心向下；第 8 拍还原成预备姿势。

(二) 下肢组合训练

1. 组合练习一

第 1 拍左脚向侧迈步；第 2 拍右脚蹬地交叉于左脚后，同时重心左移；第 3 拍左脚继续向侧迈一步同时半蹲，重心在左腿上；第 4 拍左脚蹬地跳起，腿伸直，右腿蹬伸向侧踢；第 5 拍右腿收回，向前迈一步；第 6 拍重心前移吸左腿；第 7 拍左腿向侧点地成侧弓步；第 8 拍还原成预备姿势。

2. 组合练习二

第 1 拍前半拍向下半蹲，后半拍双脚蹬伸，重心左移，左腿支撑，右腿伸直离地；第 2 拍右脚向上迈一步，重心移至右腿；第 3 拍跳起成开合半蹲；第 4 拍跳成站立姿势；第 5 拍跳起成左脚前点地，脚跟着地，重心在右腿；第 6 拍跳成右脚侧点地，脚跟着地，左腿稍屈膝；第 7 拍分腿半蹲原地跳一次；第 8 拍还原成预备姿势。

3. 组合练习三

第 1～2 拍右脚向前做一个并步跳；第 3～4 拍右脚向前迈一步，左脚蹬地并右脚屈膝准备起跳；第 5～6 拍双脚蹬地起跳，腾空时前腿屈膝叠小腿，后腿伸直尽量后摆，并腿缓冲落地；第 7 拍蹬地跳起成右脚侧点地，左脚稍屈膝，头向左侧倒；第 8 拍还原成预备姿势。

（三）上下肢组合训练

1. 组合练习一

第 1 拍双脚蹬地跳起重心前移，右脚支撑，左脚后伸，同时左手经腰侧向前成前举，五指分开掌心向上，右手屈肘，掌位于头后；第 2 拍左脚顺势前摆着地，重心前移，右脚脚尖点地，左手上举，右手位于体侧，五指并拢掌心向前；第 3 拍分腿半蹲，双臂胸前平屈；第 4 拍并脚站立，左臂后举，右臂屈肘，上臂紧贴身体，五指并拢掌心向内；第 5～6 拍开合跳一次，双臂向内绕环至胸前叠屈；第 7 拍左脚向前成弓步，左臂前举，前臂与上臂成 90°，右臂后摆，同时双手握拳；第 8 拍右脚并左脚还原成预备姿势。

2. 组合练习二

第 1 拍左脚抬膝左臂屈肘，左前臂尽量靠近上臂，上臂紧贴身体，右臂上举，五指分开，左手掌心向后，右手掌心向内；第 2 拍左脚后伸成弓步，左臂成前举，掌心向上，右手屈肘，掌置于头后；第 3 拍左脚向侧跨步成侧弓步，双手相握置于左侧屈肘，身体屈向斜前方，头面向正前方；第 4 拍右脚屈膝后抬，左脚稍屈膝支撑，左臂屈肘，掌置于头后，右臂伸直，五指分开掌心向后；第 5 拍重心右移成半蹲，双手置于大腿偏上部，屈肘同时肘关节向外；第 6 拍并脚提踵立，同时双臂直臂头上击掌；第 7 拍双脚蹬地，重心右移，左脚向侧伸直离地，右脚支撑，左臂侧下举，右臂侧上举；第8拍还原成预备姿势。

第三节　高校竞技健美操难度动作训练与创新

一、俯卧撑类难度动作训练方法

（一）双臂俯卧撑难度动作训练

1. 逐层降低高度训练法

距肋木1米，直体前倾，双手撑在与胸部同高的墙上，摆好俯卧撑的标准姿势、进行俯卧撑练习。然后双手所撑的位置和重心随能力和力量的提高逐渐下移。在每个位置的动作都要标准，腰腹及臀部肌肉收紧，身体保持成一条直线，直到能够手撑地做标准俯卧撑为止。不论在哪个位置训练，练习时身体要成一条直线。

2. 跪撑俯卧撑训练法

膝关节跪地，小腿并拢或交叉，上体为标准俯卧撑姿势，进行俯卧撑练习。然后两腿向后伸直，上腿必须并拢，前脚掌着地，做标准俯卧撑。在练习时腰腹要收紧，身体成一条直线。

3. 下肢抬高训练法

双脚放在高于地面的物体上，双手撑地做标准俯卧撑，腰腹及臀部肌肉收紧，身体保持在一条直线上，逐步增加抬高双脚的高度，来增加完成动作的难度，提高完成标准俯卧撑的能力。练习过程中，身体重心不要太向前，要始终保持在腰腹部位。

4. 臂间距缩小训练法

首先双手稍宽于肩撑在地上进行俯卧撑练习，然后双手的间距逐渐缩小进行练习。使动作的幅度逐渐增大，肌肉刺激深度逐渐增加，直至标准俯卧撑要求的臂间距离。

（二）单臂俯卧撑难度动作训练

1. 标准俯卧撑控腹训练

标准俯卧撑预备开始姿势，双脚并拢，双臂距离与肩同宽，腰腹肌、臀部肌肉收紧，整个身体保持一条直线。保持这个动作姿势一段时间，在此基础上两脚蹬地使重心向前，提高控制身体的难度。

2. 下肢抬高控腹训练

双臂距离与肩同宽，双手撑地做标准俯卧撑预备开始姿势，双脚并拢放在高于地面的物体上，腰腹及臀部肌肉收紧，身体保持一条直线。然后逐步增加抬高双脚的高度，来增加完成动作的难度，提高腹肌控制能力。练习过程中，身体重心不要太向前，始终保持在腰腹部位。

3. 抗阻力控腹训练

标准俯卧撑预备开始姿势，双脚并拢，双臂距离与肩同宽，腰腹肌、臀部肌肉收紧，整个身体保持一条直线，保持这个动作姿势一段时间，在此基础上可在身体背部增加阻力，如加放一些杠铃片或其他重物，以增加控制身体的难度，提高身体控制能力。

4. 单臂双腿支撑控腹训练

双脚分开，距离与肩同宽，单臂着地支撑身体，支撑臂肘关节伸直，自由臂动作不限，腰腹肌、臀部肌肉收紧，整个身体保持一条直线，保持这个动作姿势一段时间，在此基础上可双脚蹬地使重心向前，提高控制身体的难度。

5. 单臂单腿支撑控腹训练

两脚分开，距离与肩同宽，单臂、单腿着地支撑身体，支撑臂肘关节伸直，自由臂的动作不限，腰腹肌、臀部肌肉收紧，整个身体保持一条直线，保持这个动作姿势一段时间。

6. 动态控腹训练

双臂距离与肩同宽，双手撑地做标准俯卧撑预备开始姿势，双脚并拢放在健身球上，腰腹及臀部肌肉收紧，健身球的特定形状决定了其动态练习的特点。身体必须收紧并保持一条直线，使身体的控制能力得到提高。也可以在身体背部增加阻力，如加放一些杠铃片或其他重物，来增加动作难度，提高腹肌控制能力。练习过程中，身体重心不要太向前，始终保持在腰腹部位。

（三）倒地难度动作训练

1. 落地缓冲训练

（1）跪撑前倒缓冲落地练习：参与训练的学生双膝跪在垫子上，身体自由倒地成俯撑，体会手臂屈肘缓冲的用力感。上体下落时注意收腹立腰，在双手着地瞬间，五指首先着地，然后由手指尖迅速过渡到全手掌。

（2）跪撑俯卧撑击掌练习：膝关节跪地、小腿交叉或并拢、上体为标准俯卧撑姿势开始，双臂距离同肩宽，肘关节弯曲下降时，腰腹要收紧，身体成一条直线，肘关节快速推起，在空中完成一次击掌，然后落地成俯卧撑，体会手臂屈肘缓冲的用力感，在双手着地瞬间，五指首先着地然后由手指尖迅速过渡到全手掌。

（3）小跳起双手触脚缓冲落地练习：身体直立开始，向上小跳，同时上体前屈，双手触击双脚后，迅速展开身体，双手双脚同时着地，成俯卧撑，落地时，身体必须夹紧，头与脊柱呈一条直线，双手触到地面再屈肘缓冲，在双手着地瞬间，五指首先着地，然后由手指尖迅速过渡到全手掌。

2. 自由倒地训练

（1）距墙半米，双脚并拢面对墙站立，身体夹紧，头与脊柱呈一条直线，收紧，脚跟提起，重心前移，倒向墙面，在双手着墙瞬间，五指首先着墙，然后由手指尖迅速过渡到全手掌，同时体会手臂屈肘缓冲的用力感。

（2）逐渐增大与墙的距离至无法靠墙练习。

（3）开始自由倒地练习，首先可在垫子上进行练习，防止学生缓冲落地技术掌握不好造成受伤的状况，同时保护者要注意保护好练习者的腰腹部，随着学生的逐渐进步，可适当降低垫子的厚度直至在地面进行练习。

3. 跳转360°成俯撑训练

（1）跳转360°。练习者双脚同时向上垂直跳起，空中转体，落地注意缓冲，使练习者充分体会转体的动作。转体角度由 90°逐渐增大到 360°。

（2）双人对抗。教师在学生后面扶住其腰，学生向上跳，教师向下发力与其对抗，并帮助其保持平衡，适当的时候可以松手，如果学生跳起来落脚的地点不是原起跳地点，那么还应该帮助其练习。

（3）俯撑。身体直立开始，向上小跳，同时上体前屈，双手触击双脚后，迅速展开身体，双手双脚同时着地，成俯卧撑状态，落地时，身体必须夹紧，头与脊柱呈一条直线，双手触到地面再屈肘缓冲，在双手着地瞬间，五指首先着地然后由手指尖迅速过渡到全手掌。

（四）俯卧撑倒地难度动作训练

1. 侧倒俯卧撑训练

（1）俯卧撑控制。身体俯卧，双腿并拢，重心前移，脚背着地，收腹、含胸、抬头、臀部夹紧；双手略微内扣，肘关节外开；身体向下至肩关节与肘关节平行，身体姿态保持不变。随着上肢力量的增强，控制的时间可增长。

（2）分解练习。①身体俯卧，双腿并拢；②重心前移，脚背着地；③收腹、含胸、抬头，臀部夹紧；④两手略微内扣；⑤肘关节外开；⑥身体向下至肩关节与肘关节平行，身体姿态保持不变；⑦侧倒，身体重心移至侧倒臂，控制 5 秒；⑧还原至俯卧撑状态，但不推起，身体姿态保持不变，控制 5 秒；⑨再侧倒，重复前面动作，动作要领相同；⑩重复几次后再推起。随着掌握程度的提高，控制时间和重复次数也随之增加。

2. 单臂单腿侧倒俯卧撑训练

（1）自由臂扶地。身体俯卧，双腿分开与肩同宽，抬头、含胸、收腹；单臂、单腿支撑身体，支撑手略微内扣，肘关节外开；自由臂轻扶地面；身体向下时，身体姿态保持不变，自由臂分担支撑身体重心，随着上肢力量的逐步增强和技术动作熟练程度的提高，自由臂慢慢伸直，直到最后脱离地面。

（2）同伴辅助练习。身体俯卧，双腿分开与肩同宽，抬头、含胸、收腹；单臂、单腿支撑身体，支撑手略微内扣，肘关节外开；自由臂侧平举或扶于腰部；辅助队员扶住训练学生的腰腹部，给予其适当的助力，使其能充分地、正确地完成技术动作。随着学生上肢力量的逐步增强和技术动作熟练程度的提高，辅助队员可逐步减少对训练学生的帮助。

3. 单臂分腿侧倒俯卧撑训练

（1）单臂俯卧撑控制。俯卧，双腿分开与肩同宽，抬头、含胸、收腹；单臂、双腿支撑身体，支撑手略微内扣，肘关节外开；自由臂侧平举或扶于腰部；身体向下至肩关节与肘关节平行，身体姿态保持不变；随着上肢力量的增强，控制的时间也可以增长。

（2）斜板练习。身体斜面俯卧；双腿开立与肩同宽，抬头、含胸、收腹；单臂支撑身体，支撑手略微内扣，支撑手支撑于斜板上；肘关节外开；自由臂侧平举或扶于腰部；身体慢慢向下，侧倒，重心移至侧倒臂；身体移回中心位子，但不推起，重复5次侧倒至还原的动作，保证身体姿态不发生改变；随着上肢力量的逐步增强和技术动作熟练程度的提高，斜板的倾斜度可以逐步降低，直至独立完成动作。

（五）俯卧撑腾起难度动作训练

1. 俯卧撑腾起训练

俯卧，双腿并拢，含胸、收腹、抬头，双臂双脚支撑身体，俯卧撑姿势向下，身体姿态保持不变。双臂用力推起身体，胸前击掌，双脚不离开地面，身体姿态不发生改变，身体还原到俯卧撑姿势。随着学生上肢力量和腰腹肌力量的加强和技术动作熟练程度的提高，训练次数可以慢慢增加，双脚慢慢离开地面。

2. 俯撑腾空转体360°成俯撑训练

（1）俯卧撑推起练习：身体俯卧，含胸、收腹、抬头；身体向下至肘关节低于肩关节处，双臂用力推起身体，双手离开地面，胸前击掌，身体姿态保持不变；然后还原至推起前位置，重复推起动作。多次重复双手、双脚同时推起动作，增强上肢、躯干、下肢整体发力能力。

（2）地面180°俯撑练习：身体仰卧，挺胸、收腹、抬头；双腿并拢，双手上推。然后肩关节、髋关节、脚尖同时转动，成俯卧。转动过程中，身体收紧，保持一条直线。

（3）俯撑腾空转体360°成俯撑动作练习：身体俯卧，含胸、收腹、抬头；双脚并拢；身体向下至肘关节与肩关节平行处，双臂用力推起身体，同时转体 360°成俯撑动作结束，双脚始终接触地面。多次重复动作，随着技术动作的掌握，在推起腾空转体时双脚也同时腾空，重复动作。掌握技术动作，增强身体协调发力能力。

二、旋腿与分切类难度动作训练方法

（一）直角支撑成仰卧训练

双杠上，双臂伸直支撑身体，含胸、收腹、抬头、双腿并拢；双腿慢慢前伸，双脚分别放于地面，至身体伸直，然后身体收至开始位置，反复重复练习。熟练掌握技术动作后，学生练习从双杠过渡到地面，随着腰腹肌能力的增强双腿前伸时慢慢并拢，直至达到动作要求。

（二）"直升飞机"训练

（1）摆动绕环。分腿坐于地面，前腿摆动过身体，另一条腿迅速跟上摆动，使双腿均摆过身体成 360°圆圈。3 个一组，每次练习 3 组。

（2）顶肩。仰卧于地面，双肩向上顶起，练习肩关节灵活性和力量。动作训练过程中，注意肩关节主动向上顶。3 个一组，每次练习 3 组。

（3）顶肩成俯撑。仰卧于地面，依靠肩、髋关节的转动带动身体转动成俯撑姿势。动作训练过程中，注意肩关节主动向上顶，同时扣肩、含胸，双臂撑地完成动作。3 个一组，每次练习 3 组。

（4）完整动作练习。在进行以上步骤的训练过程后，可以进行完整的"直升飞机"难度动作的训练。注意在整个动作过程中，身体的夹角不大于水平面上 45°。

三、支撑类难度动作训练方法

（一）分腿支撑训练

1. 他人辅助训练

身体略微向前倾，含胸、收腹、抬头，屈髋分腿，双腿分开至少 90°，双手略微外开支撑地面、双臂伸直；辅助者抬起学生的双脚使其与髋形成一条直线，帮助其双腿与地面平行，慢慢增加支撑时间。随着学生腰腹肌和下肢力量的增强，辅助者双手慢慢脱离训练的学生，促使其独立完成技术动作。

2. 平衡木辅助训练

身体略倾，含胸、收腹、抬头，双手略微外开支撑于平衡木上，双臂伸直，屈髋分腿，双腿分开至少 90°。双臂支撑起身体，双腿伸直尽量保持与地面平行，逐步增加支撑控制时间，强化学生对肌肉的控制能力。随着学生控制能力和技术动作的增强，应转移到地面进行练习，直至达到动作要求。

（二）分腿高直角支撑训练

分腿高直角支撑训练技术动作的训练可由同伴来进行辅助训练，练习者含胸收腹，下颌夹紧；双臂伸直支撑身体，身体略微后仰；练习者屈髋分腿举起向上成"V"字（垂于地面），贴近于胸。辅助者站在练习者身后，双手握住其双脚，保持身体姿态。随着练习者的技术动作逐步熟练，支撑时间也逐渐增长，辅助者的双手也逐步放开，使练习者逐步独立完成动作，达到动作要求。

（三）直角支撑训练

直角支撑训练可以通过双杠进行过渡训练。练习者双臂伸直，双手撑于双杠支撑起身体，身体略微向前倾，含胸、收腹、抬头，双腿伸直并拢抬起，尽量保持与地面平行，逐步增加支撑时间。随着学生技术动作的熟练，可逐渐过渡到地面进行练习。而随着学生腰腹肌力量和髂腰肌力量的增强，技术动作也可以逐步达到竞技健美操动作的要求。

四、跳跃类难度动作训练方法

（一）屈体分腿跳训练

（1）双脚并拢原地纵跳。双脚并拢，屈膝发力向上起跳，双臂顺势从腰间向上摆动，双脚并拢落回原位。

（2）屈体分腿跳。双脚并拢，屈膝发力向上起跳，空中成屈体分腿姿势，双脚并拢落回原位。在进行此难度动作训练时，首先应发展学生的腿部力量及踝关节的爆发力，在学生能够跳起一定的高度时再进行空中姿势的训练。

（3）空中姿势地面练习。仰卧于地面，臀部着地，通过腹肌收缩，上肢和下肢同时向上，可以进行屈体分腿姿态的练习。

（4）团身跳。双脚并拢，屈膝发力向上起跳，空中双腿屈膝团身，膝关节尽力向胸部靠近，双脚并拢落回原位。

（二）纵劈腿跳成俯撑训练

（1）原地前倒成俯撑。立正姿势站好，身体前倒双手着地成俯撑。保护者站于练习者侧方，当其身体前倒时，保护者迅速托住其腰腹部，减缓其倒地速度，防止其受伤。根据练习者的能力逐步过渡到独立完成。练习时身体各部位都要收紧，着地时主动屈肘缓冲，五指分开，由指尖过渡到全手掌着地，头是颈的延伸，保持头颈与身体成一条直线。

（2）原地纵劈腿跳。双脚垂直向上纵跳，双脚离地后向前后打开，至最高点时在空中成纵劈腿姿势，下落时屈膝缓冲着地。根据练习者自身能力来安排量的大小，进行练习。保护者站于练习者后侧方，双手扶住其髋部。当练习者往上纵跳时保护者顺势给予一定的提力，从而延长其腾空时间，使其有较充分的时间完成纵劈腿动作，并保护其安全落地。根据练习者的能力逐步过渡到独立完成。练习时要注意身体垂直轴的控制，收腹挺胸、立腰立背、紧臀、肩下沉、头向上顶。腿伸直，绷脚尖，手臂可根据个人需要做一些辅助动作。

（3）纵劈腿跳成俯撑。双脚起跳在空中成纵劈腿姿势，然后俯撑着地。根据练习者自身能力来安排量的大小进行练习。练习者可以先在保护状态下完成动作，然后逐步脱离保护。同时要求前后腿尽量劈开，腿伸直，绷脚面。

（4）前后分腿跳成俯撑。双脚垂直起跳，双脚离地后迅速前后分开且小于135°。至最高点下落时，前腿迅速后摆，上体前倒成俯撑着地。根据练习者自身能力来安排量的大小进行练习。

（三）转体360°团身跳接纵劈腿训练

（1）上步控制练习。先单腿上步站立，使整个身体站稳，体会垂直轴的控制。保护者站在练习者背后一步距离左右，用双手扶住其腰部，使其重心提高。

（2）单腿转体180°逐步变成单腿转体360°。单腿转体练习，提高垂立轴控制能力，双腿并拢开始，做单腿转体180°练习，随着能力的增加进行转体360°练习。

（3）跳起360°。注意身体垂直轴的控制，收腹立腰，抬头挺胸，肩关节放松下沉。

（4）团身跳后应该先练纵劈腿跳，再过渡到纵劈腿跳落地，练习者跳起成团身姿态，再在空中迅速分腿，双腿成纵劈姿势，然后缓冲落地。这种练习每次应该做 10 个左右。团身跳时，膝关节尽量上抬，大腿和腹部的角度尽量减小。纵劈腿的空中姿态，尽量保持脚尖膝盖伸直，双腿开度增大。

（5）转体 360° 团身跳接纵劈腿落地。完成以上几个步骤练习之后，再进行这个难度动作的训练，注意保持身体躯干的稳定性及落地的缓冲控制。

（四）转体 180° 屈体再转体 180° 成俯撑训练

1. 起跳训练

双脚垂直起跳同时转体 180°。双肩放松，抬头挺胸，腰腹部收紧。保护者位于练习者的身后，两手扶于其髋部，当其向上纵跳时，保护者顺着练习者转体的方向再施加适当的力增加其转体速度，并保护其安全落地。根据练习者的能力逐步过渡到独立完成。在做转体练习时，要求收腹、挺胸、立腰、立背、紧臀、肩下沉、头向上顶，且要注意身体垂直轴的控制，落地注意缓冲。

2. 屈体跳训练

首先进行地面练习，再在教师的保护下原地跳起、屈肘、向上踢腿；然后进行原地跳起，双腿并拢，同时向上踢腿，可逐步提高水平位置。随着练习者能力的增长先进行跳起转体 180° 练习（同上），再做屈体动作的练习和跳起转体 180° 做屈体动作后再转 180° 成并腿落地练习。

（五）转体科萨克跳接纵劈腿落训练

1. 跳转训练

双脚垂直起跳同时转体 180°。双肩放松，抬头挺胸，腰腹收紧。保护者位于练习者的身后，双手扶其髋部，当其向上纵跳时，保护者顺着其转体的方向再施加适当的力增加其转体速度，并保护其安全落地。根据练习者的能力逐步过渡到独立完成。在做转体练习时要求收腹、挺胸、立腰、立背、紧臀、肩下沉、头向上顶，且要注意身体垂直轴的控制，落地注意缓冲。

2. 原地纵跳接纵劈腿落训练

原地纵跳，落地时，滑成纵叉。注意在纵跳的方向上，应垂直向上，上体正直，落地时应有控制地滑成纵叉。保护者站于练习者的体侧，双手扶住其髋部，帮助其控制滑叉速度。

3. 科萨克跳训练

（1）双脚并拢原地纵跳。双脚并拢，屈膝发力向上起跳，双臂顺势从腰间向上摆动，双脚并拢落回原位。

（2）团身跳。双脚并拢，屈膝发力向上起跳，空中双腿屈膝团身，膝关节尽力向胸部靠近，双脚并拢落回原位。

（3）科萨克跳。双脚并拢，屈膝发力向上起跳，空中一腿平行于地面，一腿于膝关节处弯曲，膝关节尽力往胸部靠近，双脚并拢落回原位。首先可以在地面上进行空中姿态的练习，然后再进行跳跃练习。

4. 跳转180°接科萨克跳训练

空中转体180°后，迅速提臀、收腹做科萨克跳动作，然后落地缓冲。初学者在教师的帮助下完成后，再进行独立练习。动作要连贯迅速，起跳瞬间脚尖正对前方。

5. 科萨克跳接纵劈腿落训练

科萨克跳完成后，双腿前后打开，接纵劈腿落地。科萨克跳与纵劈腿都要到位，动作衔接要连贯。可先做团身跳接纵劈腿练习，逐渐过渡到科萨克跳。保护者站于练习者的体侧并扶住其腰部，帮助其缓冲落地。

6. 完整训练

在上述难度都能准确完成后，可进行完整动作练习。转体要到位，单个动作要准确完成。其他空中姿态的难度动作练习方法基本与此相同。

五、其他难度动作训练方法

(一) 难度动作控制性训练

1. 身体腾空前发力的控制

竞技健美操腾空前发力控制技术是完成跳跃类动作的关键所在。腾空前的发力分为着地缓冲和蹬伸两个阶段。着地缓冲阶段，髋、膝关节微屈，踝关节背屈。同时，臀大肌、股四头肌、小腿三头肌和胫前肌等完成退让性工作。蹬伸阶段，髋、膝关节伸，踝关节足屈。同时，臀大肌、股四头肌、小腿三头肌、胫骨后肌、趾长和拇长屈肌等完成向心收缩工作。学生在腾空的起跳过程中应注意支撑腿髋、膝、踝关节做屈伸运动，工作肌群在下肢固定的情况下进行收缩，肌肉高度收缩，储存弹性力量，然后在极短的时间内有控制地释放力量，以获得很好的弹性力量，从而为跳跃提供较好的条件。

2. 各种形式缓冲落地的控制

缓冲落地的主要目的是使身体尽可能地保持稳定，同时减少地面对关节和肌肉的冲击力，以免造成运动损伤。落地时，从脚跟过渡到全脚掌着地或由前脚掌过渡到全脚掌着地，然后迅速屈膝屈髋缓冲。所有动作在瞬间依次完成，用以分解地面对关节和肌肉的冲击力。同时，躯干与手臂保持良好的姿态，肌肉用力控制以保持动作的正确与稳定。在完成一些高难度动作时，不仅要克服落地时的垂直速度及向前、向后的水平速度，还要克服身体转动产生的转动速度、落地时的缓冲水平、垂直速度，这样可以加大落地的稳定性，当落地稍有前倾或后仰时，学生可以通过手臂的摆动来维持平衡。

(二) 扳腿平衡前倒成纵劈训练

1. 平衡训练

平衡训练主要是为训练学生的身体控制能力及良好的难度动作姿态而开展的。首先可以在有人辅助的情况下进行扳腿平衡提踵练习，然后独立完成这个练习。该练习能够有效地提高学生的踝关节控制能力，同时提高完成此难度动作的身体姿态。

2. 斜板训练

身体直立，含胸收腹，下颌收紧，成扳腿平衡姿态，前倒于斜板上，重复练习，充分掌握技术要领。随着练习者完成动作质量的提高，斜板的倾斜度逐步降低，最后到地面完成技术动作。

（三）横劈叉腿前穿训练

身体俯卧，含胸收腹，双腿分开成横劈叉状，双臂伸直，支撑身体，双脚架在离地面30厘米处，慢慢地前后移动，前后移动的幅度逐渐增大。随着技术动作的充分掌握，架高的脚放回到地面，过渡到在地面完成技术动作。

（四）特定动作及特殊要求

跳跃动作应展示爆发性动作，跳或跃或单脚或双脚起跳，也可以为静力性动作，每一个动作必须停止2秒，腿必须伸直。

要求：每个支撑动作必须保持2秒；支撑转体时动作必须完整；所有的直角支撑动作，腿必须垂直；高锐角支撑动作，后背必须与地面平行；所有的水平支撑动作，身体不能高于水平45°。

第四节 高校竞技健美操实践创新

高校竞技健美操动作创新主要是指创新主体通过结合竞技健美操运动基本技术理论和实践基础，以技术为对象，在原有的技术基础上改变其原理、结构、功能、方法及应用等特性因素并创造、发明或引进新事物以提高竞技健美操的技术和理论体系的一系列活动，是通过技术进行的创新，本身无须发生革命性变化。

高校竞技健美操动作创新主要包括操化动作、难度动作、过渡与连接动作以及托举与配合动作创新四个部分，且它们之间相互联系、相互过渡，操化动作后可以接难度动作、过渡与连接动作、托举与配合动作，反之亦然。

一、高校竞技健美操操化动作创新

操化动作是指以健美操基本步伐与手臂动作结合的形式，伴随着音乐创造出的动感的、有节奏的、连续的包含高低不同强度的一连串动作。高水平操化动作的创新体现在通过七种基本步伐、手臂组合和无重复动作的组合，表现出与音乐风格及重音相符的操化动作。

通过将七种基本步伐与手臂动作的完美组合来进行创新。在竞技健美操竞赛规则中有明确规定，必须在基本步伐与手臂动作的基础之上来进行操化动作的创编，可以通过更多的身体部位（头、肩等）参与完成动作，运用不同的关节、动作空间、动作幅度、肢体长度，运用不对称的动作和不同的音乐节奏，同时通过运用手臂动作变化、改变移动速度、增加动作频率、变换方位、操化移动的路线以及改变步伐的角度、速度、高度、节奏和空间等加之配合不同的手臂变化来为操化动作进行创新。

（一）上肢操化动作创新

1. 对称与非对称动作变化

对称是指物体或图形在某种变换条件（如绕直线的旋转、对于平面的反映等）下，其相同部分间有规律重复的现象，即在一定变换条件下的不变现象。在竞技健美操上肢操化中对称的操化动作指上肢以人体的垂直轴为对称轴，理论上折叠后能够完全吻合的动作，主要包括上、下、前平、斜前、斜上、斜下、侧上、侧下、侧平、侧上等方向。对称动作的创新符合人体对称习惯，简单易学。非对称的操化动作即为人体上肢左右两边呈现不同的形态或者围绕人体的垂直轴理论上不能重叠的动作，主要分为左与右、上与下、前与后等非对称。非对称动作复杂多变，且不易记住，对运动员的协调性能力要求高，需勤加练习，方能施展有度。对称与非对称的技术动作创新可以通过采用不同的空间（水平、冠状等），或者采用不同的双臂动作（屈、展、外展、内收、旋内、旋外等）来进行变化创新。

2. 肢体不同杠杆变化

在竞技健美操中肢体杠杆的创新主要包括短、中、长三种类型。短杠杆瞬间到位，省时省力。例如，第1拍为左臂肩侧上屈同时右臂肩侧下屈，则第2拍可以编为右臂肩侧上屈同时左臂肩侧下屈，调换一下方向，只有前臂在动；也可以采用由屈变伸，或者前臂绕环等。长杠杆运动轨迹较长，耗费大量臂力，但动作幅度大，给人以舒展、力达指尖之感。例如，第1拍为双臂侧平举，第2拍可以编排为双臂上举，上臂贴耳，两手相握等。当然，在运用肢体杠杆编排时，一般需短、中、长交叉结合进行来变化创新，并通过采用不同的线性和大小绕环等动作来改变肢体杠杆的长度等变化。这样才能给裁判员和观众舒展自如之感，让人感受到竞技健美操的复杂与魅力。

3. 不同手型变化

竞技健美操的手型有很多种，是从芭蕾舞、现代舞、迪斯科、武术中吸收和发展而来的。主要包括下面几种：

并拢式（并掌）：五指伸直，相互并拢。大拇指微屈，指关节贴于食指旁。

分开式（开掌）：五指用力伸直，充分张开。

芭蕾手势：五指微屈，后三指并拢，稍内收，拇指内扣。

拳式：握拳，拇指在外，指关节弯曲，紧贴于食指和中指。

立掌式：五指伸直，手掌用力上翘。

西班牙舞手势：五指用力，小指、无名指、中指自掌指关节处依次屈，拇指稍内扣。

花式：在分开式的基础上小指伸直向掌心回弯到最大限度，无名指随小指回弯。

手型是手臂动作的延伸和表现，手型变化使操化动作更加丰富多彩，生动活泼，更具有感染力。

4. 不同节奏变化

操化动作的节奏一般有 1 拍 1 动、2 拍 3 动或 1 拍 2 动（可以是手臂也可以是脚步），也可称为慢、中、快三种，操化动作随着节奏变化展现出不同的动作力度，一套优秀的竞技健美操套路应该有它自己操化节奏的平铺直叙与高潮，在跌宕起伏中给人以"抑扬顿挫"之感。操化动作的节奏可以有多种变化：慢＋慢＋快……，慢＋快＋慢……，慢＋中＋慢＋快……，慢＋中＋快＋快……，快＋慢＋快……，等等。操化动作的节奏变化可以说无穷无尽，根据运动员的能力和一般节奏的变化可设置在开始阶段、中间环节或在整套操的最后，对于能力比较强的运动员在一套操中可设置多个节奏起伏明显的地方，这样可以更加凸显整套操的魅力所在。

（二）下肢操化动作创新

竞技健美操的下肢操化动作主要包括踏步、后踢腿跑、吸腿跳、踢腿跳、开合跳、弓步跳、弹踢腿七个基本步法的组合创新。可以在此基础上通过变化各个步伐的空间以及角度、高度、速度、节奏和方向来进行动作创新。例如，踏步通过改变角度可以得到"V"字步、"A"字步，通过改变方向可以得到并步，可以迈步转体等；又如弹踢腿，可以前、后弹踢，也可以侧踢等。

总之，竞技健美操操化动作的创新离不开上下肢的协调配合、组合，只有将上下肢完美结合起来才可以衍生出更多富有新意的操化动作。

二、高校竞技健美操难度动作创新

难度动作创新是指将难度动作进行分类，对各类动作的技术原理及技术特征进行综合分析，再根据不同种类难度动作的基本规律、力学原理，创造独特的难度组合，以此创造出更新、更难的难度动作。

（一）单个难度动作创新

难度动作经历了萌芽期、移植期、移植创新、创新和多元创新发展5个时期。从刚开始的零星难度动作发展到今天的A组动力性力量、B组静力性力量、C组跳与跃和D组平衡与柔韧四大类共336个难度动作。难度动作经历了一个由简单到复杂、由少到多、由旧到新，再到多元的发展历程。

单个难度动作主要采用逆向的思维或者难度递进增加的方法进行创新。逆向思维是指从反向进行思考，动作顺序逆向主要用于复合动作，是将现有的两个或多个动作顺序颠倒过来，从中获得新动作的创新方法，如转体180°屈体跳，逆向改变动作顺序后的难度就成为屈体跳转体180°。

而难度递进增加是指在不改变原有动作技术原理的基础上，对其内容与形式逐级加难来达到创新的目的及方法。通常通过改变身体的形态（由团身、屈体到直体进行加难）增加转体的度数或周数进行加难创新，如由360°变成720°，一个依柳辛再来一周变成双依柳辛。

如此，难度得到了增加又提高了分值。比如A组中俯卧撑（A101，0.1）—单腿俯卧撑（A102，0.2）—单臂俯卧撑（A103，0.3）—单臂单腿俯卧撑（A104，0.4）就是通过难度动作系数不断增加来实现创新。

（二）两类难度组合动作创新

难度组合动作是指两个难度动作在没有任何停顿、犹豫和过渡的前提下直接组合，这两个难度动作可以同组别或不同组别，但必须是不同类别的，它们将被视为两个难度，若这两个难度均达到了最低完成标准，则该难度组合会得到 0.1 的加分。在最新版的规则中出现了根命组、根命名的新规定，即相同根命组、根命名的难度动作不能在一套操中重复出现，如以前在大赛中经常出现的团身跳 360°+科萨克 360°难度组合，虽然同组，但却因在同一根命组所以不能组合。因此只能尝试不同组别难度动作的组合创新。难度组合的出现给高水平的选手更大的发挥空间，同时在一定程度上提高了难度动作的技术性和观赏性。难度组合出现的次数越多并且变化越多样，操化组合的自由空间就越大，成套动作的编排也就越具观赏性和艺术性。

两类难度组合创新法就是从整体出发，系统地对因素、结构、层次、功能以及动作方向路线进行新的选择、组合和建构，使创造性思维拓宽、变广。在竞技健美操难度动作创新中，组合创新法属于常用的方法，规则中出现的很多难度动作均属于组合创新。一般组合创新主要有同类难度组合创新和异类难度组合创新。同类难度组合创新主要是指对竞技健美操当中的同一类难度进行组合创新。

三、高校竞技健美操过渡与连接创新

在竞技健美操成套动作中，过渡动作是指从一个造型、状态、风格、位置转换到另一个形式的动作，用以连接成套动作中两个不同主题或段落，动作空间允许改变。连接动作是指联系两个不同动作的动作，该动作本身没有空间变化。通俗地说，就是将不满一个八拍的操化动作称为过渡连接动作，将不在同一个平面完成的不满八拍的动作称为过渡动作，将在同一个平面完成的不满一个八拍的动作叫作连接动作。成套动作过渡、连接技术合理、巧妙、创造性的编排意味着新思想、新形式、新含义、新元素、新改进和想象力，能够促进难度动作的完成，避免重复和单调。过渡与连接创新是为了空间更完美转换，是为了便于难度动作更好地展现与完成，是为了能够帮助同伴间托举与配合更加顺畅、新颖、安全。

过渡与连接动作是在成套动作中连接操化—操化、操化—难度、操化—托举造型等，实现空间转换的健美操特色动作，可以充分体现成套动作的多样性。过渡与连接动作将各种类型的动作自然、巧妙地连接，且过渡与连接动作自身的设计也极具艺术性。随着竞技健美操的不断发展，过渡与连接动作趋于多样化和复杂化。成套动作中最常见的过渡—连接创新方式有四种：

第一种：不满一个八拍的纯操化过渡动作，这一类型在过渡连接中比较常用。

第二种：采用人们常见的双手撑地翻身下、俯卧撑转体弓步起或翻滚至某一造型或跪跳起的一类实现空间转换的过渡动作。

第三种：运用一些非难度跳和小跳动作，这些动作是教练员根据运动员自身优缺点所设计的，如西班牙选手伊万的"抓脚跳"等。

第四种：与竞技健美操发展一致的其他体育项目动作的吸收与利用，如体操、技巧、武术、冰上舞蹈、街舞、拉丁舞、艺术体操等项目的动作等。

四、高校竞技健美操托举与配合创新

托举指当一名或多名运动员被举、抱、支撑或借助外力离开地面的动作。配合是运动员之间的相互联系。成套动作中必须有两次托举和动力性配合，且两次托举必须是原创的、不同的。这就使得我们必须努力创新。

"托举"顾名思义，需要"托"与"举"的相互配合，底座与尖子是托举与配合的两个重要组成部分。底座是将另一名运动员托起来的运动员，尖子则为被同伴托起来的运动员。因此托举与配合的创新主要是底座与尖子的配合创新。主要有以下七种形式：

第一，底座、尖子姿态在每一个托举中动作可不同，如底座可站、跪、坐、躺、前撑等，尖子可以屈体分腿支撑、水平支撑、捶地劈腿、纵劈腿以及横劈腿等。

第二，托举时底座姿态改变，尖子姿态不变，反之亦然。

第三，每次托举时底座人数改变，可以采用"倒金字塔"和"金字塔"形。比如，三人操中，第一次为1托2，第二次为2托1，在托举完成前尖子不能触地面。

第四，展示尖子被托起的水平高度与底座肩轴的不同关系，可以是肩部以下也可以是肩部以上。

第五，展示出运动员的力量、柔韧和平衡能力，如在2008年健美操世锦赛中，法国队的混双、六人操摒弃男托女转而采用的女托男的"法国式托举"，编排的独特与创新吸引了观众和裁判员的眼球，为整套操大大增色；罗马尼亚混双中，女子以男子身体为底座，四肢为支撑平面做出的横叉接文森反映出良好的柔韧性和身体协调能力。

第六，尖子的身体形态、空间转换呈现多种变化，使得尖子在高、中、低三个空间进行转换，通过数据对比，我们可以清楚地看到，在2008年健美操世锦赛中，西班牙队在托举动作的空间变化编排上具有明显优势，而中国的三支队伍中只有倪振华和范洁两人有一次托举动作编排上有相同空间的

重复出现过程。因此，在竞技健美操托举动作的创新编排上可以增加同一空间的利用次数，使得托举动作具有更好的视觉冲击效果。

第七，变换托举的类型，可以是静力性的，也可以是动力性的。

参考文献

[1] 张永军，李丰祥，颜斌.论休闲生活与中国古代临淄蹴鞠[J].体育学刊，2005，12（2）：60-63.

[2] 谢丹，邵珠彬.高校健美操在促进校园文化建设中的作用分析——以滨州学院为例[J].搏击（武术科学），2015，12（9）：112-114+117.

[3] 李俊杰.健美操的文化特点与社会价值取向研究[J].运动，2015（14）：156，121.

[4] 何畅.关于健美操群众化发展的路径思考[J].运动，2016（20）：151-152.

[5] 郑德梅，刘云飞.关于大众健美操的社会文化价值探究[J].兰州文理学院学报（自然科学版），2016，30（6）：95-98.

[6] 张巨荣.茶文化视角我国健美操文化发展研究[J].福建茶叶，2017，39（1）：305-306.

[7] 徐丽.高校健美操教学训练一体化模式研究[J].黑河学院学报，2017，8（3）：91-92.

[8] 王万果.健美操运动的文化透析[J].搏击（体育论坛），2010，2（2）：56-57.

[9] 周永明，李忆湘.健美操运动对高校校园文化建设的影响及价值[J].赤峰学院学报（自然科学版），2010，26（4）：150-151.

[10] 刘锋，韩春英，韩甲.健美操教育理论体系创新的构建[J].河北体育学院学报，2010，24（3）：46-49.

[11] 杰弗瑞·戈比.你生命中的休闲[M].昆明：云南人民出版社，1994.

[12] 刘圣颉.健美操、啦啦操若干相似运动表征的训练差异探讨[D].长沙：湖南师范大学，2014.

[13] 吴雯雯.探析我国健美操文化发展方向[J].南京体育学院学报（自然科学版），

2013, 12（1）：119-122.

[14] 赵承勇.探析健美操文化及其社会价值[J].烟台职业学院学报，2013，19（1）：55-57.

[15] 赵红.高校健美操教育融入"文化育人"理念的思考[J].当代体育科技，2013，3（24）：92，94.

[16] 郭瑞平.健美操文化及其社会价值研究[J].河南师范大学学报（自然科学版），2009，37（5）：174-175，178.

[17] 宋健，左宁宁.健美操教育理论体系创新的研究——健美操文化建设的探索[J].吉林体育学院学报，2009，25（6）：107-108.

[18] 左宁宁.健美操教育理论体系创新的研究[D].大连：辽宁师范大学，2007.

[19] 张文英，吴步阳.高校健美操文化刍议[J].湖南文理学院学报（自然科学版），2006（4）：74-76.

[20] 沈丽娜.唐山市高校健美操社团对学生体育意识行为影响研究[D].石家庄：河北师范大学，2018.

[21] 张红.文化学视角我国健美操文化发展研究[J].绵阳师范学院学报，2015，34（8）：121-124.

[22] 金川江.从文化学视角论休闲和休闲体育[J].体育与科学，2006，27（4）54-57.

[23] 赵晨子.高校健美操训练的理论与实践[M].北京：北京理工大学出版社.2017.

[24] 苏文涛.形体训练与健美操[M].武汉：湖北科学技术出版社.2009.

[25] 刘浩.竞技健美操体能训练理论与实践[M].武汉：武汉大学出版社.2013.

[26] 单亚萍.健美操教学与训练[M].杭州：浙江大学出版社.2003.

[27] 贺改芹.健美操教学与训练[M].兰州：甘肃人民出版社.2003.

[28] 彼得·特里夫纳斯.品味[M].北京：中信出版社.2005.

[29] 刘雨婷.南昌市高职院校女生健美操课程开展的调查研究[D].南昌：江西师范大学，2018.

[30] 马薇.有氧健美操与瑜伽的项目特点及运动价值的比较研究[D].北京：北京体育大学，2014.

[31] 王延芳.甘肃省普通高校女大学生参与健美操认知与行为的调查研究[D].兰州：西北师范大学，2014.

[32] 葛柳.高校健美操教学中渗透人文素质教育的研究[D].长沙：湖南师范大学，

2012.
- [33] 卜艺宏，马飞．健美操文化与高校素质教育 [J]．科技资讯，2007（24）：116．
- [34] 王莹．健美操音乐的创编理论及运用的实证研究 [D]．武汉：武汉体育学院，2013．
- [35] 孟俊鸟．高校健美操社会文化价值分析 [J]．长春大学学报，2014，24（10）：1399-1401．
- [36] 李先雄，周建设，谭成清．大众健美操的社会文化价值探究 [J]．首都体育学院学报，2004，16（2）15-17．
- [37] 王雁北．形体训练·健美操与交谊舞 [M]．成都：电子科技大学出版社．1997．
- [38] 张弘．竞技健美操体能训练研究 [M]．北京：九州出版社．2018．
- [39] Georgi Sergiev．竞技健美操难度动作的教学与训练 [M]．李卫东，译．武汉：武汉体育学院教材委员会．2006．
- [40] 柏拉图．柏拉图文艺对话集 [M]．北京：商务印书馆，2013．
- [41] 欧鹏飞．健美操文化要义与教育研究 [M]．北京：中国原子能出版社．2016．
- [42] 李孟华．高校健美操运动与教学研究 [M]．北京：北京工业大学出版社．2018．
- [43] 王建军，白如冰．高校体育文化教育研究 [M]．长春：吉林美术出版社．2018．
- [44] 赵晓霞，杨明珍，常铮．时尚健美操学练新视角 [M]．长春：吉林大学出版社．2012．